湘潭大学非洲法文库
XIANGTAN DAXUE FEIZHOUFA WENKU
◎ 洪永红 总主编

第三届中非经贸博览会
非洲主宾国法律环境报告

◎ 洪永红 主编
◎ 张小虎 刘功奇 郭炯 副主编

湘潭大学出版社
XIANGTAN UNIVERSITY PRESS

湖南省商务厅课题

国家社科基金重大课题《非洲国家与地区法律文本的
翻译、研究与数据库建设》阶段性成果

中非经贸合作研究院赞助出版

前　言

中非经贸博览会是中非合作论坛机制下重要的经贸合作平台，也是湖南第一个国家级、国际性对外开放平台。2018 年 9 月 3 日，习近平主席在中非合作论坛北京峰会提出在华设立中非经贸博览会，系“八大行动”中之首项。该博览会由中华人民共和国商务部与湖南省人民政府共同主办，并且永久落户湖南，每两年举办一届。

中非关系渊源流长，公元前 2 世纪，西汉张骞出使西域，打开了中非交往的大门。从此，中非交往不断。汉朝时，非洲特有的“狮子”被送到中国，至今石狮子仍被中国奉为“门神”。明朝时，非洲国家给中国送来了非洲特有的斑马和长颈鹿，被中国奉为吉祥物，分别把它们称作“福禄”和“麒麟”。这都是古代非洲产品进入中国的最早证明。新中国成立后，中非交往进入新阶段。中国和非洲人民在长期反帝反殖斗争中，患难与共，携手而行，结下了深厚的友谊，创造了丰硕的成果。中国帮助非洲国家实现了国家独立，独立的非洲国家 1971 年则把新中国“抬进了联合国”。为进一步加强中国与非洲国家在新形势下的友好合作，共同应对经济全球化挑战，谋求共同发展，在中非双方共同倡议下，中非合作论坛部长级会议于 2000 年 10 月 10 日至 12 日在北京召开，中非合作论坛正式成立，中非关系从此步入高速发展的快车道。中非经贸博览会正是中非合作论坛的重大成果之一。

2019 年 6 月 27 日至 29 日，首届中非经贸博览会在湖南省长沙市举办，主题是“合作共赢，务实推进中非经贸关系”，习近平主席亲致贺信并表示

"中非经贸博览会旨在为双方深化经贸合作搭建平台"。首届博览会实现了"开门红"，已与中国建交的53个非洲国家和国内31个省市区、新疆生产建设兵团均参加了此次盛会，联合国工发组织、世界贸易组织等10余个国际组织和机构、8家金融机构、150余家一级央企及其子公司、近800家国内行业重点企业代表也积极参会；观展人数突破10万人次。乌干达、埃及、坦桑尼亚、塞内加尔、安哥拉、科特迪瓦等六国作为首届中非经贸博览会的主宾国与会。期间，中非双方共签署了81项合作文件，涉及金额达201．2亿美元，涉及贸易、投资、基础设施、农业、制造业、航空、旅游、友城等领域。

2021年9月26日至29日，第二届中非经贸博览会隆重举办，主题为"新起点、新机遇、新作为"，鉴于新冠疫情的影响，首次采用"线下为主、线上线下相结合"的方式，增设云上中非经贸博览会，开创"云会议、云展览、云交易"新模式。其中，云会议浏览量981万人次，开幕式实时信号首次直传非洲；云展览方面，线上参展企业达320家，展品品类近2300个，浏览人次达1068万；云交易方面，借助非洲知名电商平台打造博览会中非网购节，交易额突破2．5亿元人民币。在展馆布置方面，第二届中非经贸博览会除了包括主展馆外，在高桥大市场增设分展馆。其中，主展馆面积为6．4万平方米，较第一届增加了2．4万平方米，分展馆面积为3万平方米。与此同时，第二届中非经贸博览会的参展商和采购商规模由3550人增长至18800人，会期内以现场或连线等方式签约135个合作项目，累计金额为229亿美元，签约项目的数量和金额均超过首届。第二届中非经贸博览会除邀请了非洲6个主宾国外，首次设立浙江和江西2个主题省，不仅展示了非洲国家的形象、风土人情和特色产品，还突出了浙江省和江西省的对非经贸合作成果。同时，中非经贸深度合作先行区建设成果以推介会和展览的形式推出，受到国际社会，尤其是中非双方的广泛关注和积极评价。

在成功举办两届中非经贸博览会之后，第三届中非经贸博览会将于2023年6月29日至7月2日在长沙盛大召开，主题是"共谋发展，共享未来"，将贯彻中非合作论坛第八届部长级会议精神，围绕中非合作"九项工程"重要举措的落实，将举办形式多样、内容丰富的各项活动。届时，中国和非洲各国政要、使节、国际组织代表、金融机构、企业家、商协会、专家学者及媒体代表等各界人士将齐聚长沙，共襄盛会。

为了迎接此次盛会，我们编写了这本《第三届中非经贸博览会非洲主宾国法律环境报告》，共推出了马达加斯加、尼日利亚、南非、莫桑比克、摩洛哥和赞比亚等非洲七国的法律环境报告。这是继为第二届中非经贸博览会推出非洲国家主宾国法律报告（《非洲六国法律环境报告》，湘潭大学出版社2021年版）之后第二次推出。今后，将为每次中非经贸博览会推出该次会议的非洲主宾国法律环境报告。这些法律环境报告涉及该国的投资法、贸易法、工程承包法、劳工法、财政金融法、环境法，以及其他诸如知识产权、争端解决等方面法律。这些法律都是我们对非经贸投资中经常遇到的实用法律。通过我们的努力，希望为中国投资出海非洲插上健康发展的翅膀。

洪永红　湘潭大学中非经贸法律研究院院长、教授、博士生导师

2023年5月

目　　录

马达加斯加法律环境报告

尼日利亚法律环境报告

刚果（金）法律环境报告

南非法律环境报告

莫桑比克法律环境报告

摩洛哥法律环境报告

赞比亚法律环境报告

马达加斯加
法律环境报告

第一章　马达加斯加法律概况

第一节　马达加斯加基本概况

马达加斯加共和国位于非洲大陆以东、印度洋西部，隔莫桑比克海峡与非洲大陆相望。截至2023年2月，马达加斯加面积为59.2万平方公里（包括周围岛屿）。据我国外交部国家概况2022年数据显示，马达加斯加共和国共有人口约2800万。1972年11月6日，马达加斯加与中国建交，自建交以来，中马经贸关系和经济技术合作进展顺利，2022年，双边贸易额为20.8亿美元，同比增长29.2%。

一、马达加斯加国家概况

1896年，马达加斯加沦为法国殖民地。1958年10月14日成为“法兰西共同体”内的自治共和国。1960年6月26日宣布独立，成立马尔加什共和国，亦称第一共和国。1975年12月21日，改国名为马达加斯加民主共和国，亦称第二共和国。1990年实行多党制。1992年8月19日，马达加斯加举行全民公投，通过《第三共和国宪法》，改国名为马达加斯加共和国。2010年12月11日，拉乔利纳在总统府举行新宪法颁布仪式，宣布正式成立马达加斯加第四共和国。马达加斯加是世界上最不发达国家之一，国民经济以农业为主，农业人口占全国总人口80%以上，工业基础非常薄弱，严重依赖对外援助。

（一）马达加斯加的人文和地理环境

马达加斯加全岛南北长约1500公里，东西宽约500公里，海岸线长约5000公里。隔莫桑比克海峡与非洲大陆相望，与非洲大陆最近距离约为400公里。在马达加斯加周围，分布有科摩罗群岛、塞舌尔群岛、毛里求斯岛和留尼汪岛等大小岛屿。马达加斯加岛的地形共分五种：中部为海拔1000～2000米的中央高原地区，错落分布着平原、山丘、群山和盆地；东部为宽度25～100公里起伏不平的山坡地形；西部为平原和高原地区，地形起伏较缓；南部主要是平原，地形较为平缓；北部以盆地为主，地形复杂，系火山及喀斯特地貌，察腊塔纳山海拔2876米，为全国最高峰。马达加斯加地形独特，各地气候差异较大。东部属于热带雨林气候，终年湿热，年降水量达2000～3800毫米，年平均气温约24℃；中部高原属于热带高原气候，气候温和，年降水量为1000～2000毫米，年平均气温约18℃；西部处在背风一侧，降水较少，属于热带草原气候，年降水量为600～1000毫米，年平均气温约26.6℃；南部属于半干旱气候，年降水量低于600毫米，年平均气温约25.4℃。受季风影响，全岛4～10月为旱季，11月至次年3月为雨季。首都塔那那利佛海拔约1280米，年平均气温20℃。马达加斯加主要矿产资源有石墨、铬铁、铝矾土、石英、云母、镍矿、钛铁、铁矿、锰、铅、锌、煤等，其中石墨储量居非洲首位。此外还有较丰富的宝石、半宝石资源以及大理石、花岗岩和动植物化石等。河流湍急，水力发电潜力大。森林面积12.3万平方公里，约占国土面积的21%，珍稀动植物种类繁多，包括珍稀植物塔那拉爵床。

马达加斯加总人口的99%以上为马达加斯加人，此外还有印巴裔、法裔、科摩罗裔等人口，其中，印巴裔法籍侨民在马达加斯加工商界占据重要地位。华侨和华裔约6万人，主要分布在塔那那利佛和塔马塔夫。马达加斯加人由18个民族组成，其中较大的民族有：伊麦利那（占总人口的26.1%）、贝希米扎拉卡（14.1%）、贝希略（12%）、希米赫特（7.2%）、萨卡拉瓦（5.8%）、安坦德罗（5.3%）和安泰萨卡（5%）等。各民族语言、文化、风俗习惯大体相同。在马达加斯加定居的尚有少数科摩罗人、印度人、巴基斯坦人和法国人。民族语言为马达加斯加语（属马来－波利尼西亚语系），官方通用法语。居民中信奉传统宗教的占 52%，信奉基督教（天主教和新教）的占 41%，信奉伊斯兰教的占 7%。

（二）马达加斯加的政治与经济环境

16 世纪末，伊麦利那人在中部建立了伊麦利那王国。1794 年伊麦利那王国发展为中央集权的封建国家，并于 19 世纪初统一全岛，建立马达加斯加王国。1960 年 6 月 26 日独立至今先后成立过四个共和国。1993 年 2 月，在第一次多党选举中，阿尔贝·扎菲战胜拉齐拉卡，当选第三共和国总统。1997 年 2 月，拉齐拉卡在总统选举中获胜，重掌政权。2001 年 12 月 16 日，马达加斯加举行总统选举。拉齐拉卡与主要反对派候选人、塔那那利佛市市长马克·拉瓦卢马纳纳围绕选举结果展开激烈争斗，马达加斯加陷入长达半年的政局动荡。2002 年 4 月，马达加斯加最高宪法法院宣布拉瓦卢马纳纳当选马达加斯加总统。5 月 6 日，拉瓦卢马纳纳宣誓就职。2006 年 12 月 3 日，拉瓦卢马纳纳以绝对优势胜选连任，并于 2007 年 1 月 19 日宣誓就职。此后，拉瓦卢马纳纳创建的“我爱马达加斯加党”相继赢得众议院选举、市镇选举和参议院选举。

2009 年 1 月，马达加斯加首都等地发生严重骚乱和流血冲突。3 月，拉瓦卢马纳纳总统在部分哗变军队压力下被迫交权并流亡国外，反对派领导人、原首都市长拉乔利纳宣布自任总统。非盟、南共体中止马达加斯加成员国资格，美国、法国、欧盟等谴责拉乔利纳违宪夺权。经南共体多轮斡旋，2011 年 9 月，马达加斯加主要政治派别签署南共体解决马达加斯加危机路线图及其实施框架。新过渡政府、过渡期国会、过渡期最高理事会和过渡期国家独立选举委员会先后宣告成立。2013 年 10 月和 12 月，马达加斯加举行总统选举。埃里·拉乔纳里曼皮亚尼纳以 53.49% 的得票率当选。2018 年 11 月和 12 月，马达加斯加举行总统选举。2019 年 1 月 8 日，马达加斯加高等宪法法院公布大选正式结果，拉乔利纳以 55.66% 的得票率击败拉瓦卢马纳纳，当选新一任总统。

马达加斯加经济以农业为主，工业基础薄弱。拉瓦卢马纳纳执政后提出“快速、持续”发展口号，出台国家 10 年减贫战略文件，确定中长期社会经济发展目标，推出“马达加斯加行动计划”，鼓励私营部门发展，改善投资环境，吸引外资，经济实现持续增长。2003—2006 年，年均经济增长率为 6.2%。2009 年政治危机发生后，马达加斯加遭遇国际社会停援减缓制裁，外国投资锐减，经济每况愈下，农产品加工、纺织品加工、旅游业等支柱产业和基础设施建设遭遇重创。2014 年埃里上台后，积极争取国际社会恢复对马达加斯加援助，制定 2 年期国家发展紧急计划和 2015—2019 国家发展规划，致力于改善投资环境，吸引外资，创造就业。2019 年 1 月，拉乔利纳当选总统后，致力于实施“马达加斯加振兴倡议”，推动能源、农业、住房、卫生、基础设施等重点领域建设。2020 年 12 月 2 日，马达加斯加政府举行部长会议审议《马达加斯加振兴计划》，决定尽快提交各多双边合作伙伴及投资者。《马达加斯加振兴计划》旨在落实拉乔利纳 13 条竞选承诺、《马达加斯加振兴倡议》及拉乔利纳政府施政纲领，并就马达加斯加未来几年发展战略及实施办法作出部署。

二、马达加斯加法律概况

马达加斯加深受法国法律传统的影响，属于大陆法系。马达加斯加民商事法律法典化特性显著，辅之以单行法规，从而构成较为完整的成文法体系。同时，马达加斯加立法和司法分工明确，强调制定法的权威，制定法的效力优先于其他法律渊源，法律体系整体完整，概念明确。马达加斯加法官必须严格执行法律规定，不得擅自创造法律、违背立法精神。总体来说，马达加斯加法律体系主要由立法、司法、执法三大部分组成。

（一）马达加斯加的立法机关

马达加斯加议会是国家最高立法机构，实行两院制，由国民议会和参议院组成。国民议会现有 151 个席位，议员任期 5 年，通过普选产生。马达加斯加的根本法为宪法，目前《第四共和国宪法》（以下简称《宪法》）为其国内适用的最新文本。马达加斯加《第四共和国宪法》第 68 条规定，马达加斯加的立法权由国民议会和参议院行使，并由二者代表人民负责立法工作以及监管政府职权的行使。其中，马达加斯加国民议会主要由全体会议、常设办事处、议长会议、常设委员会、议会党团以及友好党团组成。从内部行政架构上来看，马达加斯加国民议会主要由国民议会总监察局、内阁和常设主席团组成。国民议会总监察局直接隶属于国民议会主席团，其主要任务是对议会内部的行政、财政等事务开展监察、核查与监管工作。除此之外，国民议会还设有安全局、礼宾局、采购管理部门、立法局、议会间关系和交流局、物品流动局、信息系统局等具体职能部门。马达加斯加国民议会的议员每5年一届，由普选产生。国民议会议员一般不得担任其他国家公共性质的职务，但教育领域的职务除外。如果国民议会议员被任命为政府官员，则其在议会的职务将被中止。国民议会的具体职能、组织架构、议事规则等具体内容主要由《宪法》《政党法（第2011－012号）》《关于反对派和反对党地位的法律（第2011－013号）》《关于第四共和国第一次立法选举的组织法（第2012－016号）》《关于国民议会运作规则的组织法的法令（第2014－001号）》《高等宪法法院关于国民议会内部条例的法令的决定（第07－HCC/D3号）》等法律文件规定。

马达加斯加参议院实质为其两院制议会中的上议院。参议院代表各个地区，除立法和监督、监管职能外，参议院仍就经济、社会和领土社区管理等事务提供咨询意见，参与批准国际文书（包括与人权有关的文书）并在国内法中加以实施并进行立法改革。最新一届的参议院选举在2020年12月11日举行，现任参议院议长在2021年1月19日就任。参议院议员人数以往为63人，任期5年，其中三分之二通过间接选举产生，三分之一由总统直接任命。参议院依法每年举行两次常会，每次会议的期限固定为60天。第一次会议在5月的第一个星期二开始，第二次会议在10月的第三个星期二开始。在国民议会闭会期间，参议院只能讨论政府提交给它的征求意见类事项，而不包括任何立法事项。2019年5月25日，马达加斯加高等宪法法院决定，将参议员人数减至18名。年龄达到40岁、居住在马达加斯加共和国的依法纳税的选民均有成为参议院议员的权利。

（二）马达加斯加的行政体系

马达加斯加《宪法》第44条规定，行政职能由共和国总统和政府行使。

总统作为国家元首，通过直接普选产生，一届任期 5 年，只能连续就任两届。总统负责主持部长会议，在现行宪法规定的情况和条件下，签署在部长会议上审议的政令，签署部长会议发布的法令，在部长会议上任命国家高级职位，在部长会议上确定并决定国家的总体政策并监督上述政策的实施和政府的行为，同时任命赴国际组织任职的人员、大使和特使。总统是武装部队的最高领导人，由高级国防委员会协助其管理武装部队。总统应在国民议会递交最终通过的法律后的 3 周内颁布法律。在这一期限届满之前，总统可以要求议会重新审议法律或其中的某些条款。总统可以解散国民议会。总统有权任命总理，总理由在国民议会中拥有多数席位的政党或党团提名。

政府由总理和各部部长组成，政府主要负责执行国家的总体政策，保障法院判决的执行，同时对国民议会负责。政府部门主要包括总理府，国防部，外交部，司法部，经济和财政部，内政和地方分权部，公共安全部，领土整治和公共工程部，国民教育和职业教育部，公共卫生部，农业、畜牧业和渔业部，能源和碳氢燃料部，水务和清洁部，矿业和战略资源部，交通、旅游和气象部，劳动、就业、公职和社会法部，高等教育和科研部，工业、商业和手工业部，环境和可持续发展部，邮政、通讯和数字化发展部，人口、社会保障和妇女发展部，青年和体育部，新闻和文化部。

（三）马达加斯加的法院体系

马达加斯加法院体系共分为四级，分别为最高法院、最高上诉法院、上诉法院与初审法庭。主管破产与债务清偿集体程序事务的塔那那利佛商事法庭职能范围较窄，专业程度较高。

马达加斯加最高法院为马达加斯加的最高司法机关，位于马达加斯加首都塔那那利佛，负责行使终审权。最高法院下设最高上诉法院、最高行政法院和审计法院，负责确保司法、行政、财经领域审判体系依法运行。其中，最高上诉法院下设数个上诉法院以及初审法庭，主要负责就针对下级法院作出的判决提起的上诉作出裁定；最高行政法院主要负责审查行政行为的合法性，并确保行政法院正确适用法律。

马达加斯加最高上诉法院主要由审判部门、监察部门以及书记处构成。

其中，审判部门由院长、各分庭庭长以及数名审判员组成，监察部门主要由监察长、监察员以及代理监察长组成，书记处则是由书记官、各分庭书记员组成。实际上，最高上诉法院本身并不行使司法职能，除非它与其所有分庭一起开庭，最终由其分庭根据诉讼材料作出判决。从分庭的构成上来看，最高上诉法院共有五个分庭，即民事与羁押庭、商事庭、社会事务庭、刑事庭以及综合上诉庭。每一分庭的人员配置基本相同，均配有一名分庭庭长、数名审判员以及一名书记员。每个分庭的权力由最高上诉法院院长在听取监察官的意见后通过发布命令的形式决定。根据适用于最高上诉法院的合议制原则，通常只在五名分庭庭长在场的情况下才进行判决。

上诉法院的院长和监察官应根据高级司法委员会的建议，由总统下令在部长会议上任命。根据在民事和刑事审判中普遍存在的双重管辖权规则，上诉法院被设置在省会城市。虽然在殖民时期只有塔那那利佛省有上诉法院，但该法院具有全国性的管辖权，并承担上诉法院的角色。历届政府都在其他五个省会城市设立了上诉法院。上诉法院有权受理对初审法庭、商事法庭、劳动法庭作出的民商事初审案件判决提起的上诉案件。

初审法庭，简称“TPI”，是马达加斯加的基层法庭。目前，马达加斯加共有 39 个初审法庭。从组织架构上来看，马达加斯加初审法庭主要由审判部门、监察部门和书记处三大部分构成。其中，审判部门由庭长、副庭长、高级预审法官、法官以及预审法官组成，监察部门由共和国监察官、首席代理监察官以及代理监察官组成，书记处则主要由数名书记员构成。就分庭设置而言，初审法庭设有法庭庭长，下设民事庭、登记庭、商事庭、社会事务庭、特别刑事庭、羁押庭、轻罪与违警庭。初审法庭有权审理所有民事诉讼以及对不动产登记提出异议和拒绝进行不动产权利登记的诉讼。初审法庭分庭管辖权与初审法庭基本相同，但各分庭无权受理对分区或社区法庭作出的初审判决提起的上诉案件。

第二章　马达加斯加投资法律制度

第一节　马达加斯加外资概况

根据2021年商务部发布的数据，2021年马达加斯加经常账户逆差为5.1亿SDR（约合7.0亿美元）；货物贸易逆差为6.8亿SDR（9.4亿美元）；服务贸易逆差为3.4亿SDR（4.8亿美元）。2021年外汇储备余额相当于5.8个月的进口额。2021年马达加斯加吸收外商直接投资流量约合2.4亿美元，占GDP的比重为1.7%，较2020年下降0.2个百分点。

世界经济论坛《2019年全球竞争力报告》显示，马达加斯加在全球141个经济体中，排名第132位。世界银行《2020年营商环境报告》显示，马达加斯加营商环境便利度在190个经济体中综合排名第161位。联合国工业发展组织发布的《2020年工业竞争力绩效报告》显示，马达加斯加在全球152个经济体中排名137位。

一、马达加斯加国内经济现状

马达加斯加农业人口占总人口的80%以上。粮食基本自给，服务业是马达加斯加经济的支柱，其次为农业和工业。

马达加斯加第一产业（农林牧渔）增加值约占GDP的24.1%，主要农产品包括稻谷、玉米、木薯以及香草等。2020年，马达加斯加第一产业受疫情冲击较轻，据马达加斯加经济和财政部测算，第一产业增加值增长3.1%。旅游业是马达加斯加的重要支柱产业。据世界银行报告，近年来，鼠疫、麻疹等疾病暴发以及 2018 年大选局势等不确定因素制约了马达加斯加旅游业发展，2016—2018 年访马游客人数持续下降，累计降幅达 14%。马达加斯加新一届政府将“释放旅游业发展潜力和经济效用”列入施政纲领，力争实现每年 50 万外国游客访马。2019 年 4 月，马达加斯加公安部电子签证申请系统正式上线，短期访马游客可免受在入境机场排队办理落地签之苦，自行在线提前申请马达加斯加旅游签证。马达加斯加大选后国内政治局势趋于稳定，在新政府系列支持政策拉动下，2019 年，全年来马达加斯加外国游客总数达 37.8 万人次，超出历史纪录（2008 年 37.5 万人次）。据马达加斯加政府测算，旅游业已占马达加斯加经济总量的 7%，直接创造 4.6 万个就业岗位。

据马达加斯加国家统计局数据，受疫情影响，2020 年访马外国游客数仅为 68110 人次，较上年下降 82%，旅游收入下降 82%。采矿业是马达加斯加经济发展的重要增长点，但受疫情冲击、Ambatovy 镍钴矿停工停产等因素影响，2020 年，马达加斯加镍矿出口额仅有 1.4 亿美元，同比下降 67.1%，占马达加斯加出口额的比重从上年的 17.3% 降至 7.4%。2019 年，马达加斯加启动《矿业法》修订，12 月提交内阁会议审议的修正案草案显示，马达加斯加政府拟将镍、钴、贵金属、宝石的特许权使用费从目前的 2% 提高到 4% ~8%；针对已投入商业化生产的矿业项目，政府持股比例将不低于 20%。

二、马达加斯加外国投资现状

据联合国贸发会议（UNCTAD）6 月 21 日发布的《2021 年世界投资报告》显示，2020 年马达加斯加吸收外商直接投资（FDI）流量为 3.59 亿美元，较修订后的 2019 年数据（4.74 亿美元）下降 24.3%，与 2017 年（3.58 亿美元）、2018 年（3.53 亿美元）规模相当；截至 2020 年末，马达加斯加吸收 FDI 存量为 83.39 亿美元。

对外投资方面，报告称 2020 年马达加斯加对外直接投资流量为 1.02 亿美元，与修订后的 2019 年数据持平；截至 2020 年末，马达加斯加对外投资存量为8.87亿美元。

此前2020年末据马达加斯加方测算，2020年全年马达加斯加吸收外资约合2.8亿美元。2020年中国对马达加斯加直接投资额3802万美元。

报告称，受新冠肺炎疫情影响，2020年全球FDI流量较2019年下滑34.7%、降至1万亿SDR以下（9989亿美元），创过去15年来最低水平。其中，非洲地区吸收FDI流量397.85亿美元，下降15.6%；对外投资流量15.92亿美元，下降67.7%。中国吸收FDI流量逆势增长5.7%，达1493.42亿美元，创历史新高；对外投资流量1329.40亿美元，下降2.9%。

全球和各地区FDI前景仍面临很大的不确定性，其最终表现将受到经济复苏速度、疫情趋势、政府财政政策等因素影响。

第二节　马达加斯加投资法律体系及基本内容

马达加斯加政策法规相对健全，创立公司的手续简便。为吸引外来投资，马达加斯加相继出台《投资法》《免税区及免税企业法》《矿业法》《外汇法》《贸易公司法》《政府和社会资本合作法》等法律。

一、法律渊源

（一）历史渊源

马岛居民为印度尼西亚人和阿拉伯人的混血人，被称为马尔加什人。19世纪初全岛统一，建立马达加斯加国。1896年沦为法殖民地，1960年6月26日宣布独立，成立马达加斯加共和国。1992年8月，马达加斯加举行全民公投，通过《第三共和国宪法》，废除1996年以前颁布的所有有关投资法。1996年8月，颁布新的投资法（第1996－015号法）。2008年1月14日，颁布关于在马达加斯加实施投资的法令（第2007－036号）。

（二）形式渊源

马达加斯加作为大陆法系国家，颁布了一系列成文法。《公司法》对公司的成立、组织、运作、解散、转让和变更作出了规定，对公司的类型进行了划分，对公司的章程进行了规范。《海关法》规定了商品进入马达加斯加境内以及运出马达加斯加的原则和方式，进行商品外贸活动的人及海关机构的权利和责任。《劳动法》对雇主和雇员的权利和义务作出了详细规定，规定了解雇、裁员所需履行的合法程序和劳动试用期、定期劳动合同的时限，突出了劳动卫生、安全、劳动环境和职业培训等方面内容。《投资法》规定，所有在马达加斯加投资的外国经营者与马达加斯加投资者享有同等待遇。所有自然人和法人在遵守马达加斯加法律的前提下，可以在马达加斯加进行自由投资和设立公司。投资者可以持有公司100%股份。马达加斯加政府保证投资者个人和集体财产安全，并且保证外籍投资者在清偿完税费后的公司收益的自由转移。在遇有因公共建设需要进行政府征用或征购时，依照法律规定给予补偿。另外，政府为了外籍居民和外籍人员的利益，保证他们的收益只需通过简单的申报就能自由地转移到国外。

为了吸引外国投资，马达加斯加政府承诺为投资者提供一个有利的投资环境和一个优惠、平等和便利的税收体系。《矿业法》和《大型矿业投资优惠条例》等，鼓励外资参与马达加斯加矿业开发。《大型矿业投资优惠条例》规定，投资额在2500万美元以上（含2500万美元）的矿业开发项目，可享受免关税等优惠政策。该国对矿业开发实行矿产证登记管理。负责管理和颁发矿产许可证的部门是矿产能源部矿产测绘管理局。《版权法》保护范围包括文学、音乐、艺术、绘画、雕塑、电脑程序、电子数据等。作者一生都享有著作权，作者死亡后，著作权归其法定继承人享有，有效期为作者死亡之日起70年。《知识产权保护法》保护范围为：专利发明、商标、工业设计和模型、工商注册名等。保护期限：专利发明的保护期限为15年，不能延期。商标的保护期限为10年，可延长10年。工业设计和模型的保护期限为5年，可延期两次，每次5年。工商注册名的保护期限为10年，可延长10年。其他的法律法规还有：《环境保护基本法》《水资源保护法》《投资与环境和谐法令》《免税区及免税企业法》等法规。

二、基本内容

（一）禁止、限制和鼓励行业

马达加斯加《投资法》规定，所有马达加斯加或外国的自然人或法人，在遵守马现行法律前提下，均可在马达加斯加境内自由投资和设立企业。某些特殊领域（金融、保险、矿业、石油、电信、医疗、医药及医药辅助行业）的经营投资须经有关主管部门批准。马达加斯加亦出台专门法律规范相关行业经济活动，比如采矿业投资经营须遵守《矿业法》、手工业投资经营须遵守《手工业法》、渔业须遵守《渔业和水产养殖业法》、旅游业须遵守《旅游法》等。马达加斯加经济发展局《投资指南》及配套宣传片显示，马达加斯加政府重点推介的投资领域包括农业及相关产业、纺织业、信息通信技术、可再生能源、旅游业、采矿业等。此外，在马达加斯加投资大型矿业项目（一般为5000万美元以上）的企业，除享受财税优惠待遇外，还可同相关政府部门就其他配套优惠措施展开一对一商谈。

（二）农业投资合作规定

外国自然人或企业法人不可在马达加斯加直接购买土地开展农业投资，但可与马达加斯加公民和机构签订土地租赁合同，期限最长可达99年，并可延续；或与马达加斯加当地政府直接签订土地开发协议租赁土地开展农业投资。马达加斯加政府鼓励外国自然人或企业法人在马达加斯加开展农业合作，提高粮食产量，带动当地就业。

（三）林业投资合作规定

外资参与当地林业投资合作土地政策与农业投资合作相似。马达加斯加政府规定禁止任何在马达加斯加采伐、出口红木及乌木的行为，明确指出在马达加斯加采伐、出口红木及乌木的企业和个人将被追究刑事责任。

（四）金融业投资准入规定

马达加斯加已建立以《银行法》《保险法》《小额信贷法》《外汇法》为

主的金融法律体系，相关法律、法规、规章可参见马达加斯加中央银行网站及经济发展局网站。马达加斯加银行和金融业监管委员会（CSBF）为国家金融和保险监管部门。CSBF 由马达加斯加中央银行行长、第一副行长、经济和财政部国库总司负责人、最高法院代表、业界人士等 8 名委员组成，由中央银行行长任主席；每年至少召开两次会议，每年向总统、总理及国会提交年度业务工作及金融体系运转情况报告；秘书处设在中央银行。CSBF 对金融领域投资申请采取逐案审批制。比如申请在马达加斯加设立商业银行，须按《银行法》及相关法规、规章要求，向 CSBF 提交申请函、公司章程稿、股东及管理人员名单以及相关财务证明文件等书面材料，且须满足注册资本不少于 30 亿阿里亚里（约合 80 万美元）等要求。当前，马达加斯加主要商业银行均为外资控股。

（五）基础设施 PPP 模式的规定

2016 年，马达加斯加出台《政府和社会资本合作法》（PPP 法），鼓励私营行业通过 PPP 等方式参与马达加斯加基础设施建设。该法律建立起政府和社会资本合作的法律和制度框架，确保项目招投标高效透明展开，优化公共支出。马达加斯加公共工程部主管基础设施项目 PPP 相关事务。

目前，中国企业积极探索合作新模式，在马达加斯加开展了兼具 PPP 与 EPC（工程总承包）模式特点的项目，比如中国路桥马达加斯加首都机场快速路（西线路）项目等。

（六）解决商务纠纷的主要途径及适用法律

中资企业在马达加斯加开展贸易投资合作发生纠纷时，宜按照双方商业合同有关规定，直接与纠纷方协商解决；如协商未果，可通过仲裁、诉讼等方式加以解决。必要时，可向马达加斯加外资主管部门经济发展局（EDBM）申诉，或进一步联系有关中央、地方政府部门出面协调。在马达加斯加解决经济纠纷主要适用当地法律。

三、外资准入条件

马达加斯加鼓励独资、合资、租赁等多样化投资方式，允许外资并购当地企业，马达加斯加通常以土地、厂房等不动产入股，部分行业推行许可证制度。多数情况下，马达加斯加政府对外资所占比例无严格限制，最高可持股100%。涉及投资某些特定领域如银行、保险、矿业、石油、电信、医疗、医药和医药辅助行业时，需经相关行业主管部门批准方可经营，且其占股比例亦需经个案批准。目前，马达加斯加中资企业进入马达加斯加市场的方式主要为在当地直接设立企业。

（一）投资主体与企业形式

所有外国的自然人或法人，在遵守马达加斯加现行法律法规的前提下，均可在马达加斯加境内自由进行投资和设立企业。但某些特定领域，需经过特别批准后才能经营。这些领域包括：金融、保险、矿业、石油、电讯、医疗、医药和医药辅助行业。投资设立企业的形式包括公司代表处、分公司、有限责任公司、和股份公司四种。有限责任公司有两种组成形式：一是单一自然人责任有限公司，二是至少两名合伙人以上的责任有限公司。股份公司也有两种组成形式：单一自然人股份公司和至少两名合伙人以上的股份公司。

（二）投资范围

马达加斯加所有经济实体享有经营对外经济贸易的同等权利，公司可根据企业自定的章程自由管理企业。马达加斯加政府制订了一系列鼓励投资、发展经济的法律法规。在遵守马达加斯加现行法律法规的前提下，实行投资自由政策。除少数珍稀品种受限制外，其余商品均放开经营。在鼓励投资领域，为了使马达加斯加经济从社会保障型经济过渡到建立和完善市场型经济，推动农村经济向工业型经济的发展，把农业发展成为粮食自给自足的工业化农业，尽快建立服务型经济体系，调动一切因素，努力扩大出口，马达加斯加制定了《马达加斯加行动计划》（MAP），将以下方面列入优先发展的主导投资领域：旅游业；矿产开采；海洋捕捞和淡水养殖；纺织、服装成衣加工出口业；手工业；农产（特别是有机农业）；发展信息通信技术；基层的基础设施建设。进口管理：为了促进进口，马达加斯加对部分商品实施免关税待遇，包括成药、肥料（矿物肥料、化肥和动物肥料）、手扶拖拉机等。马达加斯加进口商品暂无配额限制。在出口限制上，为了保护稀缺资源，马达加斯加禁止红木、乌木和巴里桑等名贵树种的原木出口（但加工成品仍可出口）。另外，马达加斯加拥有世界上多种珍稀动植物，属于限制出口资源。

（三）资金要求

1. 最低资本

设立有限责任公司：单人责任有限公司注册资金至少 100 万阿里亚里，多人责任有限公司注册资金至少 200 万阿里亚里。设立股份公司：单人股份公司最低需 200 万阿里亚里注册资金，多人股份公司最低需 1000 万阿里亚里。而对于设立代表处和分公司则没有明确规定。

2. 投资比例

马达加斯加鼓励独资、合资、租赁等多样化投资方式，允许外资并购当地企业，马达加斯加方通常以土地、厂房等不动产入股，部分行业推行许可证制度，对外资所占比例无严格限制。

（四）审批程序

1. 审批机构

为确保马达加斯加《投资法》切实得到落实，成立马达加斯加经济发展局（EDBM），其职责是：负责促进、推动并加快批准在马达加斯加的投资项目。经济发展局负责受理和颁发与投资业务有关的行政类文件。为此，经济发展局将负责协助投资者办理投资申请，对制约企业发展的有关行政程序进行调研，并对这些程序的废止、简化和更具合理性提出建议。

马达加斯加经济发展局负责受理企业停业声明。此外，局还负责受理吊销许可证、签证或营业执照等事宜，负责将上述决定及由此需承担的法律责任通知有关企业和投资者；作为本段规定的例外，设立民用和贸易公司的企业，如果只需要办理登记和获得税务号及统计号手续，可在马达加斯加境内的任何主管部门直接办理。

2. 审批范围

经济发展局负责公司注册、批准免税企业、核发旅游经营许可（旅馆和饭店）、核发环保许可（如果需要的话）、为外国人核发居留签证和工作签证、向外国投资者提供购买土地的许可。

3. 审批具体程序

在马达加斯加注册各类企业，须向经济发展局提出申请。如果设立代表处，由母公司或其委托人向经济发展局申请。如果设立分公司，由母公司或其委托人向经济发展局申请注册。如果发起设立有限责任公司和股份有限责任公司：由股东向经济发展局申请注册。

第三节　马达加斯加投资的主管机构

马达加斯加投资主管部门是马达加斯加经济发展局，隶属于总统府。根据需要，马达加斯加经济发展局可完成与投资相关的其他任务或工作。马达加斯加经济发展局是一个具有工业和贸易性质的国家机构，执行现行的财会管理机制。

首先，促进并加快与实施投资和建立企业相关的行政审批程序，除国家及公共机构的其他服务职能外，经济发展局负责受理与投资项目有关的申请，监督所有派驻在该局办公的各相关行政部门的代表按照各自职责在透明的办事原则下对申请项目作出快速回应。在马达加斯加经济发展局内部，负责办理的具体事务及要求是：为投资者签发入境签证、延长签证和可转换的长期签证；为外国投资者签发职业签证；依据《马达加斯加免税区及免税企业法》的规定，签发享受免税区优惠政策的免税区企业证明；签发《土地购买许可证》；办理公司及工商的登记、变更及注销手续；为企业提供税务证号及统计编号；为实施旅游经营的企业颁发许可证、营业执照及项目批准书；为经营特许行业的企业颁发营业执照和开业许可证。经济发展局负责受理企业停业声明。此外，该局还负责受理吊销许可证、签证或营业执照等事宜，负责将上述决定及由此需承担的法律责任通知有关企业和投资者；设立民用和贸易公司的企业，如果只需要办理登记和获得税务号及统计号手续，可在马达加斯加境内的任何主管部门直接办理。

其次，改善与投资相关的税务及法律框架。经济发展局可就将要出台的涉及修改马达加斯加投资环境的法律草案发出预告，包括税务、海关条例方面的事务和本法令的规定及其实施细则。经济发展局还可建议马达加斯加主管部门提出新的法律条款和规章。经济发展局将与政府有关部门密切合作，共同参加关于投资保护协定、自由贸易协定以及免征双重进口关税等协议的谈判。

最后，负责解决纠纷。经济发展局可以“调解人”身份就企业间或企业与政府间的纠纷进行调解，调解的具体程序将由其另行制订。

为促进投资便利化，该局设立了投资服务“单一窗口”，实行从递交申请到完成注册的“一条龙”服务。该局还定期更新《马达加斯加投资指南》并发布宣传片，向外国投资者推介马营商环境、资源禀赋、引资政策及重点行业。

第四节　马达加斯加投资的法律风险与防范

马达加斯加丰富的自然资源为该国带来了巨大的发展潜力，但投资者面临着与商业环境相关的挑战。

一、法律风险

机制不健全，马达加斯加尚未建立外商投资安全审查专门机制。外商投资安全审查是国际通行的外资管理制度，在平衡经济利益和维护国家安全方面发挥着重要作用。近年来，世界主要国家和地区陆续推出或完善外商投资安全审查制度，马达加斯加尚未建立该制度，这对投资者应对经济风险的能力存在一定的影响。

地域性法律保护。马达加斯加有关部门在处理本国国民与外国自然人或企业经济、劳务等纠纷时，往往带有较强的偏向性。中资企业在开展贸易投资合作时要慎重选择合作伙伴，注意防范经济、金融及政治等风险。

基础设施薄弱。马达加斯加有限和破旧的基础设施是市场准入的重大障碍。公路和铁路运输基础设施仅覆盖该国的小部分地区，且对于存在交通基础设施区域维护状况也相当不完善，容易受到大风和洪水破坏。缺乏可靠的电力和供水，阻碍了私营企业的发展和扩张计划。这些基础设施限制了生产和就业，给贸易商品带来了额外的成本，并抑制了潜在的投资者。

司法透明度低。马达加斯加的法律制度以法国法理为基础。司法系统的累赘、程序的冗长以及现有法律的执行力度较弱，还有监管体系缺乏透明度，使得在马达加斯加开展投资业务比较困难。普遍的腐败、利用影响力和职权排斥公平竞争的案例比比皆是，一些政府官员的介入，使投资环境进一步复杂化。

社会与政局不稳定。2021 年马达加斯加有近 4 万人跌至国际贫困线以下（收入水平为 1.90 美元/天），马达加斯加南部遭受了 40 年来最严重的饥荒，消除贫困和饥饿的斗争更加紧迫。

二、风险防范措施

马达加斯加于 2014 年走出政治危机，经济发展逐步走上正轨，营商环境得到改善。但由于国家治理体系和治理能力依然相对落后，基础设施等方面短板突出，社会治安状况不佳，在马达加斯加投资的政策、经济和安全风险不可忽视。建议投资者在以下方面做好应对措施。

（1）适应法律环境的复杂性。马达加斯加政府制定法律文书众多，但在执行上并不严格，执政者有时会对原政策法规所作承诺进行调整。中国企业应加强对相关法律的学习和理解，并密切关注形势和政府态度的变化，适时采取对策，避免被动。

（2）依法依规完成企业注册手续。根据马达加斯加法律规定，外国企业在马达加斯加从事投资合作或贸易活动，必须在当地注册并依法纳税。最好聘请当地有经验的律师或会计事务所帮助准备注册相关手续。

（3）适当调整对优惠政策的期望值。企业在马达加斯加投资大型项目，尤其是矿业开发项目和农业开发项目以及重点基础设施项目，一般可通过个案谈判，获得相应的优惠政策（如税收减免等）。但在执行过程中，往往因有关部门间缺乏沟通和协调，不能得到有效执行，给企业的经营活动造成许多障碍和困难。因此，企业在计算经营成本时，要充分考虑这些不可预见的因素，适当调整对优惠政策的期望值。

（4）充分核算税赋成本。马达加斯加的税收体制比较复杂，税收种类繁多。投资者应认真了解当地税收规定，充分核算税赋成本，用好免税区和免税企业相关优惠政策。

（5）密切跟踪政经形势。主动关注当地局势变化，多渠道了解国情社情民情，做好大选等敏感时期的安保应对工作。

第三章　马达加斯加贸易法律制度

第一节　马达加斯加贸易概况

1987年，马达加斯加开始实行贸易进出口自由化政策，鼓励出口多样化，出口额有所增加。主要进口石油、车辆、机械设备、药品、日用消费品及食品等。主要出口咖啡、虾、铬矿石、香草、丁香、棉纺织品等。主要贸易伙伴是法国、美国、中国、欧盟、南非、南共体、东南亚部分国家和印度洋诸岛国等。2021年进出口总额65.78亿美元。经济增长率为4.4%，通货膨胀率为5.8%。

一、中马经贸关系

建交以来，中国与马达加斯加经贸关系和经济技术合作进展顺利。两国签有相互促进和保护投资协定、贸易协定和成立经济贸易混合委员会协定等。中国自1972年起开始向马达加斯加提供援助，为马达加斯加援建了木伦达瓦糖厂、制药厂、昂－瓦公路、塔那那利佛体育馆、国际会议中心、学校等项目。中马互利合作始于1985年。2022年，双边贸易额为20.8亿美元，同比增长29.2%。其中，中国出口14.55亿美元，同比增长13.9%，进口6.25亿美元，同比增长87.8%。中国主要出口纺织纱线、电子产品、机电产品等，进口矿砂、农产品等。中马两国政府于1974年1月签署贸易协定；1995年6月，签署贸易、经济和技术合作协定；2005年11月，签署关于成立经济贸易混合委员会的协定以及相互促进和保护投资协定；2017 年 3 月，签署关于共同推进丝绸之路经济带和 21 世纪海上丝绸之路建设的谅解备忘录。2015 年起，中方对原产于马达加斯加等最不发达国家的部分商品实施 97% 税目零关税特惠税率。

2005 年 11 月 21 日，中马两国政府签署关于成立经济贸易混合委员会的协定。2016 年 6 月 30 日，中国—马达加斯加经济贸易混合委员会首次会议在马达加斯加首都塔那那利佛举行，时任中国商务部副部长钱克明与马达加斯加外交部长阿塔拉共同主持会议。会议期间，双方回顾了两国经贸领域合作情况，就两国贸易、投资、基础设施建设和发展援助等议题充分交换了意见，并就落实中非合作论坛约翰内斯堡峰会成果达成广泛共识。2019 年 11 月，商务部访马，与马方就落实中非合作论坛北京峰会“八大行动”、推进双边经贸合作等议题进行交流。据中国海关统计，2020 年，中马货物贸易总额为 11. 36 亿美元，同比下降 11% 。其中，中国对马出口 9. 98 亿美元，下降 7% ；自马进口 1. 39 亿美元，下降 32. 1% 。

二、马达加斯加对外货物贸易运行情况

马达加斯加进出口额大幅上涨。全年马达加斯加货物贸易总额为 27. 4 万亿阿里亚里，同比上升 39. 1% ；其中进口 16. 8 万亿阿里亚里，上升 38. 1% ；出口 10. 6 万亿阿里亚里，上升 39. 8% 。贸易逆差 6. 2 万亿阿里亚里，扩大 29. 2% 。

（一）总体情况

贸易伙伴保持多元。2021 年，马达加斯加进口来源地为 176 个，出口目的地近 150 个。马达加斯加前十大贸易伙伴分别为中国、法国、美国、印度、阿曼、日本、南非、阿联酋、德国、马来西亚。马达加斯加与前十大贸易伙伴的贸易额多数出现不同程度的上升，其中，与阿曼、日本贸易额涨幅较大。马达加斯加与前十大贸易伙伴贸易额合计约 48. 29 亿美元，占马达加斯加对外货物贸易总额的 67. 73% 。

贸易结构相对单一。出口商品仍以初级产品和劳动密集型产品居多。马

达加斯加主要出口商品为矿产品、农产品及成衣等。香草仍是马达加斯加首要出口产品，出口额占马达加斯加货物出口总额的1/5以上。镍矿等矿产品出口额出现较大幅度上升。马达加斯加纺织业等劳动密集型产业继续保持较强竞争力，成衣在马达加斯加货物出口中仍占据较大比重。

中国连续七年为马达加斯加第一大贸易伙伴和进口来源国。2021年，马达加斯加中贸易额占马达加斯加外贸总额的19.06%，较上年提高1个百分点。中国、法国、美国、印度维持马达加斯加前四大贸易伙伴地位；阿曼、日本跃居前十，自上年第24位和第11位分别升至第5位和第6位。

（二）进口情况

2021年，马达加斯加货物进口总额为43.8亿美元，上升38.1%，前五大进口来源地为中国、阿曼、印度、法国、阿联酋。马达加斯加主要进口商品类别包括油料、纺织原料、大米、机械设备等。为应对疫情及国内生活必需品的物价上涨，马达加斯加扩大生活必需品进口，其中大米增长46.60%，食用油增长36.45%。受2021年疫情后全球经济活动恢复和石油需求的强劲复苏进而导致的国际油价上涨，马达加斯加柴油和重油进口额上升66.50%，进口量上升16.37%。

（三）出口情况

2021年，马达加斯加货物出口总额约27.5亿美元，上升39.8%，前五大出口目的地为法国、美国、中国、日本、荷兰。

马达加斯加出口商品以初级产品和劳动密集型产品为主，包括矿产品、农产品及成衣等。香草仍是马达加斯加第一大出口商品，占马达加斯加出口总额的21.98%，全年出口额为6亿美元。受安巴图维镍钴矿重新开工影响，镍矿出口额上涨260.84%，钴矿出口额上涨226.55%，大大提高了马达加斯加对中国大陆、日本、中国台湾的出口总额。

第二节　马达加斯加贸易法律体系及基本内容

马达加斯加主管贸易的政府部门是马达加斯加工业化、商业和消费部，主要职责是制定国家内外贸易、工业化和消费发展政策，并负责政策落实、协调、跟踪和评估。下设工业化总司、商业和消费总司。马达加斯加外交部负责与贸易相关的多双边事务。马达加斯加经济和财政部主管海关、税务等事务。马达加斯加与贸易相关的主要法律有《贸易公司法》《民法》《海关法》等。

一、贸易管理的相关规定

马达加斯加所有经济实体在从事对外经济贸易活动中享有同等权利。公司可根据企业自定的章程自由管理企业。在遵守马达加斯加法律法规的前提下，企业可自由从事投资和贸易活动。除少数珍稀品种受限制外，其余商品均放开经营。

（一）进口管理

为了促进进口，马达加斯加对部分商品实施免关税待遇，包括药品、肥料（矿物肥料、化肥和动物肥料）、手扶拖拉机等。马达加斯加进口商品暂无配额限制。近年来马达加斯加加大贸易救济调查力度，2018 年对进口意大利面、毯子、洗衣粉启动保障措施立案调查，2019 年对进口意大利面、肥皂、润滑油、食用植物油和人造黄油产品启动保障措施立案调查，对自马来西亚进口的加糖炼乳产品启动反倾销调查。

（二）出口限制

2010 年 3 月，马达加斯加政府出台法令禁止任何在马达加斯加采伐、出口红木及乌木的行为，在马采伐、出口红木及乌木者将被追究刑事责任。此外，马达加斯加多种珍稀动植物亦属于限制类出口资源。进出口商品检验检疫马达加斯加对各类动植物产品的进口均有检疫要求，要求对进口产品的特征及进口商的相关信息进行检查。

（三）农产品贸易

根据马达加斯加法律规定，农产品、畜产品进出口须向马达加斯加农业和畜牧业部（下称“农业部”）提交申请。

（四）动物检疫

根据马达加斯加动物检疫规定，鲜活动物进口商应向农业部下属的动物检疫部门申请动物进口许可证。商品入境时，由驻口岸的动物检疫员查验产地国签发的原产地证书和动物检疫证及农业部动物检疫部门签发的进口许可证。

（五）植物检疫

马达加斯加农业部植物保护部门负责植物检疫工作。进口植物及植物产品应向农业部植物保护部门申请进口许可证，接受设在海关的植检办公室检查，出示产品原产地有关机构签发的植物检疫证书，并准备样品以供植物保护部门检疫。禁止入境的植物、植物产品及有害生物目录，由农业部长视情况发布。

（六）水产品检疫

鲜活水产品由水产品卫生检疫局（ASH）负责检疫工作并颁发许可证。2021 年 8 月马达加斯加政府改组，其主管部门由农业部变更为新设的渔业和蓝色经济部。

（七）海关管理规章制度

马达加斯加实行严格的海关监管制度。马达加斯加《海关法》规定，为保证马达加斯加财政预算收入，保护马达加斯加本土农业、工业和商业发展，国家对进口商品征收关税，公布海关税则表，作为《海关法》附件。

根据马达加斯加海关发布的关税税则，进口税主要分为3个类别：（1）进口原料关税为5%～10%；（2）进口机器和零配件关税为10%（例如电力机车、客车车厢、货车车厢和邮政车厢、家用电器等）；（3）进口制成品和加工产品关税为20%（例如服装等）。免征进口关税的商品主要有：大米和稻谷；蔬菜种子；肥料（矿物肥料、化肥和动物肥料）及各种杀虫剂；农机设备；风力发电机设备等。

目前，免征进口关税的商品有：救护车和成药；肥料（矿物肥料、化肥和动物肥料）；手扶拖拉机等。

第三节　与马达加斯加进行贸易的法律风险与防范

在马达加斯加开展贸易和劳务合作的过程中，要特别注意事前调查、分析、评估相关风险，事中做好风险规避和管理工作，切实保障自身利益，包括对项目或贸易客户及相关合作方的资信进行调查和评估，对项目所在地的政治风险和商业风险进行分析和规避，对项目本身实施的可行性进行分析等。企业应积极利用保险、担保、银行等保险金融机构和其他专业风险管理机构的相关业务保障自身利益。包括贸易、投资、承包工程和劳务类信用保险、财产保险、人身安全保险、银行的保理业务等业务，各类担保业务（政府担保、商业担保、保函）等。企业在开展对外投资合作过程中可选用中国出口信用保险公司提供的包括政治风险、商业风险在内的信用风险保障产品，也可使用中国进出口银行等政策性银行提供的商业担保服务。中资企业在马达加斯加从事工程承包，应注意以下事项。

（1）调研马达加斯加当前发展的需求。企业需做好充分的基础调研工作，了解马方需求和其他国际出资方追踪的项目，与该国相关部门进行技术层面的了解和咨询，进行跟踪和推动。

（2）选好经营方式。马达加斯加待建工程项目及计划较多，但因资金短缺，马方对许多项目均要求企业带资承包或参与项目经营。中国企业应针对不同项目，结合自身情况，研究探讨包括利用中方优惠贷款、优惠出口买方信贷、商业贷款等多种融资模式，以扩大双边合作。

根据马达加斯加相关法律规定，外国企业在马达加斯加实施工程或经营项目，应在马达加斯加注册成立公司，并依法纳税。

（3）推进本地化经营。马达加斯加劳动力充足，且成本较低，中国企业在当地开展工程承包时，除派遣必要的工程管理人员和特殊工种的技术人员外，多数岗位应考虑聘用当地人员，积极实现本地化经营，并注重对当地员工的技能培训。

（4）探讨建营一体化。企业可积极与有关技术部门开展售后运营维护管理，探索投资、建设和运营相结合的建营一体化合作方式，推进产融结合，使产能和装备制造合作向高附加值领域拓展。

中资企业办理劳务人员赴马达加斯加工作许可时，宜注意以下事项：（1）聘请有经验的中介服务者。马达加斯加《投资法》规定，在马达加斯加投资的企业，所聘外籍专业技术人员可申请工作签证。由于办理手续比较繁杂，建议企业聘请当地有经验的律师或专业中介协助办理相关手续。（2）注意时限要求。根据马达加斯加相关规定，中国劳务人员到马达加斯加从事专业技术工作，须由企业先向主管部门申请工作许可，马达加斯加驻中国大使馆根据该工作许可签发入境工作签证（时效为 30 天）。劳务人员入境后，应及时到企业主管部门申请延长工作签证（有效期一般不超过 3 年）。企业一定要注意劳务人员的签证时效，在签证到期时如需留任，要及时办理相关手续，切勿持过期签证在马达加斯加居留。马达加斯加负责外籍人员工作许可的主管机构是经济发展局。马达加斯加劳动、就业、公职和社会法部下设劳动者社会保障局，外籍劳工遇到问题时也可以寻求帮助。

另外，投资者应提高合规经营意识。近年来，中国国内主管部门深化“放管服”改革，落实企业对外投资合作主体地位，推进境外投资合作便利化进程，并采取重点督查和“双随机、一公开”抽查等方式加强事中、事后监管。到马达加斯加中资企业在切实遵守当地法律法规的同时，亦应严格执行中国国内关于“走出去”的各项规定，进一步提高合规经营意识，加强合规经营管理。

第四章　马达加斯加工程承包法律制度

马达加斯加的工程承包法律制度主要是招投标法律制度。2016 年 12 月，马达加斯加国民议会和参议院通过《公共采购法》（2016－055 号法），该法强调“控制”和“调节”功能分离的原则，对争端解决进行了改革，并使得订单市场的概念更为明确，且在国家的技术和财政能力范围内，逐步实施非物质化程序。

第一节　马达加斯加工程承包法律制度及基本内容

一、主管机关

马达加斯加设立了一个独立的行政机构，具有行政、决策和制裁权力，称为公共市场监管机构。该机构受到司法审查，特别是在行使其制裁权力时。公共市场监管局具有法人资格，其独立性受到《公共采购法》的保障，并体现在其成员的合议性和任命方式、行使其任务的条件，特别是其不可撤销性和可续任性以及财政自主性。

公共市场监管局由监管委员会和总局管理。它有一个争端解决委员会，是一个合议、三方和独立的决策机构，主要负责裁决争议，以及友好解决与公共合同执行有关的争议和纠纷。公共市场监管局负责协助设计公共采购政策，确保其执行，并制定执行战略；制定法规并解释与公共采购有关的文本和文件；在公共采购监管框架内发布意见或建议；执行任务，观察公共采购机构的工作并评估其能力；对公共采购进行普查和经济分析；向总统、政府和议会提交关于马达加斯加公共采购制度的年度报告；在利益相关者违反公共采购条例和违规行为的情况下进行自我转介；收集和集中公共采购的所有文件、信息和统计数据，以建立数据库，对公共采购系统进行或委托进行具体审计和调查；为公共采购中的所有公共或私人行为者提供培训和技术援助；通过在报纸上公布与公共采购有关的所有信息，提高公共采购系统的透明度；监测和评估其所作决定的执行情况；处理与授予公共合同有关的上诉；在友好解决公共合同执行过程中产生的争议的框架内发表意见；就排除参与公共采购的请求作出决定；对任何违反公共采购条例的公共采购机构或任何其他个人实施行政制裁；对与公共采购监督机构发布的决定和意见有关的争议进行仲裁等。

二、招标的种类

马达加斯加《公共采购法》将招标分为国际招标、国内招标、区域招标。

（1）国际招标：通过在国际媒体上的广告向所有合格投标人开放招标，不考虑国籍或地理位置。

（2）国内招标：根据国家立法，在国内进行的招标，但国家领土以外的投标人可以投标。

（3）区域招标：指在马达加斯加作为区域一体化一部分的区域或次区域集团或组织公布申请的法定门槛内的任何公共采购程序。该招标对所有感兴趣的投标人开放，无论他们是国民、外国人、成员国国民还是非成员国国民。

招标文件：投标人编制标书所依据的招标文件或其他文件；

投标人须知即向投标人提供有关如何准备和提交投标书、打开投标书、评估投标书和授予合同的信息的文件。该文件不应修改。且考虑到每个市场的具体情况所需的变更必须包含在补充说明的特定招标数据（DPAO）或特定招标人说明数据（DPIC）中。

在《公共采购法》中规定，“要约”是指响应货物、工程或服务招标通知而发出的要约、报价或建议书；

“不可接受要约”：在以下至少一种情况下，要约被视为不可接受：

（1）与经济上有利的报价相比，该要约被认为过于昂贵；

（2）分配给市场的预算拨款不允许订约当局为其提供资金；

（3）为其执行规定的条件不符合现行法律法规；

（4）要约本身违反现行法律法规。或违反税收和海关立法的提议；

（5）“不当报价”：即与公共买方需求无关的报价。不适当的报价被视为缺乏或不存在满足买方需求的报价；

（6）“不可接受的投标”：不符合《公共采购法》第43条规定的投标书提交的实质性或形式要求的投标书；

（7）招标情况可在贸易和消费者事务部、非洲开发银行、东部和南部非洲共同市场（COMESA）等网站进行查询。

三、招投标类型

第一，工程合同的目的是执行任何建筑或基础设施工程。

第二，当前供应和服务合同的目的是购买、租赁或分期出售加工或半加工设备或原材料、机械、工具、食品和材料以及提供服务。

第三，知识服务合同的目标是具有知识性质的服务，其主要组成部分在物理上无法量化。包括委托项目管理合同、运营和项目管理合同以及设计合同。

属于上述三类之一的公共采购合同可附带包含属于另一类的要素，前提是该类要素的金额低于本金金额。

四、招投标程序

订约当局的公共采购机构应由负责公共采购的人员、招标委员会、验收委员会和公共采购小组组成。

（一）负责公共采购的人员

负责公共采购的人是订约当局授权进行采购程序并监督其执行的。因此，他将合同授予通知持有人，签署和批准合同，并在整个合同履行阶段代表订约当局。此外，他还负责与技术服务部门和方案负责人合作，编制有关年度的简化采购计划，并在拨款通过后立即编制详细的采购计划。他负责任命招标委员会主席和技术评标小组委员会成员；管理获得市场验证、批准和通知的所有活动；监测市场执行情况；确保保存与公共采购有关的所有文件的档案；参与编制合同完成报告。

（二）招标委员会

招标委员会的组成、权力和程序应由法规确定。招标委员会负责审查申请和评估提交的投标书或建议书。招标委员会成员由负责公共采购的人员任命，且招标委员会应由成员中负责公共采购的人员指定的人员担任主席。如有必要，负责公共采购的人员可向招标委员会提供专业人员的专业知识，以评估投标书。招标委员会成员以及参与评估申请和标书的任何其他人员有义务对上述评估相关的任何活动进行保密。

五、投标人条件

公共合同的任何投标人必须证明其具有法律、技术和财务能力以及履行合同标的服务所需的经验。为了成为合同持有人，中标人必须在授予通知之日提交不超过 6 个月的定期纳税情况，以及不超过 3 个月的定期缴款社会状况。自授予通知之日起 15 天内未提交税务和社会文件将导致退出合同进行重新分配。

投标人需符合以下条件：评估投标人专业、技术和财务能力的信息。此类信息和文件的清单由法规规定；证明投标人的情况符合《公共采购法》第 21 条第 1 款至第 5 款的规定；一份证明投标人在过去 5 年内未因《公共采购法》第 21 条第 6 款所述罪行被定罪。负责公共采购的人员应在招标文件中规定资格标准以及公共采购部门必须提供的信息和文件。负责公共采购的人员不得妨碍任何投标人参与国家和国际招标，无论是国内还是国际外国人、居民或非居民。

如果合同的目的是开展具有特殊重要性或复杂性的工程或提供相应的服务，则公开招标可包括资格预审阶段，旨在淘汰不具备履行合同能力的投标人。

投标人履行合同的能力必须根据其可支配的人力和物力资源、财务能力以及最后与履行与合同标的类似服务有关的参考资料进行评估。

下列人员不能参与投标：（a）处于司法清算状态的自然人或法人以及已宣布个人破产的自然人；（b）根据法律法规被接纳的自然人或法人，无法证明其有权继续其活动；（c）在投标截止日期前未履行其财政或准财政义务的自然人或法人；（d）公共采购负责人或招标委员会成员拥有任何直接财务或个人利益的企业；（e）与服务提供商有关联的企业，这些企业帮助编制了全部或部分招标或咨询文件；（f）因重罪或轻罪被最终刑事定罪的人；（g）在由一个或多个金融合作伙伴的资金资助的合同框架内，受到这些融资方制裁的投标人；（h）来自其他国家的自然人或法人，禁止与借款人所在国进行商业交易，和/或根据联合国安全理事会根据《联合国宪章》第七章就任何商业交易作出的决定；（i）被公共采购监管机构临时或永久排除在外的自然人或法人。临时或最终排除条款将由法规规定。

六、商业团体的投标申请

第一，公司可以以团体或联合团体的形式提交申请、报价或提案。对于联合临时企业集团，每个运营商都致力于其提供的服务。如果其中一个失败，授权代表应按照市场上最初规定的价格提供服务。

第二，在这两种形式的集团中，承诺书中指定为代表的集团成员服务提供商之一代表所有成员与负责公共采购的人员打交道，并协调集团成员的服务。如果合同有规定，联合授权代表应与集团各成员就其履行合同对公众的合同义务承担连带责任。

第三，在联合集团的情况下，承诺书是一份单一文件，说明每个成员的福利金额和详细分配，应说明合同总额和集团成员共同承诺提供的所有服务。

第四，申请书、标书和建议书应由所有集团企业签署，或由授权代表签署，前提是授权代表在采购阶段代表这些企业。同一供应商不得代表同一市场的多个集团。

第五，投标人不得以个人投标人和一个或多个集团成员的身份为市场或其中一个地块提交多份标书。

七、公开招标

对于工程合同和标准供应和服务合同，招标文件包括对投标人的指示、具体招标数据、技术规范和投标表格。对于知识产权合同，招标书应包括邀请函、申请人说明、申请人说明的具体细节、职权范围和投标表格。除这些文件外，还应添加《公共采购法》第58条和第59条所列文件。

一般行政条款文件不一定附在公开招标文件中，但订约当局有义务在与投标人协商时永久持有这些文件。招标文件中注明了访问一般行政条款手册的电子链接，以便所有投标人都可以访问合同的所有组成文件。除知识产权服务合同外，投标书应以第58条规定的承诺书的形式提交，并由合同申请人以单一原件和必要的副本起草。投标书必须由提交投标书的投标人或其正式授权代表签署。同一个人不能代表同一市场的多个投标人。

订约当局必须每年发布一份一般采购通知，列出其计划在预算年度内通过招标授予的所有公共合同。本通用采购通知是根据法规规定的标准模板起草的，且通过招标授予的每项公共采购之前，应根据法规规定的标准模式发布具体的公开招标通知。

无论在公共场所、订约当局或监督机构所在地前张贴，一般采购通知和具体公开招标通知均应刊登在公共采购监管机构出版的专业期刊和至少一份国家或地方期刊上。对于国际范围的招标，具体的公开招标通知也应刊登在国际或区域发行的报纸上。一般采购通知和具体的公开招标通知也可以电子方式进行广告，采购和招标文件可以电子方式提供给企业。除非广告通知另有规定，提名和技术投标书也可通过电子方式通知订约当局。

根据《公共采购法》第32条的规定，在投标截止日期前至少30天，通过发布具体的公开招标通知，向公众公布任何公开的国家招标。公开国际招标的期限至少为45天。

招标程序分为两步。如果合同非常复杂，或者公共采购负责人希望根据性能标准而不是详细的技术规范作出选择，则可分两个阶段授予合同。

第一阶段，投标人首先应根据一般设计原则或性能标准提交技术建议书，无需说明价格，并接受进一步的技术说明和调整。

第二阶段，投标人根据公共采购官员先前作出的单独书面意见修订的招标文件，提交最终技术建议书和价格。建议书的提交和审查，以及选择最具经济优势的标书，应按照《公共采购法》第35条规定进行。

八、限制性招标

当只有负责公共采购的人决定考察的投标人才能提交投标书时，招标被视为受到限制。限制性招标包括根据投标人的能力以及财务和专业保障进行初步选择。在甄选结束时，负责公共采购的人员应根据招标委员会提出的短名单考察至少3名投标人。在下列情况下，只有在负责公共采购的人员提出建议并经公共采购监督机构同意后，才能进行限制性招标：（1）经证明的紧急情况；（2）合同所涵盖的服务是保密的；（3）在代替违约服务提供商提供服务的情况下；（4）只有少数供应商可能执行合同。

然后，应根据《公共采购法》第35条规定的条件审查投标书，并选择最具经济优势的投标书。但是，在获得所有被考察投标人的明确书面同意后，负责公共采购的人员可在收到所有投标书后立即开始开标。

九、开标

投标书将以原件的形式提交，并根据招标书的具体细节，在多个密封信封中提供尽可能多的副本，信封上注明“原件”或“副本”，视情况而定，信封本身放置在一个密封的外信封中。每个投标人将单独或作为集团成员提交一份报价。提交多份标书的投标人将被取消资格。

订约当局必须在招标书的具体细节中明确规定地点、日期和收到投标书的时间。订约当局如认为必要，可通过修改招标文件延长投标截止日期。在提交投标书的截止日期之后收到的任何投标书将被拒绝，并在未开标的情况下退还给投标人。投标人可在提交标书后，通过书面通知撤回、替换或修改标书，并由授权代表正式签署，并附上授权副本。相应的变更或替换要约必须附在书面通知中。

投标人可在提交标书后，通过书面通知撤回、替换或修改标书，并由授权代表正式签署，并附上授权副本。相应的变更或替换要约必须附在书面通知中。

负责公共采购的人员或其代表应在规定的截止时间，在招标书的具体细节中规定的地点，在希望出席的投标人或其代表在场的情况下打开投标书。

负责公共采购的人员将起草一份开标会议记录，其中至少包括：投标人姓名以及是否撤回、替换或修改投标书；投标书的价格（如有），包括任何拟议的折扣；以及是否存在投标担保（如有要求）。出席会议的投标人代表将被要求签署出席表和开幕会议记录。

会议记录将由负责公共采购的人员张贴，会议记录副本将分发给所有按时提交标书的投标人。

十、招标评估

在对投标书进行详细评估之前，负责公共采购的人员应确定投标书的合规性。

在任何情况下，如果缺少以下文件之一，投标将被拒绝：

（1）由投标人或其授权代表正式签署的承诺书；

（2）提交担保（如需要）。负责公共采购的人员核实投标书基本上符合招标文件的所有强制性规定、规范和条件。

如果负责公共采购的人员确定投标书基本上不符合招标书的条款和条件，则应拒绝相关投标书。负责公共采购的人员将检查符合招标文件的公认标书，并纠正错误。

第二节　马达加斯加工程承包的法律风险与防范

在马达加斯加开展工程承包，承包商应具有相应的资质，并具备一定的管理能力和融资能力，特别是在参与重大项目合作时，一定要客观评价自身实力、量力而行，切勿盲目承诺、言而无信。

在招标过程中，任何订约当局可对国际投标人提交的投标书适用不超过15%的优惠幅度，该国际投标人应将相关合同总价值的至少25%分包给当地或社区中小型企业。且《公共采购法》规定，在授予国际范围的合同时，马达加斯加可优先考虑由国家公司提交的投标书。如果在公开招标文件中未规定优先权，则不得援引优先权。采购和执行合同的条件可包括社会或环境等因素，这些因素考虑到可持续发展目标，所以在招投标工作的同时需要同时兼顾马达当地的经济发展、环境保护和发展以及社会进步。特别是在环境方面，应通过技术规范确定需求，及时通过环境资格证书或任何其他同等文件的审查。

第五章　马达加斯加劳工法律制度

马达加斯加主要工人组织包括马达加斯加工会联合会（FISEMA）、马达加斯加工会基督教联合会（SEKRIMA）、马达加斯加革命工会联合（FISEMARE）、马达加斯加革命者联合会（SEREMA）、劳动者斗争组织（TM）等。国际劳工组织在马达加斯加首都塔那那利佛设有办公室，负责处理马达加斯加、科摩罗、毛里求斯、塞舌尔等国劳工事务。马达加斯加除了有《劳动法》进行调整，《一般劳动和就业法》当中也有相关的规定。

马达加斯加的《劳动法》规定只要其劳动合同（无论属于何种形式）是在马达加斯加执行，均属马达加斯加管辖，无论该雇主属于哪国国籍，也不论其公司性质或经营的领域。但《劳动法》规定不适用于国家公务员和根据《海洋法》规定管理的工作人员。此外，马达加斯加还规定了禁止企业强迫劳动或从事义务劳动，并且尊重劳动者，但是在禁止企业强迫劳动或从事义务劳动有四个例外：服务或救助行动、公益性劳动、需要进行的纯军事用途的工程或服役期间进行的义务工程、根据司法判决要求某个个体进行的劳动且这些劳动是出于公共利益的需要。

第一节　马达加斯加《劳动法》及其主要内容

一、劳动合同的签订、中止与取消

劳动合同的文本需使用马达加斯加语或法语起草，合同应一式两份，经双方签字后，一份由雇主保存，另一份由劳动者保存。如若现阶段没有订立劳动合同，劳动合同的事实存在可通过其他各种方式证明。马达加斯加将劳动合同分为两种：一是无固定期限劳动合同；二是固定期劳动合同。固定期劳动合同的终止日期在合同中约定，用工期限不能超过 2 年，不能属于企业正常经营活动的工作，必须与订立合同时确定的工作有关，对于有效期不少于 6 个月的定期劳动合同，在续签两次后，将自动转为不定期劳动合同。如果定期劳动合同的劳动者在中止合同不超过 1 个月后被重新雇用于同一岗位，其重新雇用行为将被视为原固定期劳动合同的续签。在马达加斯加，使用无固定期限劳动合同比定期劳动合同要多。当事人双方都没有规定明确的时间期限，雇主或劳动者单方面可以随时终止合同。一方如果要终止合同需要预先通知，而且按照预先通知的要求终止合同。可以说只要没有明确的约定期限，劳动合同就是无限期的。无固定期限劳动合同的情形也包括延聘合同。延聘合同包括在固定期劳动合同和试用期合同结束后，当事人双方没有提出终止合同；在 6 个月内断断续续在同一岗位和同一雇主工作，并且每个月 20 个工作日的合同。马达加斯加还规定了除了工作时间以外，劳动者可以从事与企业无竞争关系的其他技术专业活动。

马达加斯加的《劳动法》注重保护劳动者的合法权益，规定不得随便中止劳动合同，但是以下情形除外：雇主应召入伍企业关门；劳动者服兵役期间；劳动者休病假没有超过 6 个月；劳动者的孩子需要劳动者照顾没有超过 2 个月；劳动者通过选举担任新的职位没有超过一定的期限；雇主宣布对劳动者采取期限最长不超过 6 个月的技术失业措施；劳动者因工伤停工；依法举行的罢工；依法被征用；劳动者被羁押期间，但事后获得司法机关免予起诉；无罪释放；仅属怀疑的决定未超过 14 个月；劳动者凭国家体育部或国家级主管机构的证明需要参加国家或国际体育比赛。

根据马达加斯加的法律规定，劳动合同只有在雇主解雇、劳动者辞职、劳动者和雇主双方同意解除劳动合同、经司法当局认定的不可抗力因素等以上四种情形出现时，方可解除劳动合同。但是单方解除劳动合同有一个前提：合同的某一方出现合同自身规定的某些具备解除合同的情况，以及出现了企业内部规定所界定的重大错误（如内部规定没有界定，则提交司法当局进行裁定），在此种情况下签约的另一方可在无需提前通知情况下解除合同，否则就要承担一定的赔偿责任。先提出解除合同的雇主必须在劳动合同终止时，向雇员签发一份工作证明，否则将承担损害赔偿。该证明应包括下述内容：雇员进入和离开企业的日期，相继从事过的工作岗位，该雇员在各个岗位工作的期限以及所授予的技术等级等。

二、工资与工作时间、休假时间

在马达加斯加，在雇员们从事同一技术等级、同一工种和价值的工作时，将不分地区、肤色、国籍、性别、年龄、所属工会及所持政见和按照法律规定条件所处的社会地位，一律享有同样的工资标准。在马达加斯加，劳动者的报酬不限于基本工资，还包括雇主因雇用该员工而直接或间接以现金或实物方式支付给员工的所有福利和补助。基本工资主要是指月薪工资。月薪工资与工作时间成正比，与员工的工作率和生产量无关。这种薪酬方式为员工提供了相对安全的报酬保障，因为无论在一定时期内提供多少工作量，其工资都是稳定的；计件工资或绩效工资是根据雇员的工作产品或所完成的产品数量而给予的报酬。计件工资制具有优势，因为它可以提高生产率，鼓励员工提供更多的劳动量来增加产量；其他福利或薪水分为两种：一是实物福利，这种实物只允许作为薪水的附加，二是奖金，这是除正常工资外，雇主支付给雇员的款项，三是津贴，因工作需要而给予的补偿，如旅行津贴、交通津贴、代表津贴等。

马达加斯加参照最低生活费标准制定了农业和非农业领域用工最低工资标准，旨在确保满足所有员工及其家庭的需求，从而消除贫困。马达加斯加所有工资须全额以马达加斯加法定货币发放，工资应按期在上班时间发放，工资发放应在工作地点或雇主办公室完成。工资要定期发放，即任何员工的工资，无论其薪酬方式如何，都必须定期支付。对于 1 天或 1 周雇用的员工，工资不得超过 8 天，对于 2 周雇用的员工，工资不得超过 20 天。每月付款必须在工作月底之后的 8 天之内支付完。逾期付款，除非不可抗力，否则不合理拖延支付会导致工资的增加。

目前马达加斯加工资发放标准区分为非农业部门和农业部门。非农业部门每周的总工作时间为 40 个小时，每月为 173.33 小时，而农业部门则为每月工作 200 个小时。2018 年 3 月 27 日，政府下发关于调整最低工资标准的法令，分别为非农业部门月最低工资为 168.019 阿里亚里，而农业部门月最低工资为 170.422 阿里亚里。马达加斯加以 2200 个小时的工作时间作为法定标准，在此之外进行的工作按加班时间对待，需要另计薪酬。根据行业的不同种类，有一种特殊对待原则即是由于某项行业断断续续的原因，某雇员的出勤时间按照其在低于上述法定工作时间内实际进行的工作时间计算。

马达加斯加规定劳动者每周必须休息。每周至少连续休息 24 小时，原则上在星期日进行。原则上禁止员工每周工作时间超过 6 天，休息时间必须至少连续 24 小时。该规则意味着雇主不能让员工每周工作超过 6 天，而员工可以在休息日为自己或另一位雇主从事工作，但是不得与主要雇主竞争。

马达加斯加规定了带薪休假制。可享受的带薪休假，自实际工作 12 个月后开始实施，根据这一制度，每位员工每年均有权享有由雇主支付的带薪休假的权利，而不论其工作、职类或资格、薪酬性质和他的工作时间表。在休假期间，雇主还要为雇员发放一定的补助金数额，并且该笔补助金应当在雇员休假之前发放。

三、劳动卫生与安全

劳动者的工作环境既代表其生活条件，也是劳动者社会地位的体现。马达加斯加积极主张要保证所有员工在工作环境中得到健康和安全的保护。马达加斯加规定了有关劳动的卫生措施，包括卫生设施、员工个人的住所卫生要求，以及为一些肮脏的工作场所提供必备的厕所、水、更衣室、洗脸盆甚至淋浴器。雇主应确保这些卫生规定得到遵守。除此之外，马达加斯加还规定了雇主在工作场所应当配对相应的工作医疗诊所，工作医疗诊所是设立在企业或公司内部的医疗诊所，也可以是设立在企业或公司间的医疗诊所，工作医疗诊所负有保护劳动者健康的使命，特别是要履行对工作场所的卫生和安全条件的监督职能。

四、特殊群体的保护

由于妇女、未成年和残障人士属于特殊群体，马达加斯加《劳动法》对其设立了特殊的劳动保护制度。雇主在女性雇员怀孕时不能解除劳动合同，马达加斯加对女性雇员的分娩期和哺乳期都作了相关的规定，只有在女性雇员犯了与怀孕状态无关的错误时才可以解除劳动合同。母亲从孩子出生起的15个月内每天有不超过1个小时的母乳喂养休息的权利，在这段时间内雇主也是需要支付劳动报酬的。

马达加斯加以15岁作为劳动者最低的年龄界限，如若实在需要低于15岁以下的劳动者，应该根据实际情况报告当地的劳动监管部门，由当地的劳动监管部门进行定夺。对于危险与艰难的工作，《劳动法》规定从事危险工作的最低年龄为18岁。未满18岁的未成年人和学徒每天工作时间不得超过8个小时，每周不得超过40个小时。18岁以下的未成年人禁止夜间工作和加班。每天上班必须保持其有连续12小时的休息时间。政府的劳动监查部门还可以让医生对这些未成年人进行检查，以核实他们所负责的工作是否超过其能力。

在针对残障人士就业方面，马达加斯加与大多数国家一样，对残障人士就业和普通人就业持平等的态度。但是在残障人士就业方面，国家对残障人士就业给予了一定的待遇，主要是两个方面：一是残障人士可以享受公共或私营企业现有的所有基础设施，二是企业雇用一定的残障人士数量可以享受一定的优惠措施。

五、职业培训

职业培训是马达加斯加劳动者享有的权利，其目的是让劳动者适应生产技术和社会的变化，提高劳动者的社会地位。每个员工都有权享受教育或者培训假期，每年12个工作日。在这项休假期间，员工有权领取雇主发放的正常薪水。马达加斯加的职业培训分为两种：一是初步技术培训，可以是学徒或职工在职期间的培训；二是继续教育职业培训。在第一种情况下，主要是在企业内部实施，目的是为应聘者胜任一份特定的工作，即满足该岗位所需要的技术和知识，提升获得该工作岗位员工的工作能力。在职培训可以通过签署招用培训合同、资格合同、适应职业生活合同或入门实习合同等形式订立。对于继续教育职业培训，这是一个使员工适应工作技术的变化，以便提升资格和社会晋升。因此，持续的职业培训有助于为员工的职业生活注入新的动力，它可以让员工获得或发展新的技能，甚至可以改变职业或者部门。

六、劳动纠纷与解决机制

马达加斯加劳动争议有两种：一种是个体劳动纠纷，另外一种是集体劳动纠纷。在发生个体劳动纠纷时，有劳动者或雇主均可要求劳动监察部门通过调解解决劳动纠纷，但是出现这种情形是在劳动合同处于合同期内，纠纷必须先由劳动监察员处理。在劳动合同已经终止或者雇主拒绝支付劳动者的剩余薪酬的情况，起诉的方式不受上述情况的限制。在部分达成调解、调解完全失败或另一方缺席调解的情况下，劳动监察员可以将其申请转交司法机关审理。关于集体纠纷必须存在两个特点：一是存在一个具有一定数量劳动者组成的合法团体或事实上的团体；二是存在代表集体利益的具体诉求。解决集体纠纷分为三个阶段：第一阶段是协商。该程序由劳动者向雇主发出的投诉信触发。该信必须由工人代表和劳资委员会签署，至少必须有员工代表签署。雇主应在收到上述投诉信通知后72小时内组织第一次谈判会议，谈判完成后应当将在谈判会议中形成的会议纪要提交给劳动监察员，由劳动监察员在48小时内就谈判的成功或者失败出具证明。在收到劳动监察局出具的关于谈判完全失败或部分失败的证明之日起，允许劳动者采取罢工或雇主采取关闭工厂的措施。但采取措施的一方必须提前48小时以挂号信形式通知另一方。解决集体纠纷程序的第二阶段是调解，该调解在谈判和仲裁之间是必须的和过渡性的阶段。调解是由争议各方共同指定的调解人进行干预的行为。如果双方不能达成一致，辖区劳动监察员将成为法定的调解人。其任务是帮助争议各方找出双方均能接受的解决方案。为此，该监察员在证明协商谈判失败后，可在48小时内召集争议各方进行调解。调解的期限自调解开始之日起为3天时间。当调解人认为在一个合理的期限内可以解决纠纷时，他可延长调解期间。解决集体纠纷程序的第三阶段是仲裁，遇到调解失败的情况时，集体纠纷将提交劳动和社会事务部进行仲裁，仲裁只能涉及调解过程中未达成共识的意见，但不会中止当前劳动者的罢工或停工。仲裁决定是终审判决，应立即向争议各方说明并通告。自这份仲裁决定送达争议各方之日起，罢工或关闭工厂的行为必须停止。

第二节　马达加斯加有关外籍劳工的相关规定

马达加斯加的《劳动法》对外国人就业无特别规定，强调所有劳动者不分来源、肤色、国别、年龄、政治观点、所属工会，一律同工同酬。中国人赴马达加斯加工作，必须获得当地项目主管部门签发的劳动许可证，而马达加斯加负责外国人工作许可管理的部门是经济发展局，在马达加斯加的雇主向外国人发出工作邀请函后，外国雇员在赴马达加斯加工作时应当向经济发展局办理劳动许可证，该劳动许可证时效为30天，中国雇员凭该许可证在马达加斯加驻中国大使馆办理工作（入境）签证。中国雇员到达马达加斯加后，由雇主向马达加斯加主管部门（经济发展局）提交工作申请，办理变更工作签证手续，获准后颁发3年有效工作居留签证。在申请马达加斯加的工作签证之时，还应当准备以下材料：申请工作签证需携带聘用单位的聘用合同；申请人1个月内有效的健康保险证明；聘用单位的注册登记文件；在法院登记的文件或从事经济活动的证明材料；由统计部门颁发的统计卡和统计代码文件；由税务部门颁发的税号等证明。

第三节　中国在马达加斯加劳动法律风险及其防范

自1972年11月6日中国和马达加斯加建交以来，中马两国在双边经贸机制上不断进行完善。两国于1974年1月签订贸易协定，1995年6月签订贸易、经济和技术合作协定，2005年11月签订《中华人民共和国政府和马达加斯加共和国政府相互促进和保护投资协定》，2017年3月签订《关于共同推进丝绸之路经济带和21世纪海上丝绸之路建设的谅解备忘录》。这些协议的签署，无疑对中国企业在马达加斯加开展商业活动起到了很大的保护作用，在马达加斯加的中国企业开展了企业社会责任活动，为该国的经济、社会发展和改善民生作出了贡献，但中马两国在经济、语言、法律和文化上存在一定的差异，中国企业在马达加斯加开展商业活动初期，可能还是会遇到一定的困难。据中国商务部统计 2020 年，中国对马达加斯加直接投资 1. 36 亿美元；截至 2020 年末在马达加斯加直接投资存量 3. 9 亿美元。主要投资领域为制造业、采矿业、商贸服务业、渔业等。2021 年，中国与马达加斯加双边贸易额为 16. 1 亿美元，同比增长 41. 9%。其中，中方进口 3. 3 亿美元，同比增长 137. 5%，出口 12. 8 亿美元，同比增长 28. 6%。

在对非投资的过程中，劳资纠纷一直占据着重要部分，究其原因，中国企业在非洲的用工基本实现了当地化，雇佣非洲员工的比例占有一定的比例。加上中非劳动法律制度存在较大差异，导致了中国企业的劳动法律风险日益突出，因此其已成为在非中国企业不容忽视的重要问题。

了解马达加斯加的劳动法律的相关规定，对在马达加斯加的中国员工提供了维护劳动权益的救济方法，保障了在马达加斯加的中国员工的劳动合法权益，例如，参加工会、罢工等都是劳动者的合法权益，企业不能因为此种原因而故意克扣雇员的工资，也不能在此种情况下解除劳动合同。此外，在马达加斯加的中国员工在办理签证时应当注意马达加斯加经济发展局的劳动许可的时限，及时办理工作签证，工作签证的时效快截止时应当提前办理延长，以免因马达加斯加的办公效率过慢造成不必要的“非法滞留”。

马达加斯加与大多数非洲国家一样，有一套独特的劳动执行标准，但是马达加斯加的法律环境较为复杂，马达加斯加的法律文书众多，企业的执行标准不够严格，社会责任意识不够强。中国企业对非洲国家的招工、劳动合同、工资、休假、社会保障、解雇、工人组织、罢工和关厂等具体劳工标准不了解是引起劳资纠纷的主要原因。根据马达加斯加的法律规定，外国企业在马达加斯加进行投资或者贸易活动，必须在当地进行注册和依法纳税。此外，马达加斯加与中国不同，马达加斯加的税收体制复杂，税收种类繁多，这就不免可能会发生马达加斯加的“税收冲突可能”。

在马达加斯加开展投资、贸易、承包工程和劳务合作的过程中，要特别注意事前调查、分析、评估相关风险，事中做好风险规避和管理工作，切实保障自身利益，包括对项目或贸易客户及相关合作方的资信调查和评估，对项目所在地的政治风险和商业风险分析和规避，对项目本身实施的可行性分析等。企业应积极利用保险、担保、银行等保险金融机构和其他专业风险管理机构的相关业务保障自身利益。首先企业要加强学习马达加斯加的有关劳动法律的学习，加强与马达加斯加政府的联系，时刻关注马达加斯加政府发布最新的法律文件；其次中国企业要切实维护劳动者的合法权益，按时发放工资以及相关的社会福利，及时按照劳动法规定的培训进行职业培训，给予员工良好的工作环境和医疗保障；最后中国企业及时向大使馆进行报到注册，项目投资量力而行，按规定在马达加斯加缴纳税收费用，在马达加斯加树立良好的中国企业形象，维护中国的国际形象。

第六章　马达加斯加财税金融法律制度

一、基本税收制度

马达加斯加实行属人税制，即对所有法人、自然人进行征税。在马达加斯加投资的企业，所应承担的税费和所享有的待遇按照普通税法执行，但免税区企业不包括在内。在马达加斯加投资所执行的税收制度包括《普通税法》《海关法》《免税区及免税企业法》。

马达加斯加税种大致分为两大类，即国家税和地方税。国家税由所得税、间接税、注册税、签证税和保险合同税等构成；地方税则由地产税、酒类许可税和游艺设备年税等构成。

马达加斯加负责税务工作的部门是马达加斯加税务总局（DGI），其主要职能是管理税收工作并确保法人、自然人等主体遵守税收法律，具体包括：（1）向马达加斯加的个人和企业征税；（2）对纳税人进行审计，以确保他们遵守税收法律法规；（3）执行税收法律法规，包括对违规行为进行处罚；（4）协助纳税人了解其纳税义务并完成纳税申报表；（5）参与马达加斯加税收政策和法规的制定；（6）预测政府的税收收入；（7）维护税务数据并确保其准确性。除税务总局之外，马达加斯加还在塔那那利佛、图阿马西纳、马哈赞加和托利亚拉等主要城市设立了税务分局，负责在各自区域内实施和执行税收法律法规，并协助纳税人履行纳税义务。

二、普通税法

马达加斯加《普通税法》由马达加斯政府颁布，亦被称为“总税法”，是马达加斯加管理税收的主要立法。《普通税法》建立了税收的法律框架，定义了不同类型的税收，并规定了税收征收和管理的规则和程序。《普通税法》规定了广泛的税收类型，包括所得税、增值税、消费税、印花税和关税等，还规定了在某些情况下的免税、扣除和抵免。该法律适用于在马达加斯加有纳税义务的所有个人和法人实体。马达加斯加的税务由税务总局管理，具体负责征税、执行税法，并为纳税人提供指导和帮助。同时，该机构还负责签发税务识别号和税务证书，进行审计和调查，确保遵守税法。此外，在塔那那利佛、图阿马西纳、马哈赞加和托利亚拉等主要城市设立的税务分局主要管理当地的税务工作，具体包括征税、审计等工作，以减轻税务总局的工作压力，确保《普通税法》的贯彻落实。纳税人必须保持准确的记录并定期提交纳税申报表。不遵守税法可能会导致被处罚和罚款，在某些情况下还会导致被刑事起诉。税务总局提供了一个税务上诉系统，允许纳税人通过行政和司法渠道对税收评估和决定提出质疑。

综上，税务总局在马达加斯加的税收体系中发挥着至关重要的作用，为税收管理和征收提供了全面的框架，确保遵守税法，并通过公平有效的税收促进经济发展。

三、主要税赋及税率

第一，收入、利润和所得税类，具体包括所得税、综合税、工资及相关收入税、流动资本所得税和房产税。

（1）所得税。营业额（不含税）大于或等于 2 亿阿里亚里的法人和自然人应根据其全部收入缴纳所得税，一般税率为 20%；在优惠期内，适用于免税区制度和主要矿业投资制度的公司，所得税税率为 10%；在马达加斯加没有固定营业地点或有固定营业地点但不能与常设机构合并的非居民企业，实际在马达加斯加提供或使用服务的所得，所得税税率为 10%；未经注册的进出口商，以及未经注册的自然人或法人进行的任何商品或服务交易的供应商，所得税税率为 5%。

（2）综合税。适用于独立从事经济活动的自然人或法人，当自然人或法人和个体经营者的年营业额总收入或估计的不含税收入少于 2 亿阿里亚里时，应按照上一个财政年营业额或总收入的 5% 缴纳综合税。对各行业的综合税最低应纳税额有明确规定。

（3）工资及相关收入税。原则上，无论是在马达加斯加工作，还是收入来源于马达加斯加，从有偿活动中获得的所有报酬，无论其名称、形式和计算方法如何，都视为工资及相关收入税应税所得。工资及相关收入税的计税依据为纳税人的总收入减去固定就业成本。根据马达加斯加 2021 年财政法，自 2021 年 1 月 1 日起，“工资及相关收入税”的计算方式由 20% 定额比例税率改为累进税率，具体税率级次为：月工资所得在 35 万阿里亚里以下，税率为 0；月工资所得在 35 万至 40 万阿里亚里，税率为 5%；月工资所得在 40 万至 50 万阿里亚里，税率为 10%；月工资所得在 50 万至 60 万阿里亚里，税率为 15%；月工资所得在 60 万阿里亚里及以上，税率为 20%；每月最低应纳税额为 2000 阿里亚里。

（4）流动资本所得税。取得与动产所有权有关收入的公司、合伙企业、合资企业和自然人应为相应金融投资获得的收入缴纳流动资本所得税。税率为 20%。

（5）房产税。自然人在房地产转让过程中获得的收益，应缴纳房产税。应税所得由出售该房产的总计或等值转让价格与成本价格之间的差额构成，成本价格主要由房产购置成本以及各种建筑、大修等费用构成。成本价格固定为转让价格的 75%，税率为 20%。

第二，间接税类，包括增值税、消费税和酒类产品税。

（1）增值税。对在马达加斯加领土内商品及服务的生产、流通、消费等环节增值部分征收增值税。任何自然人或法人（公司、独资企业、社会 组织等）年营业额（不含税）大于或等于 1 亿阿里亚里的，应缴纳增值税。税率为 20%。

（2）消费税。对特定商品进行收获、提取、制造、制备、销售、进口或提供服务的纳税人（自然人或法人），应缴纳消费税。特定商品包括：马达加斯加啤酒，葡萄酒、发酵饮料、乙醇、烟草、雪茄、打火机和打火器以及移动通信服务等。消费税税率从 7% 到 325% 不等。

（3）酒类产品税。酒精和酒精饮料制造商每月应按每升 400 阿里亚里的定额税缴纳酒类产品税。

第三，注册税类。适用于在马达加斯加进行的或与马达加斯加境内的财产有关的所有转让行为。注册税按照定额或比例计征，具体取决于行为的性质。定额应纳税在2000至2万阿里亚里不等。比例税率通常在0.5%到5%之间。

第四，签证税类。

（1）护照签证税。每个外国人和国籍不明人士的护照签证都应根据其在马达加斯加的逗留时间缴纳签证税。应纳税额为8万至25万阿里亚里不等。

（2）枪支签证税。对携带或拥有武器许可证的签发或续期，应每年缴纳2万阿里亚里的枪支签证税。

第五，保险合同税类，指与保险公司或任何其他马达加斯加或外国保险人签订 的任何人寿保险或年金合同，每年应缴纳保险合同税。税款由保险人或其代表（负责人）代收。税率为4%到20%不等，取决于保险合同的性质。

第六，地产税类，即不动产所有者或占用者每年应缴纳地产税。目前，包括两种地产税，即：对于非住宅物业，按照土地的不同用途对应不同定额标准计征土地税，应纳税额不得低于500阿里亚里；对住宅物业征收建筑土地税，按照建筑物的租金价格计征，税率由市政府或市议会每年投票通过，范围为5%到10%。每栋建筑物的最低应纳税额为2000阿里亚里。

第七，酒类许可税，指从事批发或零售、堂食及外卖酒精或酒精饮料的自然人或法人应缴纳酒类许可税。酒类销售许可证是不可转让的。酒类许可证税根据市政府或市议会针对每种许可证类别确定的年度税额而有所不同，从10万到20万阿里亚里不等。另对夜场场所（夜总会、歌舞表演厅、卡拉OK厅、迪斯科舞厅等）每72小时收取4万阿里亚里的许可税。

第八，游艺设备年税类，适用于游艺设备运营商，按年计征。博彩机为40万阿里亚里/台；其他设备为10万阿里亚里/台。

第九，关税和进口税类，有关进口税的税率列入海关税则项下。

第十，雇员劳动福利保险费类，除正常工资外，雇主每月还应为雇员缴纳占其工资总额14%的社会福利保险费（其中1%由雇员自己承担）和6%的医疗保险费（其中1%由雇员自己承担）。这两项费用占工资总额的20%。在实际操作中往往都由雇主一起缴纳。企业应认真做好账务管理工作，按时纳税，接受当地税务稽查部门3年1次的稽查。同时，由于当地税务稽查部门会经常进行不定期抽查，企业亦应随时做好准备，依法接受检查。

四、《海关法》

马达加斯加《海关法》由该国的国民议会颁布。马达加斯加海关总署负责保证其实施，为了方便该法的实施，马达加斯加的海关总署下设有公共采购负责人、海关协调和方案拟定处、海关稽查处、业绩管理处、清算中心5个部门，同时5个大的部门之下还存在十几个二级部门，以辅助海关总署的工作。马达加斯加海关近年来奉行的政策旨在切实增加收入，其指导方针为：保持开放和对话的精神，实施旨在为共同利益优化海关绩效的改革项目。马达加斯加海关总署同时有着确保海关收入，通过促进合法贸易促进经济增长，通过打击非法贩运来保护公民和环境，保护国际供应链的使命和责任。

马达加斯加《海关法》的颁布是为了规范货物进出口，以及关税和税收的征收。该法概述了在边境结关货物的程序和要求，包括提交进出口文件、为海关目的估价货物以及支付关税和税款；建立海关管制区和检查货物，以确保遵守海关条例；规定了对违反海关规定的处罚，包括扣押和没收货物以及处以罚款和其他处罚；明确了对海关决定提出上诉和寻求对海关争端进行行政和司法审查的程序；提出了在边境结关货物的程序和要求，包括提交进出口文件、估价货物以及支付关税和税款。此外，对于进口的原材料和设备，《海关法》将进口税率限制在5%到10%之间。海关税则还对临时进口、退税等特殊程序作了明确规定。

综上，《海关法》在规范国际贸易和保护马达加斯加政府收入方面发挥着至关重要的作用。

五、免税区及免税企业法律制度

马达加斯加工业免税区制度始于1989年12月29日颁布的《关于建立马达加斯加免税区的法令》，1991年8月12日第91－020号法对其进行了修改和补充，2008年1月，新版《免税区及免税企业法》发布。企业可向马达加斯加经济发展局提交申请，该局审核批准后，颁发免税区或免税企业证明书。该法律允许在马达加斯加境内建立免税区，这些免税区是指定的地理区域，企业可以在指定时间内无需缴纳进口、出口和利润税。

该法律还规定了免税企业，即免征所有税款的公司，包括所得税、增值税和其他税款，期限最长为10年。要获得免税资格，这些公司必须满足某些标准，包括至少投资50万阿里亚里，雇用一定数量的人员，并在某些经济部门指导下运营。除税收优惠外，该法律还为在免税区经营的公司提供了其他福利，例如简化海关程序，简化行政程序以及获得基础设施和其他政府服务。

免税区有关优惠政策表现在以下方面：（1）免税区企业按10%的税率缴纳企业利润税，最低征收标准为5‰。免税区企业在其正式投产的前2至5年，享受免交企业利润税及最低征收税。免税企业在办理登记手续时，免交登记费。免税区及免税企业实施的进口免交增值税。（2）实行宽松的外汇管理制度，企业可自由支配外汇并可自由转汇到国外。（3）在免税企业工作的外籍员工的工资收入税的征收标准为不超过基本征税标准的30%。

马达加斯加税务总局每年根据年度财政法案，编制当年的税收政策汇编文件，并向公众发布。[①]

六、双边协定

马达加斯加与我国于1972年建交，其后，签订了许多互惠双边贸易与经济的协定和条款，例如《中华人民共和国政府和马达加斯加共和国政府相互促进和保护投资协定》《中华人民共和国政府和马达加斯加共和国政府贸易、经济和技术合作协定》《中华人民共和国政府与马达加斯加共和国政府关于共同推进丝绸之路经济带和21世纪海上丝绸之路建设的谅解备忘录》等，其中与关税相关的是《中华人民共和国给予非洲最不发达国家特别优惠关税待遇的货物原产地规则》。该规则是中国针对非洲最不发达国家所实行的特别优惠关税待遇制度的具体规定，其旨在促进中国与非洲最不发达国家之间的贸易

① 商务部国际贸易经济合作研究院，中国驻马达加斯加大使馆经济商务处，商务部对外投资和经济合作司编，对外投资合作国别（地区）指南·马达加斯加［R］. 2021：47.

合作，通过减少非洲最不发达国家产品进入中国市场时的关税和其他限制性措施，以提高非洲最不发达国家产品的竞争力和市场份额。同时，该规则具体规定了符合条件的非洲最不发达国家产品所必须满足的原产地标准，包括产品的归类、材料的原产地、加工工序等要求；明确了一些特殊情况下的原产地规则，如混合原产地产品的处理、在其他国家进行加工处理的产品等。此外，规则还明确了非洲最不发达国家必须遵守的一些规定，如对产品的监管和核查、对原产地证书的要求等。总的来说，该协定的签订对马达加斯加来说有利于其农产品、矿产原料等支柱商品的销售，促进马达加斯加的经济发展。

第七章　马达加斯加环境资源法律制度

2010 年《马达加斯加共和国宪法》在序言部分明确了环境保护的理念和原则，“大自然为马达加斯加提供了丰富的动植物资源和高品质的矿产资源，马达加斯加人民必须为子孙后代而保护它们”。此外，该国通过有效执行已批准的国际环境公约来参与解决全球环境问题，在该国法律中存在遵守国际环境条约和国际环境法的相关规定。2015 年修改的《马达加斯加环境宪章》是该国的环境基本法，政府意识到该国独特的生物多样性和自然资源构成了国家和全球自然财富，自然资源是可持续经济和社会发展的基础，是减少国家所面临贫困的基本要素。环境宪章一般原则明确了环境是国家优先关注的问题，规定了环境管理的基本原则，依据妥善建立环境管理的基本架构以提高其工作效率和效果，确保其专业性和可持续性，通过绿色经济使得人口与环境相协调，实现国家可持续和公平发展的目标。

一、马达加斯加主要环境与资源立法

目前，马达加斯加环境保护领域作为重要的两个主要法律文本分别是 2015 年 1 月 20 日颁布的《马达加斯加环境宪章（第 2015 - 003 号）》和 1999 年 12 月 15 日修订的《投资与环境相容性法（第 1999 - 954 号）》。上述两个文本形成了互补关系，前者是马达加斯加的环境保护基本法，后者是涉及投资环境影响评价的具体法律。

马达加斯加还签订有《联合国气候变化框架公约》等国家环保公约和协定，同时，颁布了一系列法律法规和环境政策，形成了从宪法到环境部门法，再到环境政策和国际环境法的综合性环境法律体系，具体包括明晰了风险和灾害管理的《风险和灾害管理及国家政策法（第 2003 - 010 号）》，确定了水资源综合管理的《水资源保护法》，规定了自然资源及其地方管理的《可再生自然资源地方管理法（第 1996 - 025 号）》，明确了矿产和石油资源的勘探和开发的《采矿法》与《石油法》，设置了旅游经营者环境义务的《旅游法（第 1995 - 017 号）》，提出了禁止非法开发和破坏资源与生物多样性的《野生动植物种国际贸易法（第 2005 - 018 号）》，建立了保护自然保护区及其多样性的《保护区管理法（第 2001 - 005 号）》，以及关于环境退化对人口健康和福祉影响的《卫生法（第 2011 - 002 号）》等。

二、马达加斯加环境保护管理部门

马达加斯加政府的环境保护主管部门是环境和可持续发展部，环境和可持续发展部由政府成员组成，负责规划可持续发展的所有工作，并采取一切适当的措施来解决环境问题。其中，环境和可持续发展部的职能中与投资者相关的内容主要涉及：（1）颁发环境授权和许可证；（2）要求企业加强环境保护责任；（3）通过其国际和地方合作伙伴，为当地居民开展发展项目，例如马达加斯加的碳固存地区，由其下属机构负责；（4）有关环境投诉的处理；（5）开展环境分析；（6）发布有关环境事务和技术的专业知识通知等。该部门的目标是确保保护和改善生态环境，执行环境计划和国家环境政策，实现可持续发展目标。根据环境保护的趋势和要求，环境和可持续发展部在如下领域开展具体工作，即自然资源管理、自然资源保护、生态研究、自然保护、气候变化，以及废物和污染管理。环境与可持续发展部的目标是使用新兴的大规模再造林技术，每年重新造林并覆盖 40000 公顷的土地。

此外，马达加斯加环境与可持续发展部的附属组织有国家环境署、国家环境行动协会、国家环境和林业研究中心、环境管理支持服务、国家森林种子筒仓、海洋油污控制机构、国家环境和森林部门观察站、环境项目协调部。

马达加斯加环境和可持续发展部下属的具体执行部门为国家环境署。国家环境署受环境部监管，负责确保评价技术委员会的协调、管理环境影响评价部门与发放环境许可，以及监测协调环境管理计划的一致性。《投资与环境相容法》第 6 条规定国家环境署的负责人作为环境部的永久代表，负责签发环境许可，且国家环境署不能再授权第三方作为代表。此外，公共工程、矿业、能源等主管部委也有主管环境的内设部门，上述部门一般可根据项目发起人的申请签发初级环评证书，如《采矿法》第45条规定任何开采许可证或"E"许可证申请都应附有根据现行环境保护法起草的环境影响评估文件，该文件由采矿地籍办公室转交负责采矿环境的部门，供主管当局指示和批准。

除环境部之外，与其相关的环境管理行政机构还有能源和碳氢燃料部、水务和清洁部、农业和畜牧业部、渔业和蓝色经济部。

三、马达加斯加主要环境法律制度

马达加斯加非常重视环境保护，第一部《环境法》于1990年颁布，此后又进行过多次修订与增补。《关于更新的马达加斯加环境宪章（第2015－003号)》(以下简称"环境宪章") 于2015年4月6日在《马达加斯加共和国官方公报》上发布。环境宪章明确规定环境许可证是任何开始工作的强制性先决条件，如果要在马达加斯加进行投资，必须向主管部门提交环境影响评估报告，并取得主管部门颁发的环境保护许可证和项目环境保护方案，对于公共或私人投资项目，无论是否须经行政当局的授权或批准，也无论是否可能损害环境，都必须接受影响评估。实施项目的经济主体每年需根据项目固定资产投资额的大小向国家交纳一定比例的环境保护费。

环境宪章在第6条至第16条规定了自然人或者法人的权利与义务，每个人都有责任去保护其生活环境，任何对环境造成损害的自然人或法人，必须赔偿受损环境的恢复，并且该环境宪章坚持污染者付费原则，即污染预防、污染减少、控制和补偿措施产生的费用必须由污染者承担。

环境宪章在第17条至第19条规定了环境行动的三个主要组成部分，分别是社会经济发展、环境的可持续管理、良好的环境治理。社会经济发展是指通过改善城市和农村人口的生活环境，如推动全国环境保护宣传运动、确保社会文化和经济发展，以实现传统习俗与科学技术发展之间的协同作用等。环境可持续管理是指国家、权力下放的地方当局在市政当局和Fokonolona（通常被描述为最具特色的马达加斯加社会机构之一)、民间社会、地方社区、私营部门和所有公民的帮助下，负责以可持续的方式管理环境，如恢复退化的生态栖息地、通过针对不同的目标来制定重新造林行动等。良好的环境治理是指通过宪章中规定的行动共同保证实施良好的环境治理，如赋予环境管理方面的各个利益相关者权力。

四、马达加斯加主要资源法律制度

马达加斯加其他法律文件中涉及关于环境保护的条文，关于环境保护的规定有：《采矿法（第2005－021号）》适用于矿物物质的探矿、研究、开采、拥有、运输、加工和销售，但受特别规定管辖的水资源和液态或气态碳氢化合物除外，《采矿法》管辖的制度涉及对矿物物质的勘探、研究和开采，金矿开采—矿物矿床的研究和开采，在第98条至第103条专门规定环境保护的义务，强调矿业部和环境部要确保采矿许可证持有人遵守环境保护规则，与采矿活动相关的任何工作，包括采矿所需的基础设施的建设和维护，均应按照环境承诺计划或根据相关法律法规规定的程序事先制定和管理的环境影响研究进行。任何从事采矿活动的自然人或法人都有义务采取必要的保护措施，以尽量减少和修复在其活动过程中进行的工作可能造成的任何损害。除此之外，第45条规定：“任何开采许可证或‘E’许可证的申请，以及任何需要环境影响评估的采矿许可证申请，均应随附一份承诺书，承诺在获得环境授权之前，在申请人根据现行环境法规起草的环境影响研究文件获得批准之后，不开始任何采矿活动。”该条说明环境许可证的申请是进行采矿活动的前提。《旅游法》规定了在国家领土规划和环境保护框架内促进旅游业综合、有序、可持续和和谐发展的规则，该法适用于从事旅游业发展和促进工作的所有自然人或法人，该法第5条规定旅游经营者必须遵守现行法律法规，特别是在保护环境、动植物方面，第11条明确游客要保护环境，否则将会受到处罚。《石油法（第96－018号）》适用于对所生产的液体、固体或气态碳氢化合物进行检查、研究、勘探、开采、加工和运输相关的所有作业，它特别规定了与国家领土上的固态、液态或气态碳氢化合物矿床的法律制度、采矿所有权问题、签订石油合同和环境条款有关的基本原则，特别是关于必须考虑到环境要求的采矿权的基本原则，并且《石油法》第33条至第34条规定用于海上活动的装置与设备应遵守有关海上航行和环境保护的国际公约、文本和条例，特别是要遵守1990年《国际防止、打击和合作油污公约》，从石油法中可看出马达加斯加对于国际条约的执行与遵守。《水资源保护法（第98－029号）》适用于地表水和地下水，水资源管理和保护的主要部门是国家水和卫生管理局，此法规定了基本原则，例如水的公有制、保护水的数量和质量以及环境保护原则，特别是对公共或私人可能影响环境并对水中生态系统造成干扰的任何工程进行环境影响评估的原则。《关于地表水分类和液体废水排放管制（第2003－464号）》旨在对地表水进行分类，并对向自然环境排放的废水制定了标准，此法适用于所有公共或私营机构以及所有经济活动部门，它将地表水分为A类、B类、C类和非类。《可再生自然资源地方管理法（第96－025号法）》规定，可将可再生自然资源的管理转移到基础社区，这样可以使得农村人口能够有效参与保护可再生自然资源。

五、实现投资与环境相容的规则和程序

不论公共或私人投资项目，也不管这些项目是否会对环境造成影响，从立项到项目实施的每一个过程，都必须进行环境及社会影响评估，此类评估通常根据项目的性质、规模以及地域的敏感度情况而定，环评时间及其费用也因项目而异，一般分为两种：一种是环境影响评估（EIE）；另一种是环境承诺计划（PREE），包括项目发起人应承担的社会责任和义务。环境影响评估是关于采取的行动可能对环境造成的影响的科学研究，环境承诺计划是环境办事处管理的计划。包括项目发起人为减少对环境影响采取的措施、恢复项目建设地可能采取的措施。

《投资与环境相容法令》第6条规定，在工程开工前投资项目必须取得环境承诺计划批准。环境计划核准由相关部根据环境办事处的技术建议颁发。法令第7条规定，没有完成环境影响评估，没有取得环境许可就开工的，工程将被强制中止，中止的命令由环境部及相关部根据项目所在地主管机关、国家环境署的建议下达。

实现投资与环境相容的规则和程序规定在《投资与环境相容法令》第13条至第28条：第一步是评价申请，是指将所需文件提交给国家环境署，所需文件包括：发起人关于项目环境评价的书面申请；项目的简要说明；环境影

响研究报告，份数由规章确定；投资人缴纳环境评价及项目的管理计划（PGEP）监测费用的收据，所有关于投资总额的证明文件。之后国家环境署将文件移转给评价技术委员会（CTE）。第二步是公众参与评价，主要是通过现场咨询、公众调查、公开审核等方式实现。第三步是环境评价。环境评价必须考虑到在现场咨询、公共调查或公开审核中出现的所有关于环境层面的内容，去评选出那些影响最小的、预期影响可以减轻及残留影响可接受的项目。这时，国家环境署负责成立评价技术委员会，评价技术委员会成员由相关部的环境办事处、环境部及国家环境署的指定人员组成，评价技术委员会的每位成员都参与环境影响研究文件的技术评价，整合各个领域方面的技术评价，并出具技术意见。之后，国家环境署根据评价报告及评价技术委员会的技术评价意见，宣布是否颁发环境许可。同时由环保部门审批并颁发项目环境管理计划，即有关项目应遵循的环境细则，也是环评许可证不可或缺的附件。现行《环境法》对基础设施、农林牧、工矿业、旅游业等领域环评要求均有详细规定。如《采矿法》第45条规定：任何开采许可证或“E”许可证申请应随附根据现行环境保护条例编制的环境影响研究文件，该文件由采矿地籍办公室转交负责采矿环境的部门，供主管当局指示和批准。

以矿业项目为例，获取环评批文的机构有两个：矿业主管部门和国家环境署。环保的类别有三种：（1）初级环保许可。通常是在勘探的初级阶段，而且不使用挖掘机、钻机等大型机械设备的情况下，可向矿业部环保局递交申请，缩写为PEE－RIM。（2）中级环保许可。通常是在详细勘探阶段，并使用挖掘机、钻机等大型设备的情况下，根据项目的规模等具体情况，也可向矿业部环境局递交申请，缩写为PEE－RS。（3）高级环保许可。即将进入开采阶段所必须具备的、上规模的、具有影响的大型项目，在勘探阶段就可以申请由国家环境署直接签发的许可证。有些综合性大型投资项目还必须对项目所在区域内拟建的港口、道路、电站、厂房、生活设施、排污、施工炸药存放处、尾矿堆放地等进行分项环评。涉及保护区或敏感区时，环评程序将会更加复杂，环评机构甚至会征求国际权威专家的意见。上述一切有关环评的费用，均由项目发起人即有关企业来承担。

鉴于环评内容的专业性及复杂性，有关工作及其申报材料通常由专业的事务所来完成，内容包括公司概况、矿权介绍、工程性质等，由此来确定环评类别。在项目执行过程中，环评公司将派员全程跟踪。勘探项目结束后，必须将施工场地恢复到原来状态，同时还必须取得环境部门的环境交割证明书。环境交割证明书是颁发环境许可的职权部门签发的同意性行政证明，承认发起人修复工作的完成、合规及准确。环境交割证明书标志着发起人解除环境责任。

尼日利亚
法律环境报告

第一章　尼日利亚基本概况

尼日利亚联邦共和国位于西非东南部，东邻喀麦隆，东北隔乍得湖与乍得相望，西接贝宁，北界尼日尔，南濒大西洋几内亚湾。边界线长约4035公里，海岸线长800公里。境内河流众多。属热带草原气候，全年分为旱季和雨季，年平均气温为26~27℃。尼日利亚国土面积为92.38平方公里。全国人口多达2.13亿（2021年），是非洲人口最多的国家，境内有250多个民族，其中最大的3个民族是北部的豪萨－富拉尼族（占全国人口29%）、西部的约鲁巴族（占21%）和东部的伊博族（占18%）。官方语言为英语。主要民族语言有豪萨语、约鲁巴语和伊博语。居民中50%信奉伊斯兰教，40%信奉基督教，10%信仰其他宗教。

尼日利亚和中国于1971年2月10日建立外交关系。近几十年来，两国在经济、贸易、投资、文化等领域建立了广泛和深入的合作关系。2005年，两国元首就建立战略伙伴关系达成共识。2009年两国举行首次战略对话。2021年1月，两国建立了中尼政府间委员会机制。中尼签署了贸易、经济、技术、科技合作和投资保护等协定，并设有经贸联委会，迄今共召开了7次会议。尼日利亚是中国在非洲的第一大工程承包市场、第二大出口市场、第三大贸易伙伴和主要投资目的地国。2021年，中尼双边贸易额为256.8亿美元，其中中国出口额为226.4亿美元，进口额为30.4亿美元。中方出口商品主要为机电产品和纺织服装等，进口原油和液化天然气等。主要承包企业有中国土木工程公司、中国地质海外公司、华为、中兴等20余家，主要涉及铁路、公路、房屋建设、电站、水利、通信、打井等领域。

第一节　尼日利亚国家概况

一、尼日利亚的人文和地理环境

尼日利亚属于东1时区，比北京时间晚7小时，面积达92.38万平方公里。地形多样，包括平原、山地、盆地、河谷、低地、高原等。尼日利亚气候属热带草原气候，年均气温在26～27℃左右，分为旱季和雨季。沿海地区年平均气温为32.2℃，最低气温为21.1℃。最北部气温可达40.6℃，最低气温为12.8℃。相对湿度逐渐降低，南部地区相对湿度约为80%，最北部不足50%。

尼日利亚全国分为36个州和1个联邦首都区，各州和联邦首都区下设地方政府。尼日利亚全国共有774个地方政府。主要经济中心城市包括南部的拉各斯和北部的卡诺。首都阿布贾是全国的政治、文化和地理中心，地处中部尼日尔河支流古拉河畔。联邦首都区面积7315平方公里。原为国家锡矿开采地、中部公路网中心和农畜产品集散地。为加强联邦政府与各地区、各民族之间的联系，并解决原首都拉各斯规模过大所带来的问题，1976年决定迁都于此，并划定联邦首都区范围。1991年建成首都区。

2021年，尼日利亚全国人口总数约为2.13亿人，是非洲第一人口大国。尼日利亚人口分布不均衡，南部雨林地区和北部草原地区人口较多，尤其是南部沿海地带和三角洲地区，虽然占国土总面积的20%，但是却集中了全国近一半的人口；中部地区人口相对稀少。人口分布比较集中的城市有拉各斯、卡诺、伊巴丹和阿布贾等。

二、尼日利亚的政治和经济环境

尼日利亚实行三权分立的政治体制，总统为最高行政长官，领导内阁；国民议会分参、众两院，是国家最高立法机构；最高法院为最高司法机构，联邦设有最高法院、上诉法院和高等法院，各州设高级法院，地方政府设地方法院；总统、国民议会均由直接选举产生，总统任期 4 年，连任不得超过两届。设联邦、州和地方三级政府，1996 年 10 月重新划分行政区域，全国划分为 1 个联邦首都区、36 个州以及 774 个地方政府。总统兼任武装部队总司令，现任总统为布哈里，2015 年 3 月 28 日至 29 日，尼日利亚举行总统、国民议会选举，全体进步大会党获胜，结束了人民民主党连续执政 16 年的局面。布哈里当选新总统，并于 2015 年 5 月 29 日正式就职。2019 年 2 月，布哈里在新一届总统选举中胜选连任。

尼日利亚是非洲第一大经济体，近年来经济发展较为稳定。受新冠肺炎疫情影响，2020 年尼日利亚国内生产总值（GDP）4323 亿美元，同比下降 1.79%，人均 GDP 为 5353 美元。油气产业是尼日利亚最核心产业，油气收入是尼日利亚最重要的经济收入来源，一度为尼日利亚贡献了 94% 的外汇收入和 62% 的财政收入。2020 年，尼日利亚石油和天然气产业产值约 283 亿美元，占 GDP 的 6.7%。尼日利亚石油产量的 80% 以上来自跨国石油公司。虽然油气产业是尼日利亚经济的重中之重，但尼日利亚油气下游行业发展落后，国内炼化能力不足，燃油严重依赖进口。独立初期，棉花、花生等许多农产品在世界上居领先地位。随着石油工业的兴起，农业迅速萎缩，产量大幅下降。近年来，随着尼日利亚政府加大对农业投入，农作物产量有所回升，年均增长 7% 以上。2019 年，农业在国内生产总值中所占比重为 28.2% 左右。全国 70% 的人口从事农业生产。根据尼日利亚国家统计局数据，2020 年尼日利亚第一产业、第二产业和第三产业占 GDP 的比重分别为：26.2%、21.4% 和 52.4%。根据尼日利亚财政部数据，2020 年尼日利亚联邦政府财政收入 96.03 亿美元、支出 245.93 亿美元、赤字 149.90 亿美元。据尼日利亚中央银行最新发布的统计数字，截至 2021 年 9 月 27 日，尼日利亚的外汇储备为 363.6 亿美元。

第二节　尼日利亚法律概况

尼日利亚法律体系深受英国影响，实行的是普通法体系，司法中严格遵循“服从先例”的判例法原则，即上级法院的“在先判决”是审判类似案件的法律依据，如果没有类似案件的先例，还可以援引英国判例或者英联邦其他国家判例；同时，早在英国殖民统治之前就长期存在的尼日利亚习惯法也仍然具有法律效力。因此，尼日利亚法律渊源主要包括宪法、尼日利亚立法、习惯法、1900 年 1 月 1 日前在英国普遍生效实施的立法、伊斯兰法和司法判例等。

一、尼日利亚的立法体系

尼日利亚国民议会全权负责尼日利亚立法工作，分上下两院，分别称为参议院和众议院，此外另设议会服务处。议会参众两院议员均由各政党提名，经各自相应选区选民直接选举产生，任期 4 年，届满后全部改选，可无限期连任。议员选举由尼日利亚国家独立选举委员会负责，议员选举与尼日利亚总统选举、各州州长选举及各州议会选举同期举行。根据尼日利亚宪法规定，35 岁以上的尼日利亚公民可竞选参议员，30 岁以上的尼日利亚公民可竞选众议员。议会享有广泛的立法权、预算审批权、监督权、人事权等权力。参议院及众议院均可提出法案，除特殊情况外，法案须经两院批准后提交总统签署方可生效。法案提交总统签署前两院须就法案条款达成一致，总统须在接收提交法案后 30 日内签署法案或明确表示拒绝签署。若总统未签署法案，法案将被再次发回议会审议，若发回法案以两院三分之二多数通过，则法案直接生效，而不再需总统签署。参议院及众议院会议法定出席人数为该院议员总数的三分之一，两院各自会议会期 1 年内不应少于 181 天，除特殊情况外，表决依简单多数原则。

二、尼日利亚的司法体系

根据宪法规定，尼日利亚全国各级法院依法独立行使司法权。联邦一级的司法机构包括最高法院、上诉法院和高等法院。最高法院是尼日利亚最高司法机构，主要职责是直接受理联邦和各州之间、州与州之间的纠纷，审理上诉法院的申诉，并拥有所有上诉案件的终审权。上诉法院对总统选举有专属管辖权，负责直接受理有关职位权限，总统、副总统职位空缺等事务中出现的纠纷；听取并终审联邦和各州高等法院和州沙里亚伊斯兰教上诉法院的申诉。上诉法院的判决对除最高法院外的所有法院有约束力。高等法院负责直接受理联邦政府及其有关下属机构关于税收、海关、银行、知识产权、国籍、移民等方面的纠纷，联邦高等法院还拥有刑事犯罪，特别是刑事重罪的审判权。联邦高等法院无上诉管辖权。州一级法院包括州高等法院、沙里亚上诉法院和习惯法上诉法院等。地方政府一级设有地方法院。各州和联邦首都区都有高等法院，对除其他法院保留事项外的刑事、民事案件拥有一般管辖权，沙里亚上诉法院负责涉及伊斯兰人法律问题的民事诉讼的上诉和监管。习惯法上诉法院负责涉及习惯法的民事诉讼的上诉和监管。

三、尼日利亚的行政体系

尼日利亚实行三权分立的政治制度，立法权、司法权和行政权相互独立、相互制衡。根据尼日利亚 1999 年宪法，尼日利亚实行联邦制，设立联邦、州和地方三级政府。总统为国家元首、最高行政长官和武装部队总司令，领导内阁，总统任期 4 年，连任不得超过两届。尼日利亚联邦政府各部部长由总统提名，经参议院批准后由总统任命。2019 年 7 月，总统布哈里向国会参议院提交了 43 名新内阁部长名单，较上届内阁增加 7 人，其中包括 7 名前州长及 7 名前国会议员。

第二章　尼日利亚投资法律制度

第一节　尼日利亚外资概况

外国在尼日利亚投资领域主要是石油、银行、制造和建筑业。尼日利亚政府欢迎并鼓励外国企业到尼日利亚投资，根据世界经济论坛《2020 年全球竞争力报告》，尼日利亚在全球 141 个国家和地区中排名第 116 位。

一、尼日利亚国内经济现状

尼日利亚原为农业国，20 世纪 70 年代起成为非洲最大的产油国。1992 年被国际货币基金组织列为低收入国家。1995 年起政府对经济进行整顿，取得一定成效。目前是非洲第一大经济体，2019 年经济总量全球排名第 26 位。石油业系支柱产业，尼日利亚政府财政收入的 85%、国内生产总值的 20% 至 30% 来源于石油行业。其他产业发展滞后。粮食不能自给，基础设施落后。为应对新冠肺炎疫情，尼日利亚发布《2020 年经济可持续发展计划》，实施调整货币政策、减少非必要支出等措施。2020 年 9 月，尼日利亚宣布实施《2050 年尼日利亚议程和中期国家发展计划（MTNDP）》，计划未来 10 年内使尼日利亚 1 亿人口摆脱贫困。但受 2020 年 3 月油价暴跌影响，尼日利亚货币大幅贬值，经济发展前景堪忧。据世界银行《2020 年营商环境报告》显示，尼日利亚在参评的 190 个国家和地区中，排名第 131 位。布哈里总统于 2016 年 7 月专门成立“商业环境理事会”（PEBEC），负责统筹各部门推进改革措施，积极改善尼日利亚营商环境。

二、尼日利亚外资经济现状

《2021 年世界投资报告》显示，2020 年，尼日利亚吸收外国直接投资流量为 23.85 亿美元，同比上涨 3.5%；截至 2020 年底，尼日利亚吸收外资存量为 1020.9 亿美元。另据尼日利亚国家统计局数据，2020 年，尼日利亚吸收外资规模达 96.8 亿美元，同比下降 57.8%。其中组合投资 51.4 亿美元，占 53.1%，同比下降 68.6%；直接投资 10.26 亿美元，占 10.60%，同比上升 11.24%；其他投资 35.14 亿美元，占 36.30%，同比上升 47.4%。从投资来源国看，前五大投资来源国分别是英国（占 43.1%）、阿联酋（9.3%）、荷兰（9.2%）、南非（9.0%）和美国（7.7%）。跨国公司在尼日利亚投资的主要领域是银行、金融和石油天然气行业等。近年来，中国和尼日利亚双向投资发展迅速。据中国商务部统计，2020 年中国对尼日利亚直接投资流量 3.1 亿美元；截至 2020 年底，中国对尼日利亚直接投资存量为 23.7 亿美元。

第二节　尼日利亚投资法律体系及基本内容

尼日利亚工业、贸易与投资部为该国投资主管机构，它下设尼日利亚投资促进委员会（NIPC），作为促进投资的领导部门，负责制定吸引外资的法律政策，促进国内外的直接投资，以及协助外国公司与政府部门的联络和注册等事宜。

1998 年，尼日利亚政府对《尼日利亚投资促进委员会法》进行了修订，成立了尼日利亚投促会负责国内的所有投资事务，并扮演联络投资者和政府部门的角色。该法取消了外国投资持股份的限制，外国投资者可以拥有除油气以外其他领域的 100% 股权，但禁止涉及武器、军火、麻醉剂等生产和贸易，以及军队、警察、海关人员服装等生产。

一、《尼日利亚投资促进委员会法》主要内容

该法规定：（1）外国投资者可用任何可汇兑货币购买尼日利亚公司的股份；（2）扩大外国股份支付方式，包括零配件、原材料和其他所需业务资产，无须支付外汇；（3）保证外国投资者可以不加限制汇出和转让利润和红利，甚至撤回资金，无须政府部门批准，外国投资者只需凭适当文件，由相关的尼日利亚公司证明所得利润，指示指定的外汇经纪人转移资金，以便吸引外国投资者；（4）通过尼日利亚公司获取和支付外汇贷款和利息，无须事先征得政府部门同意；（5）尼日利亚政府保证投资者资本不会被国有化、没收（如果由于国家或公共利益需征用，政府将给予公正足额的补偿，所有权人同时有权就补偿事宜提起诉讼），或以其他形式强制转让。为吸引外资，尼日利亚政府将本国竞争力弱的69个行业确定为优先发展的行业，并享受一定的优惠政策。按照尼日利亚法律规定，除油气领域外，公司所得税税率为30%，先锋行业可享受5年的免税待遇，在一些经济欠发达地区可延长到7年。为获得先锋行业地位，企业需满足以下条件，并主动向尼日利亚投资促进委员会提出申请：（1）所属行业在政府所列先锋地位之列；（2）外资或合资企业注册资金在1000万奈拉以上、投资在500万奈拉以上，本土公司注册资金在1500万奈拉以上（需相关部门出具报告证实投资已到位）；（3）免税仅限于企业生产的属先锋地位之列的产品；（4）在开始商业生产后的1年内提出申请。

二、行业激励政策

（1）尼日利亚政府重视特定产业和产品的发展，其中农业、制造业、采矿业、制药、化工、机械、印刷、通信、旅游、房地产、基础设施等69家被指定为先锋行业。投资先锋行业的公司可享受5年的免税待遇，经济贫困地区可享受7年的免税待遇。

（2）从事研发的企业享受税收优惠。如果研发是在尼日利亚境内进行的，并且与企业的业务密切相关，则研发成本的12%免税。如果尼日利亚的当地原材料用于研发，则研发成本的14%免税。如果企业从事长期研究，所产生

的成本将被视为资本支出并免税。

（3）补贴。在尼日利亚经营的制造企业每年可获得补贴，补贴不得超过其应税利润的75%，其他企业不得超过66%。涉农企业不受本规定约束。如果租赁资产用于农业相关领域，企业可以获得100%的资金补贴。如果租赁资产是农业机械或设备，企业的投资也可以额外获得10%的补贴。

（4）内部培训。拥有内部培训设施的企业可以获得2%的税收减免，为期5年。

（5）基础设施建设投资。如果公司投资于通常由政府管理的基础设施，如道路、水和电力供应，公司投资的20%免税。

（6）劳动力密集型企业。劳动力密集型企业可以获得税收减免优惠。雇用1000人及以上的企业可享受15%的税收优惠；雇用200人及以上的企业可享受7%的税收优惠；雇用100人及以上的企业可享受6%的税收优惠。

（7）地方增值税优惠。本地生产型企业（不仅限于进口零件加工）可以享受10%的税务优惠，持续期限为5年。

（8）再投资津贴。制造业企业如果投入资金扩大生产，包括扩大生产能力、提高生产设备现代化程度和多元化经营相关产品，可以获得再投资补助。

（9）本地原材料使用优惠。符合本地原材料使用最低标准的企业可以享受20%的税务优惠，持续期限为5年。农业相关行业，最低使用比例为70%；工程行业，最低使用比例为60%；化工行业，最低使用比例为60%；石化行业，最低使用比例为70%。

（10）出口公司优惠。保税区内的制造业企业对于进口原材料和中间产品再次出口的生产，可以免除关税；进口生产后再出口的原材料，享有60%退税；出口创汇企业可以凭证明享受出口补助；政府设立出口发展基金，为私营出口公司提供创办初期的费用支持等。

（11）地区鼓励政策。投资于经济落后地区的企业可享受7年免税的优惠及资本折旧补贴。当地政府鼓励投资比较集中的地区主要为首都阿布贾和第一大城市拉各斯，以及三角洲产油区。

三、投资方式的规定

尼日利亚涉及并购的法律主要包括：《投资证券法令》《证券交易委员会

规则和条例》《公司及相关事务法》《银行及其他金融机构法》《保险法》《公司所得税法》等。其中，《投资证券法令》是尼日利亚规范并购活动的基本法律，第六章专门针对并购进行了规定，涉及反垄断审查内容；《证券交易委员会规则和条例》依据《投资证券法令》，对并购相关规定进行了细化，主要包括信息披露及申报程序等内容。

根据《投资证券法令》第 99 条规定，无需经过证券交易委员会审批的收购活动主要有两类：一是控股公司纯为投资目的收购股份；二是联邦政府所属机构依法授权完成的交易。

根据《投资证券法令》第 100 条规定，并购主要要求和流程包括：一是有关公司独立或共同向联邦高等法院提出收购或合并计划，后者召集召开各公司独立会议讨论收购或合并计划；二是各公司决议同意通过收购或合并计划，至少需要获得四分之三股份或股权同意；三是收购或合并计划获通过后，方可提交证券交易委员会审批；四是收购或合并计划获证券交易委员会批准后，有关公司独立或共同向联邦高等法院提出申请，后者须就此作出裁决；五是联邦高等法院裁决须在 7 日内转交公司事务委员会以便办理公司注册、变更等相关手续；六是联邦高等法院裁决须在政府公报及至少一家以上在全国发行的报纸上予以公布。

尼日利亚允许外国公司在境内设立独资公司、合资公司、子公司、分公司等从事经营活动，所有外资参与的企业在公司组建或注册后，应到尼日利亚投资促进委员会进行注册。在尼日利亚投资的中国企业，应同时到中国驻尼日利亚大使馆经商处报到备案。

尼日利亚允许外资并购当地企业，外资企业可用任何可兑换的外国货币购买尼日利亚企业的股份，也可以设备等方式入股。按照尼日利亚法律规定，外国投资者的投资收益可自由汇出，但实际上难以实现。但若外国投资者投资尼日利亚银行，单个外国个人或机构投资者购买的股份不得超过尼日利亚最大单个个人或机构股东所持股份，同时外国投资者总持股比例不得超过银行总资本的 10%；若外国银行要并购尼日利亚的银行，该外国银行必须在尼日利亚经营 5 年以上，并在尼日利亚三分之二以上的州设立分行（不包括州首府），同时，外国银行在并购后的持股比例不得超过合并体总资产的 40%。

外国机构投资者在尼日利亚证券市场进行证券交易必须事先得到证券交易委员会的批准，获得注册证书。

中国企业在尼日利亚暂未遇到开展并购遭遇阻碍的案例，但上当受骗的案例较多。中国企业在尼日利亚建设工业园区等可参看《尼日利亚63号法案》和《尼日利亚工业改革计划》，也可咨询尼日利亚出口加工区管理局。

四、BOT/PPP投资模式

建设—运营—移交（BOT）方式在尼日利亚被视为公私合营（PPP）模式的一种类型。PPP模式相关法律包括：《基础设施特许经营监督管理委员会法》《公共采购法》《公共企业（私有化和商业化）法》《公用事业收费委员会法》《公路法》《联邦道路维护机构法》《拉各斯州道路、桥梁和公路基建法》等。根据《基础设施特许经营监督管理委员会法》，设立了基础设施特许经营监督管理委员会（ICRC），负责规范和监督PPP合同的签订和执行；《拉各斯州道路、桥梁和公路基建法》建立了拉各斯州公路特许经营的法律框架，是尼日利亚公路特许经营领域为数不多的法律之一。根据公私部门投入、风险分担以及合同期限长短不同，PPP可以分为服务合同、管理合同、租赁合同、特许经营合同、BOT方式等多种类型。特许经营年限一般为25至30年。

目前，在尼日利亚开展BOT的外资企业主要来自德国、印度等国，一些中国企业也在积极探讨开展BOT模式。

第三节　尼日利亚投资的法律风险及防范

一、投资尼日利亚的主要法律风险

（1）政策波动性较大。尼日利亚政策波动性较大，容易造成投资项目的进程受阻甚至失败，投资者应注意政策风险。

（2）行政成本高。尼日利亚行政审批环节多、成本较高，大大增加了企业投资项目的时间成本和相关风险。尼日利亚权力寻租情况严重。2015年布哈里政府上台后，将反腐作为执政重点之一，许多官员受到调查，中国企业在尼日利亚应避免卷入其中，影响企业经营。

（3）基础设施落后。尼日利亚电力不足，通讯质量差，铁路运力不足，公路普遍年久失修，供水不足，大大增加了企业投资、运营成本，仅电力问题一项就会增加约 10% 的成本。

（4）工会力量比较强大。在尼日利亚罢工是合法的，工会动辄组织工人罢工，即便是政府有时也不得不向工会和工人妥协。

（5）技术性劳动力缺乏。尼日利亚人口众多，文盲比例高达 46.7%，在经济合作与发展组织公布的世界各国人力资本综合排名中，尼日利亚居第 76 位。

（6）获得外籍员工准入许可困难。在尼日利亚企业要雇用外籍员工，必须向尼日利亚内政部移民局申请配比和办理工作居住证。要获得这两项批准程序烦琐、十分困难，一个外籍劳工必须培养 2 名当地学徒并支付高额费用，还必须提供金额很大的纳税证明。企业在办理绿卡过程中，往往遇到拖延不办、材料遗失等问题，尼日利亚方办事人员权力寻租情况严重，给外国人出入境带来不便。

（7）土地问题。尼日利亚对土地处置、转让限制很严格，缺乏市场流动性、透明性和确定性。土地一旦被没收，其补偿对投资者十分不利。另外，获得土地的程序十分繁杂，手续费较高。

（8）经济纠纷难以妥善解决。根据世界银行《国际营商环境调查》的数据，在尼日利亚 60% 以上投资者对判决的公正性不满，90% 以上的投资者对案件审理的效率不满。很多中国企业在投资过程中常遇到当地合作伙伴缺乏商业诚信问题。

二、投资尼日利亚法律风险的防范

（1）增强政治和安全风险的防范意识。加强对尼日利亚政治、安全风险的识别和评估，特别是当地极端组织破坏性活动。应保持与中国政府驻非洲使（领）馆、经商机构、境外中国商会等联系沟通，对趋势性、苗头性的形势变化提前做好预案。对于重大投资项目，应考虑购买中国出口信用保险公司的海外投资保险产品，避免因政治、安全风险给企业带来重大经济损失。

（2）增强合规经营和法律维权意识。合规经营是降低投资风险的重要前提，中资企业应遵循尼日利亚的法律法规，充分掌握国际标准与准则，在自身经营活动中提高合规意识，减少风险暴露。在遭遇风险时，中国企业也要充分用好法律工具，保护自身权益。中国企业在投资前可聘用专业服务机构，对可能的投资标的和地区做足尽职调查，摸清具体情况和潜在风险，并提出法律意见，避免因不了解具体情况而产生潜在风险。

（3）密切关注政策法规的调整变化。尼日利亚政策稳定性较差，与投资合作相关的政策法规时有调整，作为投资环境调查的一部分，企业应深入了解相关法律法规及当地法律实践。

（4）构建和谐的劳资关系和应急方案。在尼日利亚的中国企业需高度重视构建和谐的劳资关系，在提高企业利益的同时应依法维护员工权益，并在实践中逐步提高正确处理各种矛盾的实际能力，积极稳妥地处理与企业工会的关系。此外，应当提前制定完备的罢工应急方案，以减少经济损失。

第三章　尼日利亚贸易法律制度

第一节　尼日利亚贸易法律体系及基本内容

根据尼日利亚海关数据，2020 年尼日利亚对外贸易总额为 12638 亿美元，同比下降 14.36%。其中出口 3352 亿美元，同比下降 37.49%，进口 9286 亿美元，同比上升 11.81%。贸易逆差 5934 亿美元。主要贸易伙伴为中国、印度、西班牙、荷兰。尼日利亚贸易结构较为单一，主要出口商品为能矿产品，原油出口占据主导地位。主要进口商品包括机械设备、石油产品、交通工具、化工产品、食品、塑料及橡胶制品、农产品等。

一、尼日利亚贸易主管部门

尼日利亚主管贸易的部门是工业、贸易与投资部，其主要职责是负责对外贸易、国内和地区贸易管理，并制定相关贸易政策以及管理商标、专利和反倾销等事务。

尼日利亚与贸易相关的主要法律法规有《尼日利亚进口许可证程序协定》《强制性合格评定程序》《尼日利亚进口指导原则》《商标法》《尼日利亚海关货物管理法》《海关和税收管理法案》等。

二、贸易管理相关规定

（1）进口禁令。2004 年 1 月，尼日利亚政府单方面宣布对 41 种产品实施进口禁令，2005 年和 2006 年尼日利亚财政部签发了禁止进口商品修订清单，对原来的禁止进口商品清单作了进一步调整。禁令清单涵盖了中国对尼日利亚出口量较大的部分商品，如纺织品、鞋类、箱包等。2010 年底，尼日利亚政府再次修订禁令清单，取消了对牙签、木薯，以及部分家具和纺织品的禁止进口措施，同时放宽二手机动车准许进口的车龄，由 10 年延长至 15 年。2014 年下半年以来，由于国际原油价格暴跌并持续至今，尼日利亚央行为维持外汇储备采取了紧缩外汇政策，于 2015 年 6 月对 41 类产品实施禁止进口购汇。

（2）出口限制。尼日利亚禁止出口以下产品：玉米、原木及木板（柚木）、动物生皮、废金属、未加工的乳胶与橡胶凝块、文物与古董、珍稀野生动物及制品。

（3）关闭边境。2019 年 8 月 20 日，尼日利亚总统布哈里宣布关闭与贝宁、尼日尔、乍得、喀麦隆的陆路边境。据称，该举措旨在遏制邻国通过陆路进行的大米、汽车、石油等走私。

三、强制性合格评定程序

2005 年 9 月起，尼日利亚正式实行合格评定程序（SONCAP），对出口到尼日利亚的部分产品，包括电子电气产品、汽车轮胎、汽车玻璃、汽车零件、汽车电池、燃气器具、玩具、镀锌钢铁制品、发电机等强制执行安全认证。初次向尼日利亚出口某一特定类别受管制产品的生产商或出口商，必须提供有资质的实验室按尼日利亚标准局认可的标准（大部分为国际标准或发达国家标准）检测后出具的检验报告，与认证申请一起交给尼日利亚标准局办理认证，以获得“产品证书”，通常情况下证书 3 年有效，但需每年审核 1 次。

每一批受管制货物在装船前，还必须由尼日利亚标准局授权的第三方机构在原产国进行抽检，检测合格由第三方机构发放“SONCAP 证书”，作为尼日利亚海关办理通关手续必需的法定文书。2013 年 4 月 1 日起，尼日利亚标准局开始执行新的 SONCAP 操作流程，即第三方检测机构不再拥有发放 SONCAP 证书的权力，而是在抽检后对出口商发放“合格证（COC 证书）”，然后由进口商凭有效的 COC 证书向尼日利亚标准局申请 SONCAP 证书。最终清关所必需的 SONCAP 证书由尼日利亚标准局亲自发放。受管制产品除办理产品认证和 SONCAP 强制认证手续外，必须同时符合其他现行的进口程序规定，比如装船前检验。

四、海关管理规章制度

《关税和消费税管理法案》是尼日利亚海关管理的主要法律制度，于 2004 年施行。

尼日利亚 2004 年平均进口关税税率为 28.6%（其中农产品平均关税税率为 50%，非农产品平均关税税率为 25%），是发展中国家平均关税税率的 2 倍多。尼日利亚通过关税升级鼓励本国工农业生产。对生产用的基本原料和生产资料（包括生产设备）的进口实行低关税，对工业制成品、食品、消费品和奢侈品的进口实行高关税。世界贸易组织在关于尼日利亚的国别报告中指出，在过去几年中，尼日利亚已成为越来越强硬的贸易保护主义国家。尼日利亚主要进口产品关税情况概括如下。

（1）农产品与食品：高粱、小麦面粉等少数农产品禁止进口。大米进口关税税率为 100%，小麦、裸麦、大麦等为 5% 至 20%，蔬菜、水果、食用油等为 30% 至 40%，一些面食品如面条、面包、糕点、饼干等达到 80% 以上。

（2）烟草品：未加工烟草进口关税税率为 15%，烟草制成品如雪茄及其他吸用烟草关税税率高达 150%。

（3）纺织品：大多数纺织原料如生丝、羊毛、亚麻等进口关税税率为 15%，棉花为 5%，棉线、棉纱等进口关税税率为 30% 至 40%，成品及成衣进口关税率为 55% 至 75%。

（4）机械及机械设备：进口关税税率一般为 5% 至 15%，部分机械进口关税为零，如：农业机械设备等。

（5）家电及车辆：空调、冰箱整机的进口关税税率为 45% 至 55%，而零配件为 25%，对真实的组装生产空调 CKD 件及压缩机则为 5%，摩托车整车在 25% 至 40% 之间，自行车为 25%，对摩托车、自行车组装 CKD 件征收 5% 的关税。载人汽车关税税率在 25% 至 50% 之间，但组装生产进口 CKD 件关税税率为 5%。

（6）化学制品及药品：化工原材料及其制品进口关税税率为10%至15%，药品为15%至20%。

（7）钢铁产品及某些金属产品：原始形态及半成品钢铁，如铁锭、钢锭等关税税率在5%至20%之间，但钢丝、螺纹钢等关税税率高达65%。

（8）木制品：原木关税税率为15%，装饰板、胶合板等在30%左右，木制家具则达100%。

尼日利亚是西非经济共同体关税同盟的成员国。该关税同盟已于2005年7月正式启动，税则共分为4种税率：必需品为零税率，初级产品为5%，半成品为15%，制成品为20%。出于保护本国产业目的，制成品附加税税率不超过30%。2005年9月，尼日利亚批准了西非国家经济共同体（ECOWAS）对外统一关税（CET）的关税体系，将关税税率由过去的20档调整为5档，分别为0、5%、10%、20%和50%。新关税体系自2005年10月1日起开始实施，截止时间为2007年年底。新关税体制规定的进口关税税率如下：归于海关税则第84～89章下的药物药剂和工业机械设备享受为期1年的进口关税零税率；原材料、其他生产资料和零部件进口关税税率为5%；半成品进口关税为10%；制成品进口关税为20%；大米进口关税税率为100%；香烟进口关税由原先的150%降为100%；化肥进口关税税率为零并免征增值税；植物油禁止进口，但橄榄油除外。

第二节　与尼日利亚进行贸易的法律风险与防范

中国企业在与尼日利亚进行贸易时应当注意以下问题。

（1）合同签订方面，签订正规合法的商业合同。提高风险防范意识，明确双方责任义务，避免因语言不同而造成双方对合同条款文义理解的差异，提前规定纠纷解决机制。一旦出现经济纠纷，应当通过法律途径解决纠纷。

（2）充分调查研究，提高法律风险防范意识。尼日利亚法律渊源复杂，各州和地方民事领域法律规定不尽相同，联邦政府的立法，特别是民事立法执行程度低，中国企业在尼投资和从事经贸活动，应提高法律风险的防范意识，充分了解掌握当地法律规定和相关制度要求，采用较为安全的交易方式，合理规避投资风险。特别是用工、用地和税收等方面的法律规定，尤其应当注意提前进行研究，分析成本和风险，妥善准备和应对。

（3）合理应对解决纠纷。尽管尼日利亚法院系统一直致力于民事诉讼程序的改革，但是从目前情况来看，民事审判效率仍然极低，一般案件都要2至3年才能判决；司法不公现象仍然比较严重，因此，一旦发生法律纠纷，企业应当尽量采用仲裁、调解等其他替代方式解决，以提高纠纷解决效率，降低经济损失。

（4）重点关注银行和油气等领域改革。2004年7月至今，尼日利亚实施了银行业改革重整，采取公司治理新模式、严格准入要求等措施，以提升行业透明度，吸引外来投资，未来还将出台更为严厉的监管制度。石油和天然气领域也在酝酿出台《石油产业法》，明确招投标、许可和租赁经营的程序，放开石油下游产业管制。尽管银行业和石油天然气行业改革还在进行中，具体政策制度还不明朗，但是改革增强透明度和外资参与度的方向基本不会变，相关领域中国企业应当加强对这些领域改革的关注，把握进展和趋势，适时参与和介入，以在未来相关市场抢占先机。

第四章　尼日利亚工程承包法律制度

目前，在尼日利亚进行工程承包，主要是以 EPC 总承包方式为主，EPC 方式即设计—采购—施工/交钥匙总承包方式。

第一节　在尼日利亚进行工程承包的业务流程

一、主要业务模式

第一类是政府直接投资项目，分为联邦政府和州政府两个层面的发包项目。在目前的工程承包市场中占有很大比重，而政府在基础设施建设方面所投入的预算在整个国家预算当中也占有了很大比例。由于尼日利亚政府官员贪腐现象严重且办事效率低，一般的工程项目都很难在合同规定工期内完成，并且验工计价和付款都会有所滞后，合同货币一般是以当地货币来计算，汇率波动较大。对于前期需要投入较大的工程项目，必须做好风险防范，避免造成非预见性的损失。

第二类是国际金融组织，如世界银行、非洲发展银行、国际货币基金组织等提供的贷款项目。这些项目严格执行 FIDIC 合同条款，大部分还是以美元来计价，项目现金流比较有保证，只要认真执行合同，按照要求保质保量完成，基本上没有风险。

第三类是政府之间的能源还贷或一揽子框架项目。由于尼日利亚有丰富的石油、铁矿石等资源，本国政府没有能力开采，但又急需资金进行基础设施建设，由此促成了政府之间的合作。就中国政府来说，目前中国进出口银行与尼日利亚政府进行的一、二期项目都是短期的 EPC 项目，资金由中国政府控制，工程款回收有保障，风险较小。

第四类是私人财团项目。随着尼日利亚市场的良性发展，不少私人财团也陆续进入或加大在尼日利亚的投资，例如丹格特、马士基集团等都积极在尼日利亚投资建厂和修建港口。这类项目业主对于工期要求非常严格，但是付款很及时，只要承包商实力能够达到私人财团所要求的水平，利润还是非常高的。

第五类是近期开始流行的 BOT、PPP 项目形式。BOT 方式在尼日利亚被视为公私合营（PPP）模式的一种类型。根据公私部门投入、风险分担以及合同期限长短不同，PPP 可以分为服务合同、管理合同、租赁合同、特许经营合同、BOT 方式等多种类型。该类项目特许经营年限一般为 25 至 30 年，主要是由联邦政府或者州政府牵头，绝大部分适用于电站、收费公路和收费停车场等项目建设，这类项目盈利好、见效快。中国国有企业由于本身的特殊性以及国外投资环境的不确定性，在尼日利亚参与投资的项目不多，更多的只是参与到其中的建设当中。

二、市场准入及资格要求

尼日利亚承包市场对外资企业比较开放，在准入范围方面对外资企业没有专门的法律限制，外国承包商在尼日利亚承包工程需要遵循 1990 年《劳工法》等法律法规。承包商必须在当地注册公司，才能获得提交资审的资格。在项目所在州政府或联邦政府部门进行承包商注册（建筑和相关工程须在尼日利亚工程与住房部注册，参与其他部门的工程项目视情况在其他部门注册），并要求每年更新。外国自然人需以公司名义承揽工程承包项目。工程建设方面对外资企业资质无具体规定和特殊要求，绝大多数工程可以由外国承包商建设。但项目执行大多采用国际通用标准。

三、在尼日利亚进行工程项目承包的具体程序

（1）获取信息。尼日利亚国内几大报纸和专业招标报纸发布的招标信息

和政府部门的招标公告是项目信息的来源。当地有影响力的人物有时也会主动介绍工程。

（2）注册项目公司。尼日利亚境内的所有商业实体均需要在法人事务委员会进行登记，而外商投资企业还需在投资促进委员会进行注册。

（3）承包商注册。尼日利亚公共采购局（BPP）要求所有承包商和咨询公司等机构需提前在该局系统中登记注册，并要求每年更新。未在其数据库系统中登记的企业将不得参与联邦政府及其机构的采购活动。据尼日利亚2007年颁布的《公共采购管理条例》，BPP负责建立统一的全国采购数据库，分类登记各承包商与服务提供商的信息。

（4）工程招标投标。尼日利亚各级政府项目、国际组织贷款或援助项目，均采用公开招标方式，少数项目业主会采取邀标方式。招标项目采用FIDIC合同条件的较多，设有专门的投标管理员会，严格遵守法律程序。对私营业主项目，可采用邀标或议标方式进行。

尼日利亚工程项目的招标程序，分为资格预审、投标、技术标开标、商务标开标、授标及合同谈判等阶段。从资格预审到签订合同，时间可以是数月到1年以上。

（5）工程合同谈判及签订。尼日利亚工程合同文本多采用FIDIC合同文本，有时直接援引FIDIC合同条件的一般条款。遵循国际招标投标的一般原则，投标人须以招标文件为基础，对招标文件作出实质性的响应。在不违反招标文件实质要求和投标承诺的前提下，投标人和业主可以就合同的相关细节进行协商和谈判。

（6）办理许可手续及开工手续。承包商中标签约后，应依照合同和尼日利亚当地的法律规定，依法办理实施承包合同工程所必需的各项行政许可手续和开工手续。

（7）承包工程合同的履行。一般来说，合同一经签订，双方即应严格按合同执行。双方均应依据合同约定，履行各自的合同权利和义务。在索赔中，如果要启动项目暂列金以外的资金，需要公共采购局审批。

（8）承包工程移交。合同工程移交包括分项移交和整体移交，具体应遵从合同中关于承包工程竣工验收和移交的相关规定。

第二节 尼日利亚工程承包相关立法及管理制度

一、尼日利亚工程承包的相关立法

在尼日利亚，与工程承包相关的立法主要有：《公共采购法》《基础设施特许经营监督管理委员会法》《公司法》《劳工法》《劳动法》《工会法》《最低工资法（修正案）》《土地使用法》《联邦环境保护署法（1988 年）》《环境影响评估法（1992 年）》《尼日利亚进口许可证程序协定》《强制性合格评定程序》《尼日利亚进口指导原则》《商标法》《尼日利亚海关货物管理法》《海关和税收管理法》《专利与设计法》《税法》《保险法》《仲裁和调解法》等。

二、尼日利亚工程承包的其他相关规定

尼日利亚要求外国承包商在当地注册公司。外国自然人需以公司名义承揽工程承包项目。

尼日利亚对工程建设实行许可制度。工程许可一般分为以下三类。

（1）业主需要办理的许可。这类许可是业主为拥有和运营工程项目所需办理的许可，如项目批准许可、水源许可、环境保护许可、上网许可、环境及森林许可、进出口许可等。由于这些许可是保证项目顺利实施的必要条件，因此需在合同中明确注明，项目开工日必须办理完毕以上许可。

（2）工程承包商以业主名义申请的，需业主给予必要协助的许可。这类许可需要提供详细的资料，如锅炉及其他压力部件（包括管道和阀门）设计和安装审查许可（即 IBR）、燃油许可、化学品系统设计和安装审查，电器设备许可（如升压站、变压器等，即 IER），烟囱障碍物指示灯及油漆许可、起重设备许可、无线电通信许可等。

（3）工程承包商以自己的名义申请的许可。如施工许可、劳工许可、劳工保险许可、施工用炸药许可、厂区临时施工电源布置许可、衡器许可、项

目建筑物平面布置许可及物资存储、废旧物资处理和场地清理许可等。工程建设标准。

（4）关于工程建设标准，尼日利亚无具体规定，但项目合同中多采用并执行国际通行的标准。

第三节 尼日利亚工程承包的法律风险与防范

尼日利亚工程承包市场现在正处于迅速发展时期，项目机会较多，工程面临的法律风险也较多。我国承包企业在抓住发展机遇的同时，也需要注意防控尼日利亚项目实施中的风险。

一、充分调查研究，提高法律风险防范意识

尼日利亚是联邦制国家，法律渊源复杂，联邦法律和各州、地方民事领域法律规定不尽相同。联邦政府的立法，特别是民事立法遵守程度低。中国企业在尼日利亚从事工程承包和建设活动，应提高法律风险的防范意识，采用较为安全的承包方式，合理规避工程承包风险。要充分了解掌握工程项目所在地的法律规定和相关制度要求，特别是用工、用地和税收等方面的法律规定，深入调查研究，及时掌握法律的更新和变动情况，及时分析法律变更对工程项目成本的影响，提前谋划、应对和化解相关法律风险，维护工程项目和自身的合同权益。

二、因地制宜，加快企业属地化发展

尼日利亚政府着力吸引外资的重要目标是促进尼日利亚本国居民就业，因此，尼日利亚相关法律制度对外资企业的属地化发展是支持和鼓励的。除了对雇员有配额要求外，尼日利亚政府还在酝酿制定《促进尼日利亚本地化法》，以促进本国工人在各产业，特别是石油投资、分配、开采、生产和油气服务供应等领域中的比重。根据该法案，在石油和天然气领域，任何项目在报价和获得批准前必须确保该项目中尼日利亚员工的比例超过50%。尽管该

法案还没有正式获得通过，但是尼日利亚相关部门已经采用了相应的政策措施和规定。在尼日利亚经营的中国企业应当重视企业属地化和本地化发展，除必需的中方人员外，要尽可能多地雇佣当地员工，降低用工成本。要规范外籍雇员的管理，强化对当地员工的技能培训、安全意识培训和企业文化培训，因地制宜，因势利导，用好、管好当地雇员，减少经营阻力，不断提高企业在尼日利亚的竞争力。

第五章　尼日利亚劳工法律制度

第一节　尼日利亚劳工情况

尼日利亚的就业法通常对雇主友好，尽管如此，还是有联邦和地方的就业和劳动法管辖合同、工资、工时、歧视、终止、裁员和隐私。劳动和生产力部（该部）是主要的监管机构。尼日利亚劳动和就业法主要基于以下法规：2004 年《劳工法》、2005 年《工会修正案》、2010 年《员工补偿法》、2004 年《工厂法》、2004 年《养老金法》、2004 年《贸易争端法》。

根据《劳工法》的定义，尼日利亚有两大类雇员。“工人”是“一般从事体力劳动或文书工作的雇员”，“非工人”是指执行行政、技术或专业职能的雇员。《劳动法》规定了最低雇用条款，仅适用于工人。非工人受其雇用合同条款的约束。

除此之外与劳动雇用权益保障相关的法律规定还散见于其他诸多法律法规。例如 2020 年《公司和相关事务法》《刑法（修正案）法》主要包含与劳动权益保障的一般规定，2006 年《国家工业法院法》、2005 年《工会（修正）法》涉及结社自由、集体谈判和劳资关系，2014 年国家卫生法、养老金改革法案，2010 年《雇员赔偿法》则是涵盖了社会保障方面的一般标准。

一、劳动合同的成立

1978 年修订的《劳工法》对劳动合同、解聘、工时和加班、工薪和社保待遇作出了详细规定，其中对于劳动合同成立的规定是：雇主在雇员开始工作3个月内需要同雇员签署书面劳动合同。劳动合同需注明工资、每周工时、节假日和加班工资等事项。如果是定期合同，需要注明合同起止时间。

二、劳动合同的解除

解聘雇员，需要视其已工作时间长短提前至少1日或至多1个月通知，并视其已工作时间支付额外工资补偿。如果雇员有违法行为，可直接解聘，无需支付任何费用。

三、工时、加班与薪酬

根据2019年4月《最低工资法》，尼日利亚法定最低工资为3万奈拉（约84美元）/月。

尼日利亚法定工作时间每日不超过8小时，一周不超过40小时。连续工作6小时以上应允许雇员至少休息1小时。加班需支付加班费用。

雇主应通过现金、支票或汇款方式向雇员支付工资。雇主可替雇员代扣代缴养老金或工会组织会费，但不得任意扣除员工工资。除基本工资外，雇主应向员工提供住房补贴、交通补贴以及必要的医疗费用。尼日利亚的社会保险只有养老金，每月应缴纳工资收入的15%，其中7.5%由雇主缴纳，7.5%从雇员工资中扣除。

四、最低工作年龄

全职工作的最低年龄为14岁。

五、休假

每位雇员在连续工作12个月后有权享受至少6个工作日的带薪年假。对于《劳动法》未涵盖的雇员，没有关于年假的法定规定。

雇员有权在任何日历年享受12天的带薪病假。疾病必须由注册医生证明。《员工赔偿法》概述了向遭受与工作有关的伤害或疾病的雇员支付赔偿金的规定。

怀孕的雇员有权享受 12 周的产假，但她必须提供医生出具的书面医疗证明，说明她不应该或不能工作。怀孕雇员有权获得至少 50% 的正常工资，前提是他们已受雇至少 6 个月。哺乳期雇员每天有两次半小时的时间来照顾她们的婴儿。代孕母亲也能有权享受产假。《劳动法》没有关于陪产假的规定。然而，在拉各斯州，公务员有权在婴儿出生后的头两个月内享受 10 天的陪产假。没有法定权利享受育儿假或照顾生病的家庭成员的假。对于《劳工法》范围之外的雇员，惯例是此类雇员有权享受一到两周的丧亲假/抚恤假。雇主可以自由制定自己的政策。

尼日利亚每年约有 11 天公共假期。

六、社会保险

尼日利亚的社会保障缴款为退休、残疾、疾病和生育福利提供资金。雇员至少缴纳其工资的 8%，而雇主必须为各种福利计划缴纳约 10% 的费用。每个月的应付供款应在有关月份的最后一天到期。

雇主需要提供的其他保险包括：雇主必须（自费）为每位员工购买团体人寿保险单。

第二节　尼日利亚劳工法律主要内容

1978 年修订的《劳工法》对劳动合同、解聘、工时和加班、工薪和社保待遇作出了详细规定。《劳动法》规范雇佣关系，以保护工人利益，但不包括行政、技术和专业人员等高级雇员，仅指与劳动工人之间的雇用。

第三节　与尼日利亚进行劳务合作的法律风险与防范

一、外国人在当地工作的风险

尼日利亚是非洲人口第一大国，民族和宗教信仰构成复杂。因此，爆炸和袭击的恐怖活动频发。近年来，该国面临的国内和国外双重恐怖主义威胁日益严重。尼日利亚中部地区是南北方民族、穆斯林和基督教徒混居的地区，也是民族宗教矛盾容易被激化，并导致大规模冲突的地区。长期以来，由于南北方经济社会发展的不平衡，北部饱受人口多、贫困和高失业率等问题困扰，给部族冲突及极端组织的生存提供了可乘之机。近年来，涉及中国公民被绑架、抢劫等案件时有发生，造成中方人员伤亡和财产损失。中国驻尼日利亚大使馆提醒在尼日利亚和拟赴尼日利亚的中国公民注意跟踪尼日利亚安全形势，提高自我保护意识，加强安全防范。如遇紧急情况应及时报警，并向中国驻尼日利亚大使馆寻求帮助。

二、外国人在当地工作的规定

尼日利亚对外籍劳务实行配额制管理，即对在政府或企事业单位工作的具有一定专业技能的外籍劳务人员发放工作许可证。对于投资类企业，根据投资额多少，政府分配一定的外籍劳务人员名额。尼日利亚《移民法》规定："凡有不良记录、从事损害尼日利亚利益或从事有损本国人商业活动者均不得在尼日利亚工作""外资和外商的正当经营活动不受限制"。

在尼日利亚雇用外国人必须向内政部提出申请，获取相应的配额后方可办理工作签证和绿卡。外国人在尼日利亚不能从事政府、医生及律师工作，其他工作岗位没有限制。尼日利亚对专业领域外籍人才需求量较大。尼日利亚没有劳动力市场需求测试，但要求申请工作配额者必须有大专以上学历及相关岗位的工作经验。

三、妥善处理与工会的关系

工会是尼日利亚一股不可忽视的力量。尼日利亚有很多工会，它们在不同的领域各司其职。尼日利亚最早的工会组织成立于1912年的南尼日利亚，在尼日利亚独立进程中，工会运动发挥了重要作用。在全非范围内，尼日利亚工会势力最为庞大，尼日利亚两大工会之一的尼日利亚劳工大会在2018年成立40周年时拥有700万会员。尼日利亚的工会常采用游行抗议、罢工等和平方式和政府达成协议。它们的行动往往会让国家局势变得紧张，从而使其迅速受到公众和政府的关注和干预。近年来，尼日利亚工会组织发起的公立大学罢教、住院医生罢医、针对油价变动的和最低薪酬标准的两次全国大罢工对尼日利亚产生了巨大的政治和社会影响。一些极具影响力的工会甚至可以通过组织工人运动削弱经济、瘫痪战略领域，以此来向政府索要“赎金”。

第六章　尼日利亚财税金融法律制度

第一节　尼日利亚财政财税金融情况

一、尼日利亚财政税收情况

财政收入主要靠石油出口和税收。尼日利亚是地区金融和商业中心，拥有西非第一大证券交易所，西非 50 强企业中有 44 家来自尼日利亚。2014 年以来，随着国际市场油价下跌，尼日利亚经济受到较大冲击，财政收入减少。2017 年国际油价有所回升，尼日利亚政府财政收入增加。2019 年 11 月，布哈里总统签署《深海和内陆盆地石油生产分成合同法修正案》，预计每年将为尼日利亚政府增加财政收入 14 亿美元。根据尼日利亚债务管理办公室数据，截至 2020 年底，尼日利亚外汇储备 347.4 亿美元，外债 314 亿美元。2019 年 4 月，国际信用评级机构惠誉发布报告，将尼日利亚长期外币主权信用评级维持在 B 级，展望“稳定”。2021 年 8 月，尼日利亚总统布哈里签署《石油工业法案》，为尼日利亚石油工业提供了法律、治理、监管和财政框架，是尼日利亚近十年来重大油气领域改革，旨在彻底改变尼日利亚同国际石油公司分享石油资源的方式，吸引新的石油和天然气投资。为应对新冠肺炎疫情，尼日利亚发布《2020 年经济可持续发展计划》，实施调整货币政策、减少非必要支出等措施。2020 年 9 月，尼日利亚宣布实施《2050 年尼日利亚议程和中期国家发展计划（MTNDP）》，计划未来 10 年内使尼日利亚 1 亿人口摆脱贫困。2020 年，联邦政府财年总收入 3. 94 万亿奈拉，其中石油税收占 38. 6%，非石油税收占 32. 5%，企业所得税占 17. 1%，增值税占 4. 9%。2021 年主要经济数字如下：国内生产总值为 4401 亿美元；人均国内生产总值为 2062 美元；国内生产总值增长率为 3. 6%。截至 2022 年 7 月，尼日利亚外汇储备 385. 4 亿美元，外债 399. 7 亿美元，外债主要来自世界银行和非洲开发银行等多边机构。

二、尼日利亚金融环境

（一）当地货币

尼日利亚法定货币是奈拉，可在官方市场上自由兑换成美元。1999 年以来，尼日利亚政府采取奈拉汇率盯住美元的做法，奈拉逐步升值。2009 年初以来，受金融危机冲击，尼日利亚政府有意让奈拉贬值，从 128 奈拉兑换 1 美元，跌至 150 奈拉兑换 1 美元。2009 年 5 月 20 日尼日利亚央行公布的奈拉对美元和欧元的汇率（中间价）分别是 148:1 和 183:1。2010 年以来奈拉对美元汇率也基本稳定在 150:1 上下。2011 年，奈拉贬值压力较大，2011 年 11 月，尼日利亚中央银行将奈拉兑美元汇率区间下调至 155:1 ~ 160:1，此后汇率一直相对稳定。2014 年以来，国际油价开始暴跌，严重影响尼日利亚经济，随之奈拉开始剧烈贬值，至 2017 年 3 月后趋于稳定。2019 年 3 月 31 日，官方奈拉兑美元汇率为 306. 45:1，兑欧元汇率为 344. 24:1。受 2020 年 3 月国际油价暴跌及新冠肺炎疫情影响，尼日利亚中央银行再次下调奈拉兑美元官方汇率至 361:1，中间市场汇率一度跌至 420:1。

2015 年以来，平行市场奈拉兑美元汇率持续下跌，屡创新低，一度突破 520:1，在 2017 年 7 月后逐渐保持稳定。2019 年 3 月，平行市场奈拉兑美元汇率为 359. 24:1。为维持汇率稳定，尼日利亚中央银行于 2015 年 6 月采取外汇管制措施，导致尼日利亚方无法如约支付合同外汇款项，为企业经营带来很大不便，并导致外资企业承受兑汇损失，中国企业和个人难以通过尼日利亚官方渠道获取美元。

2010 年 12 月，尼日利亚中央银行对外公布，自 2011 年 1 月 1 日起，人民币成为尼日利亚外汇市场的可交易货币之一，全国授权外汇交易商及各商业银行可为客户开立人民币账户，各银行可与央行开展人民币交易，各商业银行也可相互交易人民币，人民币与奈拉实现可兑换，但实际操作环节尚有障碍。2019 年 3 月 31 日，尼日利亚奈拉兑人民币汇率为 45. 64:1。截至 2018 年末，尼日利亚外汇储备中人民币资产约占外汇储备总额的 4. 8%（20. 4 亿美元）。

(二) 外汇管理

尼日利亚中央银行是尼日利亚外汇管理法规的主要执行者。根据 1995 年外汇（监管和综合条款）法和随时出台的货币政策通告，尼日利亚中央银行负责监管外汇交易。尼日利亚联邦财政部负责制定外汇管理的基本政策，并负责审批资本转移、利润和股息汇出。授权交易商负责为外国公民在尼日利亚的投资签发《资本入境证明》并向尼日利亚中央银行报告。

按照 17 号法令，尼日利亚国内进口商如需外汇，须向中央银行申请，待批准后委托授权交易商从中央银行每星期 2 次的外汇拍卖市场竞买取得，购买到的外汇无需进一步的审批即可汇出尼日利亚境外。经批准的对外支付可以通过在尼日利亚本地商业银行开立的对外账户以任何可自由兑换货币结算。出口收入可采用任何一种可与奈拉自由兑换的外币或某种规定的货币结算，并存入出口收入账户。

在尼日利亚投资的外国人须从授权交易商那里获取《资本输入证书》和《资本入境证明》，然后可获得将外汇汇出境外的资格，汇出境外的外汇可包括：(1) 因投资获得的红利或者利润（税后）；(2) 已获得的国外贷款的服务费；(3) 投资所得（扣除所有税费）和企业出售或者清算后的应付款项，或者与投资相关的其他任何收益。

外国人携带现金出入境超过 1 万美元需要申报。

2015 年以来，因外汇管制措施，尼日利亚外汇自由汇出有很多限制，为外资企业营销带来诸多不便。目前，尼日利亚对大米、纺织品、家具等 42 种进口商品实行外汇管制。具体商品清单可查询尼日利亚中央银行“贸易与外汇公告”。

（三）银行与保险公司

尼日利亚中央银行是尼日利亚金融体系的最高管理机构，主要管理职能为：负责货币发行，维持货币稳定；制定金融政策，保证健全的金融体系；充当联邦政府的银行业经营者和金融顾问；管理和监督各类商业银行。

尼日利亚全国现有 21 家商业银行，较大的商业银行有尼日利亚第一银行、顶点银行和非洲联合银行等。多数商业银行都与国外金融机构建立了合作关系，但尼日利亚银行业尚未与中国国内银行开展实质性合作。其中，尼日利亚标准银行是标准银行集团在尼日利亚的分支机构，2008 年中国工商银行收购南非标准银行集团 20% 的股份，成为其第一大股东。

尼日利亚第一银行、非洲联合银行于 2018 年 9 月加入由中国国家开发银行牵头成立的中非金融合作银行联合体。

目前，尼日利亚保险业发展相对滞后，当地人参保比例较小，主要保险公司有 Niger、Axamansard、Leadway、Nem、Custodianand Allied、Royal Exchange、Old Mutual 等几家公司。对外国投资进行保险的公司主要是 Axamansard、Old Mutual 公司，参保的主要是南非客户。

（四）融资条件

1995 年，尼日利亚政府颁布的《尼日利亚投资促进委员会法令》放宽了外国投资限制，规定在尼日利亚设立的公司可以申请利用金融机构的各种贷款。近年来，尼日利亚各家商业银行提供的贷款利率一般在 20% ~30%，甚至更高，贷款期限一般不超过 360 天，因此在尼日利亚当地融资成本高，贷款相对困难。

中资企业一般使用美元和奈拉在当地开展跨境贸易和投资合作。

（五）信用卡使用

尼日利亚部分规模较大的商业银行已开展信用卡业务，在大型商场和超市均可使用。除维萨卡和万事达卡外，中国银行机构发行的其他信用卡极少能在当地使用。

（六）证券市场

尼日利亚证券市场的最高管理机构是证券和交易委员会，其下属的尼日利亚证券交易所在全国共设有14个股票交易场所，分别在拉各斯、卡杜纳、哈克特港、卡诺、伊巴丹、奥尼察、阿布贾、贝宁城、乌约、约拉、伊洛林、阿贝库塔、奥维日和包奇，现行交割制度为T+3。尼日利亚证券交易所是撒哈拉以南非洲地区的第二大证券交易市场。

2019年，尼日利亚证券交易所全股指数全年跌幅为14.60%。

第二节 尼日利亚税收财税金融法律及基本内容

一、尼日利亚税收体系和制度

尼日利亚有比较完整的税收法制政策体系。《国家税收政策》于2012年制定，2017年被重新修订。其目的是为尼日利亚税收制度的有序发展提供基本的指导方针。

截至2018年底，尼日利亚的主要税法包括：（1）个人所得税法；（2）资本利得税法；（3）公司所得税法；（4）海洋和陆地产品分成合同法；（5）高等教育信托基金法；（6）联邦税收务局（机构）法；（7）所得税（授权调查）法；（8）工业发展（所得税减免）法；（9）工业监督检查法；（10）国家信息技术发展法；（11）尼日利亚出口加工区法；（12）尼日利亚液化天然气（财政激励、担保和保障）法；（13）石油和天然气出口免税区法；（14）个人所得税法；（15）石油利润税法；（16）增值税法；（17）印花税法；（18）赌场税法；（19）税费征管法。

为避免对所得双重征税和防止偷税漏税，中尼两国政府于2002年4月15日签署了《中华人民共和国政府和尼日利亚联邦共和国政府关于对所得避免双重征税和防止偷漏税的协定》（以下简称《协定》）。经履行生效所必需的法律程序，《协定》自 2009 年 3 月 21 日起生效，自 2010 年 1 月 1 日起执行。

该《协定》在尼日利亚适用的税种包括个人所得税、公司所得税、石油收益税、财产收益税和教育税，在中国适用的税种包括个人所得税、公司所得税。同时，该《协定》也适用于协议签订之后的属于增加或者代替现行税种的相同或者实质相似的税种。协定详细规定了居民、常设机构、不动产所得、营业利润、海运和空运、联属企业、股息、利息、特许权使用费的概念及税款征收的相关规定。

该《协定》第 23 条规定了避免双重征税的方法，即中国对外投资企业在尼日利亚设立公司的，该子公司在中国取得的收入缴纳税款后，再在尼日利亚缴税时可将该部分应税收益予以抵免；中国对外投资企业未在尼日利亚设立公司的，在尼日利亚境内获得的收益在尼日利亚缴纳税款后，可在中国缴税时将该部分税额予以抵免，从而避免双重征税。

此外，尼日利亚目前已与英国、加拿大、比利时、法国、南非、荷兰、菲律宾、巴基斯坦、罗马尼亚等国签署了 26 个双边税收协定。其中，2015 年至今共签订 7 个协定，都尚未生效。

二、主要赋税和税率

（一）公司所得税

根据尼日利亚《公司所得税法》，在尼日利亚境内的各种类型的企业（除勘探企业外）应就其一个纳税年度内的全部收益缴纳所得税。应税收益包括经营收入、租金、分红、利息、折扣、特许权使用费、养老金收益、年金，以及来自短期货币工具如政府债券的收益等内容。

（1）纳税人。在尼日利亚从事经营活动并获得收益的所有公司，均构成纳税义务人。但在尼日利亚注册设立的公司，以其全球范围内的收益计算应税收益，外国公司仅以其在尼日利亚获得的收益缴纳所得税。

（2）税率。一般企业所得税税率为应纳税所得额的 30%，小型企业为应纳税所得额的 20%。尼日利亚公司应该就以下五类资金中最高者缴纳 15% 的特别税款：①已缴资本的40%；②资本或法定储备金的20%；③一般储备金的15%；④长期贷款的20%；⑤600万奈拉。

任何公司在组建后6个月内若没有开始营业则必须在第一年度缴纳500奈拉，如果之后还没有营业的话，则缴纳400奈拉，直至其营业以后才按照以上的规定征缴公司所得税。除此之外，每年每个公司要在核税通知发出后的两个月内，按照应纳税利润的2%缴纳教育税。该项规定自1993年1月1日起正式实施，主要目的是支持尼日利亚教育事业发展。

（3）税收优惠。尼日利亚联邦政府为了促进本国基础设施建设以及经济发展，公布了一系列税收优惠政策，其中比较重要的是从事先锋产业企业的免税待遇。

尼日利亚联邦政府对某些对国家经济发展具有重要意义的产业或产品授予了先锋地位，对投资先锋产业的企业给予免税待遇，以使这些企业在投产后的几年内获得合理利润，用于未来扩大再生产。投资先锋产业的企业可享受5年的免税期，在经济落后地区的更可享受7年的免税期。要获得先锋地位，合资企业或外商独资企业的资本投入不得低于500万奈拉，本土企业不得低于15万奈拉。申请获得先锋地位的企业须在开始商业生产后1年内提出申请。截至2018年底，尼日利亚联邦政府共批准了96个产业/产品享受先锋地位。

（4）纳税时间。公司从事经营超过18个月的，申报所得税的时间应为企业会计年度结束起6个月内。新设立的公司则应在设立后的18个月内，或会计年度结束后的6个月内申报所得税。

（二）个人所得税

根据尼日利亚《个人所得税法》，个人应就其1年内的全部收益缴纳所得税。应税收益包括个人工资、奖金、交易盈余、利息、分红、养老金、年金，以及来自许可他人使用或占用其财产所获得的收益等。

（1）纳税人。与公司所得税的规定相同，尼日利亚居民应就其全球范围内的收益缴纳个人所得税，非尼日利亚本国居民仅就其在尼日利亚获得的收益缴税。但尼日利亚法律规定，非尼日利亚居民在12个月期间内，如果在尼日利亚居住 183 天以上（含 183 天），则被视为尼日利亚居民。

（2）税率。尼日利亚个人所得税实行的是超额累进税率，2012 年 1 月 1 日起开始执行的税率如下：应税额小于 3 万奈拉的部分，税率为 7%；应税额 3 万到 6 万奈拉的部分，税率为 11%；应税额 6 万到 11 万奈拉的部分，税率为 15%；应税额 11 万到 16 万奈拉的部分，税率为 19%；应税额 16 万到 32 万奈拉的部分，税率为 21%；应税额大于 32 万奈拉的部分，税率为 24%。当职工的年度总收入低于 25 万奈拉时，或超过了 25 万奈拉，但扣除减免项目以后没有应纳税收入，按收入总额的 1% 缴纳最小额度的个人所得税。

（3）税收优惠。根据尼日利亚《个人所得税法》，以下收入可享受免税：① 企业职工在完成本职工作过程中，发生费用的单据报销，而在此过程中企业职工并没有从中获得额外收入；② 企业职工的医疗（看牙病等）开销；③ 退休补助金和失业补偿费；④ 企业职工因离开或回到尼日利亚所发生的差旅费用；⑤ 企业职工取得用于孩子抚养或教育的收入，如果该收入从下一年度该职工的个人救济金中扣除的话，则不征收个人所得税；⑥ 无偿援助的收入；⑦ 企业职工的租金补助金；⑧ 交通补贴费；⑨ 休假补贴，该补助金额可达年基本薪金的 10%；⑩ 餐费补贴，每年最多补助金额为 5000 奈拉；⑪ 娱乐补贴，每年最多补助金额为 6000 奈拉；⑫ 多功能补贴，每年最多补助金额为 10000 奈拉。

（三）增值税

尼日利亚的增值税对销售商品和提供（独立性）劳务的收入及商品劳务的进口等课税。

（1）纳税人。增值税是对在尼日利亚境内销售货物或者提供劳务，以及进口货物的单位和个人征收的一种流转税。税法没有对需要做增值税税务登记的营业额进行限制，尼日利亚企业需要在开始营业 6 个月内，完成增值税税务登记。

（2）税率。现行增值税税率为 5%，对应税货物或劳务的发票账载金额的 5% 计征增值税，包括进口货物。根据尼日利亚增值税法，下列商品及劳务享受增值税零税率，同时允许抵扣进项税：① 非石油相关货物出口；② 为外交人员提供的商品或服务；③ 为人道主义援助项目提供的商品或服务；④ 进口商用飞机、飞机零件以及用于固体矿产开采的机械设备。

（3）税收优惠。根据尼日利亚增值税法，下列商品及劳务予以免税：① 所有出口的商品和服务；② 所有医学和药物的产品；③ 基本的食物；④ 书籍和教育资料；⑤ 进口的机械设备供自由贸易区使用的；⑥ 进口机械设备用于天然气开采及用于下游石油开采的；⑦ 肥料、农业和兽类医药、农场机器设备和农业运输设备；⑧ 社区银行及贷款机构提供的服务；⑨ 教育相关的行为；⑩ 处置短期尼日利亚中央政府发行债券所得；⑪ 处置短期的地方及公司债券所获得的受益；⑫ 股票佣金。

（四）预提所得税

根据尼日利亚《个人所得税法》和《公司所得税法》，在支付某些特定商品或服务费用的过程中，付款方有义务代政府向收款方扣去一定比例的税款，并在扣款后30天内上交税务部门。

（1）性质。预提所得税实际上并不是单独的税种，而是由付款人代政府收取的公司所得税和个人所得税。这主要是出于所得税收取的便利，特别是避免纳税人隐瞒收入规避所得税，因而由法律规定付款人在支付费用时直接按比例代扣。收款方可以凭付款方开具的发票，在申报所得税时予以抵免。

（2）税率。根据尼日利亚《公司所得税法》和《个人所得税法》，预提所得税涵盖的商品和服务范围相同，但公司和个人扣缴的税率有所不同，具体包括：分红、利息、租金：公司扣缴的税率10%，个人扣缴的税率10%；特许权使用费：公司扣缴的税率10%，个人扣缴的税率5%；代理费、咨询费、技术和管理费、专业人员费：公司扣缴的税率10%，个人扣缴的税率5%；建筑费：公司扣缴的税率5%，个人扣缴的税率5%；供应合同费：公司扣缴的税率5%，个人扣缴的税率5%。

（五）资本收益税

资本收益税是尼日利亚联邦政府对企业或个人在处置资产过程中的收益征收的税种，税率为所获收益的10%。如果纳税人处置资产未获得收益，比如亏损贱卖，则不需缴纳资本收益税。但是，纳税人在某笔资产处置中遭受的损失，不得抵扣其在其他资产处置中获得的收益，仍应就获益的资产处置缴税。处置股票或买卖股份不缴纳资本收益税。

根据尼日利亚《资本收益税法》，资本收益税按年度缴纳，即计入纳税人处置资产当年的纳税年度予以缴纳。采取分期付款方式处置资产，且付款期限超过 18 个月的，应将应税收益按每年付款的比例摊入不同年份缴纳。

（六）教育税

根据尼日利亚 1993 年第 7 号法令，在尼日利亚注册的公司应以其应税收益的 2%，向联邦税务局缴纳教育税。教育税的计税基础为公司所得税或石油利润税下计算的应税所得额（不考虑资本免税额扣除的调整后所得额）。教育税以年为征收单位，与公司所得税一并缴纳。

（七）房产税

房产税适用于房屋建筑物，由建筑物使用人缴纳。房产税税率通常根据房产的租赁价格进行核定。例如，拉各斯州的房产税是按房屋租赁价格的 10% 进行缴纳。

（八）土地占用费

土地占用费适用于各州的城市土地和区域。各州对该费率的规定不同。

（九）信息技术发展费

根据尼日利亚《信息技术发展局法》，特定领域的企业年营业额超过 1 亿奈拉的，应向联邦税务局缴纳信息技术发展费，费率为企业税前收益的 1%。具体的纳税企业包括：（1）GSM 服务提供商和所有的电信公司；（2）信息技术公司和因特网提供商；（3）银行、保险公司及其他金融机构；（4）与养老金有关的公司及经理人。

（十）印花税

尼日利亚对大部分法律文件征收印花税，包括协议、证券、租赁协议和收据等。但是对于股权或股票的交易不征收印花税。政府的印花税应税文件免税。一般情况下，印花税由联邦政府和州政府共同执行，税率因活动类别不同而不同。

（十一）石油利润税

石油行业的企业，不适用一般公司所得税法，需要根据1990年修订的《石油利润税法》（PPTA）缴纳石油利润税。参与石油行业经营的公司所获取利润应根据《石油利润税法》缴纳石油利润税。与尼日利亚国家石油公司签订产品分成合同的石油公司适用税率为50%。在其他情况下，石油利润税税率为85%。然而，尚未实现商业化生产销售的石油公司，在其生产前成本摊销完毕之前，适用65.75%的税率。

另外，石油企业接受其他企业提供服务，需要就对外支付的服务费按6%代扣代缴石油利润税。

三、税收主管机关及相关法律

尼日利亚有比较完整的税收法律体系，并实行比较系统的税收征管体系，与其三级政府管理制度相对应，尼日利亚的税收征管部门也是实行联邦政府、州政府和地方政府三级管理。1999年，经联邦政府批准，联合税务委员会对三级政府的征税权限进行了严格的划分，避免三级政府出现重复税收、征税矛盾、多头征税等问题。其中：尼日利亚联邦政府负责增值税、公司所得税、预提所得税、个人所得税、石油利润税、资本利得税、教育税、印花税等税种的征收管理工作。

其中，个人所得税仅限于以下范围：陆军、海军、空军和警察服役人员；外事服务部门从事外事工作的人员；阿布贾联邦首都区居民；非居民个人（在尼日利亚工作有相应的工作收入和经营所得与利润）。预提所得税仅限于企业、阿布贾联邦首都区居民和非居民个人。州政府负责征收其管辖区范围内的居民个人所得税、预提所得税（只限个人）、资本利得税（只限个人）、博彩税、公路税、市场税、企业经营场所注册费、发展费、道路冠名注册费、土地使用费等税费。地方政府负责征收其管辖区范围内的店铺税、物业税、屠宰税、市场税（不含州政府收取的市场税）、土地使用费（联邦和州政府收取土地使用费以外的土地）、停车费、车辆违停罚款、酒类经营许可费、家畜许可证照费、宗教场所建设许可费、广告牌许可费、土葬许可费等税费。

尼日利亚税务征收以纳税人申报为主，税务机关负责监督和催缴。纳税的基本程序如下：纳税人在就近的联邦税务局办公室或地方税务部门注册，取得税务编号；纳税人在规定的纳税期内开展自评，计算出应缴税额；纳税人根据自评结果填写税务申报表，连同审计报表、固定资产表、负债表等报表，到税务部门核准的银行缴税。银行代收税款及各种申报表后，向纳税人出具收款凭证；纳税人依据银行凭证向税务部门换取正式收据，并办理完税证明。

2019 年 10 月，尼日利亚总统布哈里向国会提交了 2020 年财政预算草案（合计 10.33 万亿奈拉），同时还提交了《2019 年财政提案》，针对尼日利亚现行一系列税法进行修改或增补。2019 年 11 月尼日利亚国会通过了《2019 年财政提案》，该提案于 2020 年 1 月 13 日由总统签署成为《2019 年财政法》，2020 年 2 月 1 日正式实施。《2019 年财政法》主要对《增值税法》《企业所得税法》《个人所得税法》《印花税法》和《关税和消费税法》进行了修订。具体有以下几个方面。

（1）增值税。新法将增值税税率从 5% 提高至 7.5%；扩大了增值税免税范围，将基本食品类项目（包括食品添加剂、蜂蜜、盐、面包、食用油、谷类、烹饪药草、面粉及淀粉、果品、鱼、家禽、牛奶、坚果、豆类、根茎类食品、蔬菜、天然水及饮用水），国产卫生巾、卫生护垫或卫生棉条，小额信贷银行提供的金融服务，幼儿园、小学、中学及高等教育的学费纳入免纳范围；对年营业额低于 2500 万奈拉的企业免征增值税。

根据尼日利亚的税收分成方式，85% 的增值税由各州政府和地方政府征收。尼日利亚 7.5% 的增值税税率在非洲地区仍然属于最低水平，也是世界上最低的国家之一。

（2）企业所得税。对年营业额小于 2500 万奈拉的小微型企业免征所得税；年营业额在 2500 万至 1 亿奈拉的中型企业所得税税率调整为 20%；年营业额超过 1 亿奈拉的大型企业仍适用 30% 的所得税税率；所有在尼日利亚

“从事农业生产”的公司“初始免税期为5年”，可延长3年；提前申报缴纳企业所得税的中型企业可获得应纳税额2%的税收减免，其他企业可获得应纳税额1%的税收减免。

（3）个人所得税。个人缴纳的养老金、退休金、会费以及其他类似缴费可以无条件地进行税前扣除；新法案规定，在解决纳税争议时，“电子邮件”可以作为一种可接受的通信形式。

（4）印花税。对10000奈拉及以上的转账行为一次征收50奈拉印花税，此前的征收门槛是1000奈拉；扩大了印花税免税范围。

（5）关税和消费税。为了减少以牺牲国产商品为代价而给予进口商品的不公平优势，将部分进口商品纳入消费税征收范围。

四、税收优惠

（一）外国投资的税收优惠

根据尼日利亚投资促进委员会法案相关条款，尼日利亚对外资进入实行统一的优惠政策，无双重标准。

（二）行业鼓励政策

（1）赋予部分产业/产品更重要地位。尼日利亚政府对包括农业、制造业、矿业、制药、化学、机械、印刷、通信、旅游、房地产、基础设施等领域的69个细分产业/产品授予先锋地位，给予投资于先锋行业的企业免税待遇。投资于先锋行业的企业可享受5年免税期，在经济落后地区可享受7年免税期。

（2）从事研究和开发的企业可享受税收优惠。如果该项研究和开发在尼日利亚境内进行，并与该企业的业务密切相关，那么用于研究和开发费用的12%免于征税；如使用尼日利亚本地的原材料从事研究和开发，用于研究和开发费用的14%免于征税；如果企业从事长期研究，投入的费用将被视为资本支出，免于征税。

（3）补贴。在尼日利亚经营的制造企业，每年获得的补贴不得超过其可评估利润的 75%；其他企业，不得超过 66%。与农业相关的企业不受此规定限制。如果出租的资产用于农业相关领域，该企业可获得 100% 的资本补贴。如果出租的资产是农业机械或设备，企业的上述投资还可以获得 10% 的额外补贴。

（4）公司内部培训。内部建立培训设施的企业可享受 2% 的税收减免，期限为 5 年。

（5）基础设施建设投资。如果公司投资修建通常由政府负责的基础设施，包括道路、供水和供电，公司上述投资的 20% 免于征税。

（6）劳动力密集型企业。劳动力密集型企业可以获得税收减免优惠。雇用 1000 人及以上的企业可享受 15% 的税收优惠；雇用 200 人及以上的企业可享受 7% 的税收优惠；雇用 100 人及以上的企业可享受 6% 的税收优惠。

（7）本地增加值。对从事本地生产（不仅是进口零部件进行装配）的企业，可以享受 10% 的税收优惠，期限为 5 年。

（8）再投资补贴。如果制造业企业将资本用于扩大再生产，包括扩大生产能力、提升生产设备现代化水平以及相关产品的多样化经营，企业可以获得再投资补贴。

（9）本地原材料的使用。达到本地原材料使用最低水平的企业可享受 20% 的税收优惠，期限为 5 年。农业相关行业，本地原材料使用最低水平为 70%；工程行业，本地原材料使用最低水平为 60%；化工行业，本地原材料使用最低水平为 60%；石化行业，本地原材料使用最低水平为 70%。

（10）出口企业优惠。保税区内的制造业企业进口原材料和中间产品用于再出口的生产，享受免税；企业进口原材料生产后再出口，享受 60% 退税；出口创汇企业凭相关证明享受出口补贴；政府设立出口发展基金为私营出口企业提供企业开办初期的费用支持等。

（三）地区鼓励政策

投资于经济落后地区的企业可享受 7 年免税的优惠及资本折旧补贴。当地政府鼓励投资比较集中的地区主要为首都阿布贾和第一大城市拉各斯，以及三角州产油区。

第三节　尼日利亚财税金融法律风险与防范

一、尼日利亚金融法律风险与防范

（一）尼日利亚金融法律风险

尼日利亚银行和金融业相比撒哈拉地区以南的非洲其他国家较为发达，有相对完善的组织和管理机构，尼日利亚中央银行是全国金融体系的最高管理机构。经过重组、关停在内的一系列洗牌后，全国现有的商业银行从 89 家减少至 20 多家，资本更为雄厚，其中多数商业银行都与国外金融机构建立了合作关系，但尚未与中国国内银行开展合作。近年来，随着国际油价不断下跌，尼日利亚财政收入、外汇储备和石油溢价账户逐渐缩水，给银行体系带来巨大的资金压力。由于油气价格的持续萎靡，尼日利亚金融体系陷入危机的可能性将一直存在。虽然在 1995 年尼日利亚颁布的《投资促进委员会法令》放宽了外国投资限制，规定在尼日利亚注册成立的公司可以申请利用金融机构的各种贷款。但是，近年来尼日利亚各家商业银行提供的贷款利率一般在 20% 上下浮动，贷款期限一般不超过 360 天。因此，外国投资者在尼日利亚当地融资成本较高，贷款相对困难。2014 年以来，国际油价大幅下跌，致使尼日利亚银行业面临着较大的金融风险。

（二）尼日利亚金融法律风险防范措施

1. 深入开展尽职调查

在对尼日利亚开展投资的过程中，要特别注意事前调查、分析和评估相关风险，深入仔细地开展相关尽职调查工作，尤其要对项目或贸易客户及相关方的资信进行调查和评估，谨慎选择合作伙伴，通过分析尽量规避投资或承包工程所在地的政治风险和商业风险。建议在调查中充分利用有实力并且讲诚信的尼日利亚当地及国际律师事务所、会计师事务所和投行等咨询服务机构，借助其专业能力及在尼日利亚当地的丰富经验对投资风险进行识别和防范。同时加强法律风险防范，采取有效的风险对冲措施或通过购买保险等转移风险。

2. 处理好与政府、工会以及合作当事方等各方的关系

由于尼日利亚的政体为三权分立，除了各级政府部门以外，议会在经济社会的发展中亦起着重要作用，因而中国企业也要注意和当地议会处理好关系，保持良好沟通。此外，尼日利亚的各级工会有着很强的影响力，工人进行罢工是合法的，且罢工现象时有发生，为此应全面了解尼日利亚《劳工法》《工会法》等相关法律法规，熟悉当地工会组织的发展状况、规章制度和运行模式，加强与具有全国性和行业性的工会组织的沟通联系，提前预防和化解潜在矛盾。

3. 合理布局投资领域

早前外国投资者在尼日利亚的投资主要集中在自然资源开采和基础设施建设上，而较少投向制造业和其他产业部门。实际上，尼日利亚自然环境相对比较优越，其他产业如农业的农作物生产、仓储运输、原料及粮食加工等领域都有值得投资的潜力，尼日利亚政府也针对农业、制药、化学和机械等多个行业制定了鼓励外资流入的相关政策，投资这些行业的企业可享受 5 年免税期，经济落后地区可以享受 7 年免税期。目前这些行业还受限于基础设施薄弱、产权不够明晰等软硬件投资环境的不足，一旦这些方面得以改善，外国投资者即可结合自身实际情况考虑在上述领域进行投资。

二、尼日利亚税收法律风险与防范

中国与尼日利亚虽已签订税收协定，享有一些税收优惠政策，但自新冠疫情暴发以来，不仅是中尼税制差异影响，还有各种不确定性的增加使得中国企业对尼日利亚投资风险加剧。

三、尼日利亚税收法律风险防范措施

（1）合理经营，依法纳税，严格遵守当地的法律。

（2）建立健全内部管理制度，提高全员参与财税管理工作的意识。

（3）和当地有实力信誉好的会计师事务所合作，规范当地账务的处理，按时、准确报税。

（4）重视外部审计和年度申报的作用。

（5）税务筹划工作。

第七章　尼日利亚环境资源法律制度

第一节　尼日利亚资源法律概述

尼日利亚联邦政府目前负责环境保护的主要部门是尼日利亚联邦政府的环境、住房和城市发展部，下设土壤保持、污染控制、森林保护、气候变化和环境影响评估等职能司局，以及国家保护区管理局、尼日利亚森林研究所和国家石油泄漏勘查和处理局等半官方机构。该部负责管理和执行尼日利亚环境保护的法律法规，统筹、协调、指导尼日利亚联邦政府各有关部门和各州政府环保部门的环保工作。该部的远期目标是确保尼日利亚的发展与环境相和谐，短期目标为确保尼日利亚的环境和资源得到保护和管理，以实现可持续发展。该部的主要职责是实现《尼日利亚宪法》第 20 条所规定环境目标，“保护并改善尼日利亚的水、空气、土地、森林和野生动植物”。该部目前的环境政策来源于本届政府名为“环境恢复与开发”的环境议程，该议程的主要目标是全面清查尼日利亚的自然资源，评估环境遭到破坏的水平，设计并实施环境恢复的措施，以及进一步开发并实施阻止环境进一步恶化的措施。

为了保护环境，尼日利亚联邦政府制定了一系列的法律和法规，具体包括：1. 《尼日利亚联邦共和国宪法（1999 年）》。2. 《联邦环境保护署法（1988 年）》（简称《FEPA 法》），根据该法，尼日利亚制定了一系列法规，包括：《国家环境保护法规（废物限制）》、《国家环境保护法规（消除企业及其他机构产生的废物污染)》、《国家环境保护法规（固体和危险废物的管理)》、《环境影响评估法（1992 年)》（简称《EIA 法》)、《有害废物法(1998 年)》、尼日利亚石油资源局 2002 年颁布的《尼日利亚石油工业环境指南和标准》。此外，尼日利亚各州也有权制定本州的环保法规，比如巴耶尔萨州的《环境保护法》和三角洲州的《环境保护规范与标准》等。

第二节　尼日利亚《土地法》主要内容

一、基本内容

依照《尼日利亚宪法》和 1990 年《土地法使用法》的规定，全国土地属于人民，尼日利亚联邦、州和地方三级政府代行管理权。其中，联邦政府负责首都地区及划拨给联邦政府机构的其他土地，州政府负责各州的城镇区域的土地，而所有农业用地则由 774 个地方政府负责管理。政府划拨土地给开发商进行保障性住宅建设或者商业配套。其中：政府所有土地，给开发商一定年限的经营权；私人所有土地，产权 99 年，主要指开发商从政府手中购买土地或者到私人手中购买土地；集体所有土地，产权 99 年，主要指政府行政部门建设用地。

私人投资者可以从政府手中获取土地，也可以在土地市场上向其他土地所有者以转让的形式购买，例如通过中介公司、政府出让土地信息部门，或者直接从私有土地主手中购得；私人投资者之间可以自由转让土地，然后缴纳相关的税费，到相关政府部门进行变更手续即可，但是建筑指标必须按规划部门要求；私人投资出让土地一般都有政府规划用途、使用年限，不同地段和不同用途土地价格均不同，但使用期限最长为 99 年，到期后可以办理相关手续继续使用。

土地分为农业、工业、住宅、商业、混合用地、城市保留用地、基础设施用地等不同类型。不同类型用途土地转换非常困难，手续极其烦琐，且多数存在违规操作。

二、外资企业获得土地的规定

根据尼日利亚《土地法》规定，外资可以取得最长不超过99年的土地使用权，也可以通过租赁使用土地。

三、外资参与当地农业投资合作的规定

根据尼日利亚法律规定，外资可以取得最长不超过99年的农业耕地所有权和承包经营权，基本没有附加条件。提醒中国企业在参与土地交易时，应深入了解相关情况，谨防上当受骗。

四、外资参与当地林业投资合作的规定

尼日利亚1988年颁布的农业政策中规定的政策目标如下：①增加森林蓄积量，搞好林业生产管理；②保护森林、保护环境；③森林更新要超过采伐量；④合理利用森林和林产品；⑤防止森林火灾和非法进入森林、不法放牧及违法者对森林的破坏；⑥营造人工林；⑦扩大就业机会；⑧与各国合作发展林业；⑨开发木质能源有效利用的方法。1990年政府还发表了新的国家开发计划，为期15—20年，每3年修改1次，此间要完成造林、育苗等林业项目147个，林产工业项目10个，环境保护项目42个。

20世纪60年代以前，尼日利亚就在本国的西南部地区开始了苹果榆绿木、铁刀木等树种的造林试验，但正式开展大规模造林是从引进松树和桉树的20世纪60年代开始的。

自从《半干旱地区森林资源保护开发计划》实施以来，人工造林得到全体国民的积极响应，造林技术也显著提高，在很大程度上缓解了荒漠化的扩大，改良了土壤的水源涵养功能，积极推进了为增加商品材生产的造林，引起了周边国家的关注。

尼日利亚人工林面积虽没有准确的最新统计数据，但20世纪80年代营造的各树种人工林面积为16.34万平方公里。主要造林树种是柚木、石梓、缅茄、铁刀木、苹果榆绿木、阔荚合欢、榆绿木、印度黄檀、赤桉等。另外，尼日利亚只有南部的部分地区有天然林分布，因此没有开展天然林经营。

第三节　尼日利亚《矿业法》主要内容

尼日利亚矿产资源丰富，采矿业发展潜力巨大。2007 年 5 月，在世界银行协助下，尼日利亚联邦政府推出新的《矿物和开采法》（以下简称《矿产法》），以取代 1999 年版的同名法律。《矿产法》突出体现了尼日利亚政府希望利用推动固体矿产资源开采私营化产生的利益吸引私人资本及先进技术大举进入该领域，最终促成本国快速发展的意图。法案共有 6 章 165 节，以下对第六章法案几项突出的特点进行探讨，一窥其立法意图。

第一，《矿产法》通过“特定部门负责制”确定国家对矿产资源开发的管理手段。设立矿权地籍办公室，作为管理矿权的唯一机构，负责受理矿权申请，批准、签发、中止及撤销矿权，接收和处置关于矿权转让，更新、调整矿权及矿权范围的扩展等。中央矿权地籍办公室设在阿布贾，有最高的排他性的职权及管辖权。

第二，《矿产法》在矿权的申请和所有权方面做了一系列安排，基本可以保证程序公正。在矿权申请阶段，规定了“先到先得”制：当数份针对同一区域的申请，两个或以上有地点重叠的申请在同一个工作日被提交给矿权地籍办公室时，最早收到的符合规定的申请有优先权；当遇有针对同一专有区域的竞争性申请时，矿业地籍委员会必须严格遵照本法规定的“先到先受理”原则，确定矿权区域的专属权，规定不得在同一区域重复设置矿权。授予采矿租约的持有者在矿区内的独家使用、占有、开采权和独家探测权等。

第三，《矿产法》制定了一系列矿产开采的激励措施，为从业者制造了一个相对宽松自由的经营和销售空间。主要有以下特点：对矿权主体较少限制。根据法案规定，有完全民事行为能力及无犯罪记录的尼日利亚公民、根据尼日利亚公司法设立的法人和采矿合作公司等都可以成为矿权的申请和持有者。法案赋予外资以国民待遇，并未限制外资的持股比例并附有多项免税措施。所有采矿从业者享有对于专门用于采矿作业的厂房、设备、机器、配件的进口免关税及进口税。授予矿权持有者 3 ~ 5 年的免税期，在土地使用权上保证采矿优先。该法规定，用于采矿作业的土地使用优先于其他目的的土地使用。根据土地使用法，用于采矿目的的通道、土地使用及占有构成高于一切的公共利益。在这种优先权之下，对于权利受损者，法律也规定了一系列补偿措施，成本由受益人负担。

第四，《矿产法》中对除勘探许可证外的各项矿权都设有最低工作量要求。首先规定了开采和生产的最迟日期，分别是 18 个月和 36 个月。同时规定，最低工作量影响矿权的存在和延续。如在探测许可证中延期的一项先决条件是许可证持有者达到了最低工作标准承诺，这对采矿租约也是一样。最后，小型采矿租约和采矿租约中，矿权持有者在连续 6 个月内完全未进行任何作业，矿权就可以被撤销。

第五，《矿产法》对环境保护的重视是该法的突出特点，与当地社区利益一起设专章规定。对于矿权持有者，要求他们注意开采作业对环境造成的影响并采取必要步骤防止开采导致的环境污染。采矿租约的持有者在提交并经过矿产环保部门对环境评估研究及解决方案的认可之后，才能开始在矿区内的开发和矿物提取作业。任何探测许可证、小型采矿租约、采矿租约、采石租约和水使用许可证持有者在开采活动开展前，或延期申请提交时，或矿权变更申请提交至矿产环保部门时，均需要提交：一份经联邦环境部批准的矿区/探测区环境影响评估报告和一份环境保护和复原计划。

第六，《矿产法》对矿权周边地区利益的保护非常充分。对矿权所包含的土地的划拨需经过原所有者的认可：对一项矿权的申请涉及任何私人土地或根据州租约或权力被占有的土地，申请应按照规定方式通知给土地的所有者或占有者，并在获得其同意的基础上颁发许可证。否则，许可证范围将排除该私人占有土地。同时，如果矿权区域包含他人的土地所有权，矿权持有者对于地表的专属使用权是受到一定限制的：只要不妨碍到采矿作业，土地的合法占有者在采矿租约区域内有权继续放牧牲畜和耕种土地。对于使用他人土地，矿权持有者必须为其向土地所有者缴纳租金，租金的具体数量在征询土地所有者意见后确定，并且根据具体情况的变更每 5 年修订一次。在用水方面，除非按照法案规定的程序（申请—批准），任何增加水使用量的变更都不能允许，同时对于水使用量增加的申请不得在有人反对的情况下作出；该法希望矿权周边区域能因此得到发展的机会。该法规定：采矿租约、小型采矿租约或采石租约的持有者在开始进行任何开发行动之前，需与当地社区签署一份社区发展协议，以保证社区能切实从矿产开采作业中获得社会和经济利益。如对当地社区居民的教育奖学金、学徒、技术培训和雇佣机会，为基础设施发展和教育、医疗及其他社区服务提供资金或其他方面的支持，向小型和微小型企业提供支持等。

第七，矿权转让。在按照《矿业法》规定程序执行，获得部长同意及在矿权地籍办公室登记后，矿权可以转让。矿权持有者应以规定的格式向矿权地籍办公室提交转让申请，并提供后者需要的所有信息。如果受让人是合格的申请者，矿权地籍办公室将批准转让。如果系自然人拥有矿权，矿权持有者死亡，适用继承法。矿权的受让人继续承担涉及该矿权的所有合同和活动，包括转让前的环保方面的义务及第三方索赔。

第四节　尼日利亚环境保护法

一、环境保护机构及立法情况

尼日利亚负责环境保护的主要部门是尼日利亚联邦环境部，该部负责管理和执行尼日利亚环境保护的法律法规，统筹、协调、指导尼日利亚联邦政府各有关部门和各州政府环保部门的环保工作。尼日利亚联邦环境部下设土壤保持、污染控制、森林保护、气候变化和环境影响评估等职能司局，以及国家保护区管理局、尼日利亚森林研究所和国家石油泄漏勘查和处理局等机构。

为了保护环境，尼日利亚联邦政府制定了一系列的法律和法规，主要包括：《联邦环境保护署法（1988 年）》《环境影响评估法案（1992 年）》《有害废物法（1998 年）》《尼日利亚石油工业环境指南和标准》。此外，尼日利亚各州也有权制定本州的环保法规。比如巴耶尔萨州的《环境保护法》和三角洲的《环境保护规范与标准》等。尼日利亚政府尚未在其网站上公布上述法律的查询网址。

二、环境评估的相关规定

《环境影响评估法（1992 年）》要求相关项目建设必须进行环评，涵盖农业开发、机场建设、排灌系统、围填海工程、渔港建设、林地使用、住房建设、工业建设、基础设施建设、港口建设、矿产开发、油气开采、发电输电、采石作业、铁路建设、交通设施、旅游设施、废物处理和供水项目等领域。

尼日利亚环境部环评司主管项目环境评估事宜。环评工作一般主要包括以下阶段：一是确定是否适用环评法律；二是检查项目的潜在环境影响；三是调查确定环境影响的时空范围；四是开展详细的基准线研究，以确定项目实施前的环境条件；五是准备一份详细的环评报告；六是如果必要，对环评报告进行专门小组审查；七是批准签发环境影响报告书（EIS）等证明文件。费用和所需时间根据实际情况确定。

三、环保法规的基本要点

（1）森林保护。对现存和新的森林保护区要加强保护；对森林资源进行可持续管理，以确保尼日利亚森林资源为当代和后人持续提供产品和服务，确保尼日利亚环境的稳定；保护河流和水体周围的防护林，对河流和水体周围退化的防护林要进行恢复；加强城市森林带建设，为城市增加绿化、休闲、社会和经济价值。

（2）大气保护。保护并提高尼日利亚的空气质量，以改善公众健康和福利，提高尼日利亚人口、动物和植物的发展和繁殖能力。

（3）水体保护。保护尼日利亚的水体；消除和控制水体污染；设定水体质量标准，以保护公共健康和福利，提高水质；工业废水要进行处理，达标后方可排放。

（4）污染事故处理和赔偿标准。废物来源单位负责废物的收集、处理、运输和最终处置，并负担有关费用；企业或其他机构应对废物的清除、环境的清洁和恢复负责。如有必要，应向受影响的各方支付赔偿金。

违反环保法律的要承担法律责任。除尼日利亚法律允许外，严禁向尼日利亚的天空、土地、水体或海岸排放有害物质。违反上述法律的个人将被处以不超过10万奈拉的罚金或不超过10年的监禁，或者两者并罚。违反上述法律的公司，将被处以不超过50万奈拉的罚金（如果非法行为继续进行，另外处以每天1千奈拉的罚金）；公司有关负责人如不能证明自己不知情或采取了一切必要的防范措施，也将受到相应处罚。此外，违法的个人或公司还要承担清除有害物质、清洁和恢复环境的费用，并向有关各方进行赔偿。由于自然灾害、战争而违反有关法律造成污染的，有关人员和公司将不承担法律责任。购买、销售、进口、运输、储藏有害废物者，将被处以终身监禁。

第八章　尼日利亚其他法律制度

第一节　知识产权法律制度

尼日利亚并没有专门的知识产权法，其有关商标、专利和设计的注册等相关规定均在其商业法之下。尼日利亚于 1995 年成为世界知识产权组织的成员。

一、当地有关知识产权保护的法律法规

尼日利亚的知识产权保护法律包括《商标法》《专利和设计法》《版权法》《国家工业技术产权办公室法》。尼日利亚工业、贸易和投资部负责专利、商标等事务的管理，尼日利亚科技部下属的国家工业技术转让促进办公室负责工业技术事务的管理，尼日利亚司法部下属的版权委员会负责版权相关事务的管理。

《商标法》用于规范商标的注册，规定商标所有权人对产品已注册商标的独占权。商标注册后保护期为 7 年，可以不断延期，每延期一次有效期延长 14 年。

《专利和设计法》用于规范专利和设计的登记注册，规定一旦授予专利，专利所有权人享有制造、进口、销售和使用专利产品的独占权。专利保护期20年。工业设计保护期5年，可延期2次，每次5年。

《版权法》规定，未经版权所有者允许，一切仿造、进出口、再生产、展览、表演或销售版权所有人的著作行为都属非法。文字、音乐、艺术作品的著作权保护期为作者死亡或第一次出版次年起70年，电影和照片、录音、广播的版权保护期为第一次发行、录制、播放次年起50年。

《国家工业技术产权办公室法》规定成立国家工业技术转让促进办公室，负责对外国技术的购买实施监管，并对外国技术转让的商业合同和协议进行注册登记，为国内外技术转让、开发、推广提供便利，促进和鼓励本国的技术创新和发明。

二、知识产权侵权的相关处罚规定

有关法律规定侵犯知识产权的行为受法律制裁，视情节侵权人可被判处最多7年监禁。

三、知识产权保护

（一）商标保护

尼日利亚工业、贸易和投资部商标、专利及工业设计注册中心负责有关国内、国际商标的申请和注册。申请商标需要提交的文件包括：签署的委托书；10张商标图样（如果指定颜色，提供10张彩色图样）；使用声明；一份官方查询报告。商标注册基本程序如下：申请前，商标注册审查员将在已注册商标内进行查询，如申请商标与已注册商标相抵触，则通知申请人，申请人应在2个月内予以答复或申请听证，否则将视为放弃申请。提交申请后，审查员会审查申请，如申请符合商标法条例且与其他已注册商标不相抵触，商标注册中心将会发出申请公告，任何人可以在公告之日起2个月内或注册官允许的期限内提出异议。公告期内无人提出反对，申请人便可申领注册证书。商标注册的有效期限为申请日起7年，以后每次续展的有效期为14年。尼日利亚工业、贸易和投资部商标、专利及工业设计注册中心位于首都阿布贾。

（二）专利保护

尼日利亚工业、贸易和投资部商标、专利及工业设计注册中心负责有关专利的申请和注册。申请表必须注明申请人的全名、详细住址、国籍、专利的发明人、专利名称、优先日期等内容。申请专利需要提交的文件包括：3份英语的专利规格说明；按要求填写的专利申请表；代理授权书；发明书；4份A4纸印制的图表说明。

第二节　争议解决法律制度

一、尼日利亚投资争议解决相关法律

尼日利亚涉及投资管理的主要法律是《尼日利亚投资促进委员会法令》（1998年修订）。此外，还有《1990年公司及相关事务法（公司法）》《1990年劳工法》《1995年外汇控制与杂项规定法令》《1999年投资证券法令》。在尼日利亚解决商务纠纷主要通过法律诉讼程序，适用尼日利亚本国法律（英美法律体系），并可要求国际仲裁或异地仲裁。例如，尼日利亚油气领域投资纠纷可通过伦敦国际仲裁法庭提起诉讼。此外，作为WTO成员方，其完全遵守WTO争端解决机制项下的各项程序。

二、中国企业赴尼日利亚经营投资产生诉讼纠纷的解决途径

（一）诉讼

对于经营过程中或者合同履行中产生的纠纷和争议，有多种解决和救济的途径，最基本的方式是民事诉讼。尽管尼日利亚司法系统一直以公正和高效作为目标，但是法院的审理效率仍然低下，审理时间漫长。自2004年以来，拉各斯和首都阿布贾等地区和联邦高等法院先后采取了改革诉讼程序的

新规则，以降低当事人的诉讼成本；2008 年，拉各斯和卡诺等州还在州高等法院建立了一个“快速通道法院”（FTC），确保标的在 1 亿奈拉以上、当事人有非尼日利亚当地居民的投资者或者标的包含抵押业务的案件审理期限不超过 8 个月。

（二）替代性争议解决机制

受诉讼效率低下的影响，近些年，尼出现了寻求替代纠纷解决机制的倾向。除了 2004 年颁布的《仲裁和调解法》、联合国国际贸易法范本等规则外，尼还是“纽约承认和执行外国仲裁裁决公约”的缔约国。投资者发生纠纷可以诉诸仲裁、调解和国际仲裁等途径解决。

尼日利亚非官方组织“协商和冲突处理组织”（NCMG）还在阿布贾和拉各斯建立“MDCs 法院”，提供仲裁和调解服务，以更高效、低成本的方式解决纠纷。

第三节　投资尼日利亚其他风险

一、政治风险

（一）政局总体稳定，政策连续性有待观察

2015 年 3 月 28 日至 29 日，尼日利亚举行国民议会、总统选举，反对党全体进步大会党获胜，布哈里当选新总统，并于 5 月 29 日正式就职。这是自 1998 年结束军事独裁以来，尼日利亚首次发生的政权移交，此前的 3 位总统奥巴桑乔、亚拉杜瓦和乔纳森均来自人民民主党。此次大选结束后，原总统乔纳森与新当选总统布哈里之间实现了权力的和平过渡，这一政治举动获得了国际社会的一致认可。新一届政府上台后表示将严惩腐败并坚决打击恐怖主义和国内宗教极端势力。但全体进步大会党长期作为反对党，此次上台执政能否保持尼日利亚政府各项规划和政策的连续性还有待考验

与观察。

（二）反政府武装与恐怖主义威胁

尼日利亚共有250多个民族，种族间冲突不断。尼日利亚宗教形势也较为复杂，由宗教信仰差异引发的冲突也时有发生，影响着尼日利亚经济社会的稳定发展。“博科圣地”是尼日利亚本土宗教极端势力，该组织成立于21世纪初，并于2015年3月发表声明宣布效忠“伊斯兰国”，其通过不断制造恐怖袭击事件严重的威胁尼日利亚乃至全球安全。尼日利亚在2016年全球恐怖主义指数中排名3/162，仅次于伊拉克和阿富汗，其国内安全形势极为严峻，而尼日利亚政府军对“博科圣地”的打击较为乏力，并不能很好地遏制并消除恐怖势力带来的安全隐患，这就极大地增加了对尼日利亚的投资风险，严重降低了外来投资者的信心。同时，由于尼日利亚边防力量薄弱，对北部各州的控制力度有限，尼日利亚与喀麦隆、乍得、尼日尔等国接壤地区的不稳定因素也较为突出。

（三）腐败现象严重，社会治安较差

尼日利亚的腐败问题非常严重，是清廉指数国际排名较低的国家。同时根据世界银行在2014年的调查，腐败是影响尼日利亚吸引外资的三大阻碍之一，在对2000家尼日利亚企业的调查中，13%的企业将腐败列为头号经营障碍。虽然新一届政府表示将通过各种手段严惩国内腐败问题，但腐败势头依然未减，由此给尼日利亚的外商投资环境造成恶劣影响。此外，尼日利亚社会治安状况也让人担忧，包括劫持人质在内的各类恶性案件层出不穷。高失业率和悬殊的贫富差距成为社会治安状况持续恶化的主要原因。此外，由于尼日利亚国内治安力量薄弱，警力装备落后且工作效率低下，尼日利亚的社会治安短期内难以好转。

二、经济风险

（一）资源型经济的波动风险

尼日利亚油气资源丰富，作为非洲最大的产油国，原油开采及出口为全

国的支柱产业。高度依赖石油的单一经济结构，使尼日利亚极易遭受国际石油价格波动的影响与冲击，稳定性差。在美国主导的页岩油革命、新能源产业的兴起、全球新兴经济体发展放缓等多方面因素的共同作用下，原油市场自2014年以来受到剧烈冲击，近两年来的油价跌幅超过60%，2015年末一度低于30美元/桶。对于尼日利亚这样的资源经济国家，初级产品价格大跌导致其财政收入大幅减少。2016年尼日利亚的原油收入降至新低，损失高达1000亿美元，这极有可能迫使尼日利亚政府削减包括基础设施建设和重大工程项目方面在内的财政投入。对于外国投资者来说，这明显增加了投资的不稳定因素。

（二）汇率风险与通货膨胀

2014年以来，受国际油价下跌影响，尼日利亚货币奈拉持续贬值，对美元的汇率从2014年7月的162：1降至2017年9月的近360：1。目前国际原油产能依然过剩，加上伊朗这个全球第四大产油国即将重返国际市场，油价预计将持续低迷。而尼日利亚外汇来源主要依靠石油出口，其他产业结构层次偏低，大量商品需要进口，其外汇储备将加速消耗，奈拉的贬值趋势在一段时间内难以扭转。同时，伴随汇率下降的是通货膨胀率的上升。2015年下半年以来，尼日利亚各月CPI均超过9%，高于2014年全年的8.1%，通胀加剧导致众多商品尤其是日用消费品价格大幅上涨，进一步恶化了尼日利亚的宏观经济环境。

（三）基础设施落后

尼日利亚的用水用电及公共道路等基础设施十分落后，电力供应更是严重不足，许多企业必须依靠自备发电设备来维持生产。其他方面如通信网络设施不足，通信质量较差，公路、铁路维护不到位等现象普遍存在。基础设施落后在一定程度上影响了外国对尼日利亚的投资，成为限制其经济发展的重要因素。

（四）劳工成本较高

尼日利亚的青年人口占总人口比例较高，但其中70%都从事农业生产，其余劳动力也普遍缺乏相应技能，由此导致工作效率低下。在世界经济论坛公布的《2017 年人力资本报告》中，尼日利亚的排名为 114/130。加之在生活习俗、文化传统等诸多方面差异显著，外国投资者在投资用工时面临诸多问题。尼日利亚关于劳动就业的法规主要有《劳工法》等，对外籍劳务管理有专门政策，实行配额制管理，但尼日利亚政府审批程序过程烦琐，导致用工成本增加。

刚果（金）
法律环境报告

第一章 刚果（金）基本概况

刚果民主共和国，简称刚果（金），位于非洲中部，国土东西长 2193 公里，南北长 2094 公里，面积 234.54 万平方公里，在非洲仅次于阿尔及利亚，居第 2 位，有“非洲心脏”之称。其东邻乌干达、卢旺达、布隆迪、坦桑尼亚，南接赞比亚、安哥拉，北连南苏丹和中非，西隔刚果河与刚果（布）相望。中部和西北部为刚果盆地的一部分，约占全国面积的 40%，海拔 300 至 500 米。西部有狭长走廊通向大西洋，海岸线长 37 公里，其余皆为陆地边界。东南部为高原和山地，平均海拔 1000 至 1500 米。

自 1972 年 11 月 24 日，中刚两国关系正常化以来，中国政府向刚果（金）政府提供了力所能及的经济援助。两国在农业、医疗卫生和基础设施等领域开展了友好合作，中国工程承包企业承揽的工程项目主要涉及矿区建设、修路、水电站建设、供水工程及电信设施建设等，建设了政府综合办公楼、人民宫、体育场、医院、小学校、农业合作等项目。近年来，双方在人力资源培训方面亦取得良好成果，为促进刚果（金）经济社会发展发挥了积极作用，受到刚果（金）政府和人民的好评。

第一节 刚果（金）国家概况

公元 5 世纪，班图人在刚果中部建立巴库巴王国，13 至 14 世纪，刚果族人在刚果河下游建立刚果王国。15 至 18 世纪，葡、荷、英、法、比殖民者相继入侵，刚果成为奴隶交易的重要市场。1881 年 12 月，比利时殖民者占领金沙萨并建立殖民据点，定名为“利奥波德维尔”。1884 年 11 月至 1885 年 2 月，英国、法国、德国、比利时等列强在瓜分非洲的柏林会议上，将刚果划为比利时国王利奥波德二世的“私人领地”，称“刚果自由邦”。1908 年 11 月，刚果（金）沦为比利时殖民地，改名为比属刚果。1960 年 6 月 30 日宣告独立，卡萨武布当选总统，卢蒙巴为总理，国名为刚果共和国，首都利奥波德维尔，简称“ 刚果（利）”。1966 年，首都利奥波德维尔更名为金沙萨。1965 年 11 月 24 日，国民军总司令蒙博托发动政变推翻卡萨武布，自任总统。宣布成立第二共和国。1971 年 10 月 27 日改国名为“扎伊尔共和国”。1990 年 4 月实行多党制。1997 年 5 月 17 日，洛朗· 德西雷·卡比拉推翻蒙博托政权，自任总统，恢复“刚果（金）”国名和独立时的国旗、国歌。1998 年 8 月，刚果（金）部分军人在乌干达和卢旺达军队的支持下发动叛乱，津巴布韦、安哥拉和纳米比亚等国应刚果（金）政府请求出兵相助，形成地区冲突，并造成刚果（金）分裂分治局面。1999 年，冲突各方在赞比亚首都卢萨卡签署了停火协议。2000 年，冲突各方又多次就停火、脱离接触等问题达成协议。联合国安理会就刚果（金）问题通过多项决议，并决定成立联合国刚果（金）特派稳定团，向刚果（金）派驻维和部队。2001 年 1 月 16 日，洛·卡比拉总统遇刺身亡，其长子约瑟夫·卡比拉继任总统。约瑟夫·卡比拉继任总统后，在国际社会大力推动下，刚果（金）和平进程重新启动并取得重大进展，外国军队相继撤出，联稳团在刚果（金）部署总体进展顺利。2003 年 4 月，政府和国内各派就过渡期权力分配问题达成一致，签署《全面包容性协议》和《过渡期宪法》，并于同年 6 月组成过渡政府，约瑟夫·卡比拉继任过渡期总统。2005 年 12 月，刚果（金）顺利举行全民公投通过了《新宪法》。2006 年 7 月 30 日，刚果（金）举行立法和首轮总统选举，经两轮投票，约瑟夫·卡比拉当选刚果（金）首任民选总统。2011 年 11 月 28 日，刚果（金）举行总统、立法选举。时任总统约瑟夫·卡比拉在选举中以 48. 95% 的得票率胜出连任，并于 2011 年 12 月 20 日宣誓就职，任期 5 年。2017 年 4 月 7 日，刚果（金）总统卡比拉任命布鲁诺·奇巴拉为新总理，组建新政府，并于 5 月 9 日公布新政府名单。同年 11 月，刚果（金）国家独立选举委员会宣布大选将推迟至 2018 年 12 月举行。2018 年 12 月 30 日，刚果

（金）举行总统大选。反对派阵营领导人菲利克斯·齐塞克迪成为新一任刚果（金）总统，成为刚果（金）第5任总统，实现了刚果（金）历史上第一次政权的和平过渡。

一、刚果（金）的人文和地理环境

赤道横贯刚果（金）北部，北部属热带雨林气候，南部属热带草原气候，中央盆地炎热潮湿，热带疾病流行，人烟稀少。东部地势较高，气候宜人。首都金沙萨，面积9965平方公里，人口1207.15万。

2019年刚果（金）常住人口为8689.52万，其中，城镇人口占39.8%，农村人口占60.2%。人口分布比较集中的城市有金沙萨、卢本巴希和基桑加尼等。人口年自然增长率为3.07%，贫困率为63.4%，平均寿命51岁。

刚果（金）全国有254个部族，较大的部族有60多个，分属班图、苏丹、俾格米三个种族。其中班图族占全国人口的84%，主要分布在南部、中部和东部，包括刚果、班加拉、卢巴、蒙戈、恩贡贝、伊亚卡等部族；苏丹种族多数居住在东北部，人口最多的是阿赞德和孟格贝托两个部族；俾格米种族主要集中在赤道森林里。

刚果（金）官方语言为法语，地方语言约有250多种。主要民族语言有林加拉语、斯瓦希里语、基孔果语。流行的外国语言为英语，但仅有少部分受过西方教育背景的学者和官员能用英语交流。

按照原宪法，刚果（金）分为10个省和1个直辖市（金沙萨市）。金沙萨为首都，是全国政治、经济和文化中心。上加丹加省首府卢本巴希为第二大城市，是矿业重镇。东部的戈马、布卡武等是重要的边境城市。西部的马塔迪是重要的港口城市。2006年2月18日，刚果（金）总统卡比拉在颁布新宪法时，将全国行政区划从原来的11个省市扩展为26个省市。金沙萨仍为省级直辖市，其他25个省分别是：下韦莱、赤道、上洛马米、上加丹加、上韦莱、伊图里、开赛、东开赛、中孔果、宽果、奎卢、洛马米、卢阿拉巴、马伊恩东贝、马涅马、蒙加拉、北基伍、北乌班吉、桑库鲁、南基伍、南乌班吉、坦噶尼喀、乔波、楚阿帕、中开赛省。2015年3月，刚果（金）总统卡比拉颁布成立新省区划分实施计划法令，要求尽快启动26个省（含金沙萨直辖市）行政划界和成立工作。在刚果（金）政府大力推动下，自2015年7月起，刚果（金）行政区划已正式分为26个省。

二、刚果（金）的政治和经济环境

2006年2月18日，刚果（金）时任总统卡比拉颁布了新宪法。新宪法规定：国家机构由总统、政府、议会两院和法院组成。刚果（金）议会实行两院制，它们分别是国民议会和参议院。根据新宪法，国家司法权独立于立法权和执行权，由宪法法院、最高法院、行政院、特别最高军事法院、民事、军事法院法庭和隶属于司法权限的检察院组成。法院和法庭的判决、审判与裁定以共和国总统的名义执行，最高司法会议（最高法官理事会）是司法权的管理机构。截至2018年5月，在刚果（金）内政部注册登记的政党为599个，政党联盟为77个。其中，主要党派情况如下："引领变革方向"政党同盟，主要由现任总统费·齐塞克迪的UDPS党和现任总统府办公厅主任卡梅雷的UNC党组成。"刚果共同阵线"政党联盟，主要由前总统约·卡比拉领导的PPRD党组成，其他成员包括众多独立政治人士、社会团体、非政府组织、部族首领等，社会影响广泛。"神圣同盟""争取重建与民主人民党""民主与社会进步联盟""刚果国家联盟""刚果解放运动"。

此外，刚果（金）共有80多个国家级工会组织，主要有"刚果劳动者全国联盟"，1967年6月23日由劳工联盟、劳工总联合会、独立无产者协会等7个工会合并而成，是刚果（金）第一大工会，是中部非洲劳动者组织、非洲工会联盟组织成员，国际工会联盟观察员，在各省、区设有基层组织。"刚果劳动总联合会"成立于1961年11月17日。1964年与卢蒙巴统一党合并，同年获得合法地位，是国际工会联合会（FSM）理事会理事。该工会有3万余人会员，下辖14个行业工会。

刚果（金）是联合国公布的世界最不发达国家之一。经济以农业、采矿业为主，工业欠发达。该国于1997年1月1日加入世界贸易组织，也是多个国际和地区经济组织成员。就区域和次区域而言，刚果（金）是中部非洲国家经济共同体、南部非洲发展共同体、东部和南部非洲共同市场成员国。刚果（金）于2018年3月份签署了非洲大陆自由贸易区协定，并于2021年4月份批准了该协定，但截至2021年6月，刚果（金）尚未将批准书上交非盟。2020年，刚果（金）货物和服务贸易进出口总额为326.1亿美元，其中出口159.0亿美元，进口额167.1亿美元，货物和服务出口占GDP的比重为31.9%，货物和服务进口占GDP的比重为33.5%。出口商品以初级产品为主，矿产品占出口贸易的比重高达91.93%，主要有铜、钴、锌、钻石、黄金等，原油出口占3.96%；其他包括木材以及橡胶等经济作物产品占4.11%。进口商品以工业制成品为主，工业生产所需原料、设备和日用消费品大多依赖进口。2018年，刚果（金）经济增长率达到5.8%。之后，受国际市场原材料价格下跌，尤其是钴（占刚果（金）出口总额的80%）价格下跌影响，2019年经济增长率下滑至4.4%，但仍超过撒哈拉以南非洲国家3.2%的平均增长率。2020年，新冠肺炎疫情给非洲国家经济增长造成冲击，但受益于铜价的强势增长，刚果（金）经济表现好于预期。2019年，第一产业（包括农、林、牧、渔和采掘、冶炼业等）占该国GDP比重为31.7%；第二产业（包括制造业、水、电、气的生产和销售以及建筑业等）占比25.2%；第三产业（包括商业批发和零售、交通及通信、旅店服务和金融服务、公共行政和安保服务等）占比37.7%。其中，矿业是刚果（金）经济增长的主要来源。矿业是刚果（金）经济的重要支柱。2016年，刚果（金）矿业产值占其国内生产总值的28.36%。2018年，矿业产值较2017年增长16.9%，为刚果（金）创收15.7亿美元，较2017年增加9.1%。2019年，受国际市场钴需求减少影响，矿业产值仅增长1%。刚果（金）国家矿业公司是刚果（金）国有大型矿业企业。2019年，该公司生产铜21165吨，占全国总产量的1.49%。2019年4月，该公司宣布施行结构改革，目前产铜纯度已达99.96%，较此前的99.92%有较大幅度提升。在刚果（金）投资的矿业企业众多，其中大型中资矿业企业包括洛阳钼业投资的腾凯丰古鲁梅铜钴矿项目、华刚矿业、紫金矿业控股的穆索诺伊矿业、中国有色集团投资的迪兹瓦矿业等，大型外资矿业企业包括嘉能可、欧亚资源等。

刚果（金）曾是非洲农业大国，自然条件得天独厚，非常适宜农业生产。刚果（金）潜在的可耕地面积达1.2亿公顷，居世界第二位，仅次于巴西。

全国目前有 69.6% 的人口居住在农村，粮食种植以家庭型传统农业为主（80%）。2018 年，农业占国内生产总值的 44%。主要粮食作物有玉米、稻米、木薯、豆类等，主要经济作物有咖啡、棕榈、棉花、可可、橡胶、烟草等。刚果（金）生产生活用品严重依赖进口。受交通、税收等因素影响，进口产品物价高昂，且地域差别明显。内陆交通不便的地区，如开赛省、桑库卢省等地，水泥、燃油等价格要高出金沙萨地区 1～2 倍。在工程领域，刚建筑材料多为国外进口，与中国国内价格相比，水泥单价约为国内 6 倍，钢材单价约为 3 倍，砂石材料约为国内 6 倍。基础设施建设综合投资约为国内 2.5 倍。近年来，在世界银行和国际货币基金组织的监督和支持下，刚果（金）财政预算总体执行良好。2020 年，刚果（金）财政收入 41 亿美元，较财政预算法案中确定的 57 亿美元相差 16 亿美元。其中国内税收收入为 34 亿美元，占 83%，其他收入（如国债等）占 17%。工资、行政支出占财政支出的 75.2%，其余主要用于债务、紧急支出等，基本没有用于公共投资。刚果（金）是世界银行列出的 39 个重债穷国之一，对外举债受国际货币基金组织和世界银行等国际组织的限制。所借用新债务必须符合国际货币基金组织及世界银行规定的优惠条件，即赠予率必须达到 35%。所投资的项目也必须对国家发展具有明显增长效应。2019 年，国际评级机构惠誉对刚果（金）主权信用评级为 CCC。2020 年 4 月 8 日，国际评级机构标普对刚果（金）长期和短期主权信用评级为 B-，展望为负面。同年 9 月 4 日，标普对刚信用评级为 CCC+，展望为稳定。

20 世纪 80 年代，中资企业开始进入刚果（金）市场，从事投资合作业务。90 年代以后，由于刚果（金）政局持续动荡，中资企业相继撤离，在刚果（金）的投资合作业务一度处于停滞状态。2000 年以后，随着刚果（金）政局逐步恢复稳定，中资企业重新进入刚果（金）市场，中刚双边贸易总体呈全面快速发展的良好增长势头。目前，中资企业在刚果（金）投资合作主要集中在矿产品加工和资源合作、电信、农业等领域，并逐步向其他领域拓展。据中国商务部统计，2020 年中国对刚果（金）直接投资流量 6.12 亿美元；截至 2020 年末，中国对刚果（金）直接投资存量 36.88 亿美元。中国对刚果（金）出口商品主要类别包括机电产品、高新技术产品、纺织品、钢材、汽车和鞋类产品等；进口商品主要类别包括未锻轧铜材、原木、铜矿砂及其精矿和天然乳胶等。

第二节　刚果（金）法律概况

刚果（金）属于大陆法系国家。因历史原因，其法律制度主要基于比利时法律。刚果（金）法律渊源主要有宪法、国际条约、制定法、习惯法、行政法规、习俗、判例法和教义。宪法是刚果（金）的基本大法。由于刚果（金）60%的人口居住在农村地区，当地的习惯法规定了该国各种传统社区的个人身份法（如婚姻和离婚法）和财产权，特别是继承权和土地所有制度，解决了刚果当地人的多数纠纷，因此习惯法在刚果（金）法律体系中占有很重要的地位。宪法规定正式缔结的条约和国际协定必须在政府公报上公布，且效力优先于国内立法，但某些特例除外。判例法或司法判例、教义、法理是不具有约束力的法律渊源。

一、刚果（金）的立法体系

2006年2月18日，卡比拉总统颁布了新宪法。该法已于2011年1月20日，通过第11/002号法律修订。宪法规定：国家机构由总统、政府、议会两院和法院组成。总统为国家元首、三军统帅，由普选产生，任期5年，可连任一届，负责维护宪法尊严、国家独立主权和领土安全，在议会监督和政府参与下，保障国家机构正常运行。总理为政府首脑，与总统共同制定国策，政府主要是政策执行机构，对议会负责。国民议会可对政府成员提出不信任案，议会两院还可对总统任命的总理向法院提起诉讼，总统有权解散议会。

议会是代表刚果（金）的立法机构。它是一个两院制议会，由一个直接普选产生的下议院（国民议会）和一个间接选举产生的上议院（参议院）组成。议会负责制定和废除法律，并监督政府的行动。根据刚果（金）《宪法》第100条规定，立法权由国民议会和参议院行使。由议会在不影响宪法其他规定的情况下通过本国法律。国会议员是通过直接和秘密选举产生的，且议会选举的候选人由政党或政治团体提名。国会议员任期 5 年，可连选连任。参议员候选人由政党或政治团体提名，也可以独立竞选，一般由省议会二级选举产生。每名参议员由 2 名候补委员选举产生。参议员的人数、选举条件和资格由《选举法》规定。

除常设委员会和特别委员会外，两院还设立了一个或多个联合委员会，在对同一问题有分歧时进行协调。如果仍存在分歧，则由国民议会作出最终决定。议会各议院应通过其议事规则，并在执行之前，有关分庭临时主席团主席必须将议事规则送交宪法法院，宪法法院必须在 15 天内就其是否符合宪法作出裁决。应议会主席团或半数议员、共和国总统或政府的请求，议会两院可就某一特定议程召开特别会议。

国民议会由 500 个席位组成，议员由直接普选产生，任期 5 年。60 名代表在同一选区以单一成员多数票选举产生，其余 440 名代表在 109 个多成员选区以比例代表制和公开名单选举产生。在政党名单上投票的选民可以选择对一个名字进行优先投票，以提高候选人在其竞选名单上的地位，候选人随后获得的席位将以所谓的最高票数分配。2011 年，500 名议员中有 40 名妇女，占 8%。

参议院 108 名议员由省议会通过比例间接选举产生，任期 5 年。25 个省各选举 4 名参议员，首都金沙萨市选举 8 名参议员。投票应按比例进行，并有公开名单和一张优先票。分配是根据最高剩余规则进行的。每名参议员由两名候补委员选举产生。国家前总统是终身参议员。

二、刚果（金）的行政体系

刚果（金）的行政机构是由总统和政府组成。

（一）总统

总统是国家元首。他代表着国家，是国家统一的象征，他确保公共当局和机构的正常运作以及保障国家独立、领土完整、国家主权和遵守国际条约和协定。现任总统为费利克斯－安托万·齐塞克迪·奇隆博。

（二）政府

刚果民主共和国政府是在该国进入第三共和国的自由民主选举中产生的。政府由议会多数派任命的总理领导。共和国总统是国家元首，由普选产生。2021 年 4 月 12 日，刚果（金）齐塞克迪总统签署总统令，宣布组建新政府。新政府共 57 人，包括 1 名总理、4 名副总理、9 名国务部长、31 名部长、1 名部长级代表、11 名副部长。上届政府中留任 10 人，新入阁人员 80%。女性 15 人，占比 27%。平均年龄 47 岁。

三、刚果（金）的司法体系

刚果（金）《宪法》第 149 条规定，司法机关独立于立法机关和行政机关，由宪法法院、最高上诉法院、行政法院、治安法院、最高军事法院和隶属于司法权限的检察院等组成，在全国范围内代表人民伸张正义。司法机关是个人自由和公民基本权利的保障者，法官在履行职责时只受法律的约束。行政机关不得对法官行使管辖权发出强制令，不得对争端作出裁决，不得妨碍司法程序，也不得反对法院裁决的执行。立法机关不得对管辖权纠纷作出裁决，也不得修改或反对法院判决的执行。法院最终作出的裁决和命令，应以刚果民主共和国总统的名义执行。最高司法委员会是司法机关的管理机构，由宪法法院院长、宪法法院总检察长、最高上诉法院第一院长、最高上诉法院检察长、国务院第一主席、国务院总检察长、高级军事法院第一院长、高级军事法院审计长、上诉法院第一院长、上诉法院检察长、行政上诉法院第一院长、行政上诉法院检察长、军事法院院长、高级军事审计员、每个上诉法院的两名法官、每个上诉法院辖区两名检察官、军事法庭审判法官及军事法庭每个管辖区的一名检察官组成。由委员会起草任命、晋升和罢免法官的建议，对法官行使纪律处分权，并就赦免上诉发表意见。

（一）宪法法院

宪法法院，由刚果民主共和国总统任命的 9 名法官组成，其中 3 名由总统主动任命，3 名由议会任命，3 名由最高司法委员会任命。该法院三分之二的法官必须是来自司法部门、律师协会或大学，任期 9 年，不得连任。宪法法院每 3 年由三分之一的成员续任，但每次续任时，将对每个小组的 1 名成员进行抽签，且法院院长由同行选举产生，任期 3 年，可连任 1 次。宪法法院负责监督法律和具有法律效力的行为的合宪性。在颁布组织法、议会和国会、全国独立选举委员会和视听和通信高级委员会的议事规则之前，必须提交宪法法院，由宪法法院决定是否符合宪法。同样，在颁布法律之前，刚果民主共和国总统、总理、国民议会议长、参议院议长或十分之一的代表或参议员可将法律提交宪法法院。宪法法院对法院或法庭提出的违宪抗辩作出裁决。任何人都可以向宪法法院提起诉讼，指控任何立法或监管行为违宪。此外，还可以通过诉讼程序向宪法法院提起诉讼，对其管辖范围内的案件提出违宪抗辩。法院应中止诉讼程序，并将所有未决案件提交宪法法院。宪法法院的裁决不可上诉，可立即执行，具有强制性，对公共当局、所有行政和司法当局、民事和军事当局均具有约束力。

（二）最高上诉法院

在不影响本宪法或共和国法律赋予它的其他权力的情况下，最高上诉法院应审理对民事和军事法院和法庭的判决提出的上诉。最高上诉法院由民事上诉分庭、商业上诉分庭、社会上诉和特别程序分庭及刑事上诉分庭组成，并对以下事项有管辖权：提出原则问题的上诉的案件；对可能有不同解决办法的复杂问题的上诉案件；移送法官不符合最高上诉法院审理的法律问题的案件；在撤销原判后对国家法院的判决提出上诉的案件；总检察长根据司法部长的命令提出的上诉的案件；总检察长为法律利益而提出的上诉的案件；检察长或分庭庭长要求的任何上诉的案件；撤销原判后第二次提出的上诉，涉及同一案件和同一当事方的案件；在撤销原判后，被视为严重犯罪的下令移交的案件；改变法院判例法的案件；组织法第 93 条所述人员所犯罪行的第一审和最后一审的案件。

在所有案件中，最高上诉法院在检察官办公室的协助和书记官长的协助下开庭。

（三）行政法院

行政（法）院即国务委员会，是刚果民主共和国最高行政法院。刚果（金）《宪法》第 154 条规定："应设立行政法院秩序，由国务委员会和行政法院和法庭组成。"国务委员会于 2018 年 6 月根据总统令成立，总部设在首都金沙萨，它有权处置、管理、监督、检查和报告全国所有行政管辖区。国务院机关对一切行政管辖权具有一定的行政权力。国务委员会由第一主席、主席和顾问组成。咨询科由三个分庭组成，分为不同的部门，由几名法官组成，其中包括科长、分庭庭长和顾问，所有这些都是根据国务委员会第一主席的决定明确任命和指派的。诉讼科由 6 个分庭组成，分为不同的主题，由几名法官组成，其中包括庭长、分庭庭长和顾问，所有这些都是根据国务委员会第一主席的决定明确任命和指派的。

国务委员会的权限来自《宪法》第 149 条和第 155 条，以及 2016 年 10 月 15 日关于行政法院组织、管辖和运作的第 016/027 号组织法及其第 45 条至第 51 条和第 75 条至第 93 条。在咨询方面，国务委员会应酌情通过合理的意见或报告或出版物采取行动。在协商方面，法律的正当性按顺序包括：遵守《宪法》、刚果民主共和国正式批准的国际条约和协定、议会通过的法律、自治条例和国家执行条例、省议会通过的法令、根据《宪法》适用的习俗，最后是一般法律原则。在有争端的案件中，国务院可以对当事人之间的争端作出权威性的裁决，也可以对当事人通过调解达成的协议作出裁决。作为行政命令的最高法院，国务委员会对在其管辖范围内的当事人之间的争端作出最终裁决，并在第一审和最后一审、上诉或最高上诉中作出裁决。

（四）军事法院

最高军事法院由第一院长、1 名或多名院长和顾问组成。他们由共和国总统根据《法官规约》任命，并在必要时解除其职务。第一院长由共和国总统从军事高等法院或军事检察官办公室任命。

在每个省的领土管辖区和金沙萨市设立 1 个或 2 个军事法院。军事高等法院由 2 个或 2 个以上的分庭组成。委员会由 5 名成员组成，均为一般或高级官员，包括两名职业治安法官。该法院在检察官办公室的协助和书记官长的协助下运作，并由 1 名总干事、职业治安法官主持。高等军事法院审理上诉时，由 5 名法官组成，其中包括 3 名职业法官。军事法庭可在其管辖范围内的任何地方开庭，在特殊情况下，军事法院的所在地可根据国防部长的命令在其管辖范围内的另一个地点设立。

第二章　刚果（金）投资法律制度

第一节　刚果（金）投资法律体系及基本内容

世界经济论坛《2019年全球竞争力报告》显示，刚果（金）在全球最具竞争力的141个国家和地区中，排第139位。据世界银行《2019年营商环境》排名，2019年在全球190个国家和地区中，刚果（金）营商环境排名第184位。刚果（金）中国企业主要集中在西部首都金沙萨和东部卢阿拉巴、上加丹加省，这也是刚果（金）人口最为集中的两个行政区域。

在刚果（金）投资设立企业的形式主要包括股份有限公司、简易股份有限公司、有限责任公司及一人有限责任公司等。

刚果（金）没有资本市场。刚果（金）注册的企业必须获得刚果（金）政府的批准，才能从境外融资。

一、刚果（金）投资法律体系

刚果（金）《宪法》及政府的相关法规对保护国内外投资者合法权益起到了积极作用。刚果（金）《宪法》及《投资法》规定：所有私人投资者的合法权益受法律保护。上述法律保障贸易和工业自由化，并确保外国投资者享受国民待遇、禁止非法没收或充公个人投资。宪法还保障投资者可自由汇出所获利润。刚果（金）政府与世界银行等相关国际投资者权益保障机构签署了多个双边协议，以保障在刚果（金）从事投资活动的外国人利益。

刚果（金）自2001年以来，为改善营商环境及投资状况，启动了多项改革措施。这些改革措施包括向国内外投资者全面开放市场，推动国民经济各部门自由化进程，启用浮动汇率体系，颁布并实施《投资法》《矿业法》《森林法》《经济特区法》《劳动法》等新法律以促进投资、鼓励自然资源开发，在边境口岸设立移民、卫生、质检、海关等服务部门，并创建刚果（金）国家投资促进署和企业注册一站式窗口，作为政府部门促进投资及改善营商环境的专职机构，树立刚果（金）品牌形象。刚果（金）国家投资促进署是负责刚果（金）境内公共和私人投资的唯一服务窗口。国家投资促进署行政上隶属计划部，但具有相对独立性。主要职责一是受理境内外的投资申请，审理并决定投资许可；二是制定和调整投资政策，促进国内外投资。矿产、石油、天然气、金融、保险、军工，以及政府间的重大投资合作由其他相关政府部门单独管理，投资者需要向政府主管部门单独提出申请。

二、刚果（金）投资法律规定

根据刚果（金）2002年2月颁布的《投资法》规定，除禁止外国投资进入军事领域外，政府允许旨在促进经济发展的所有投资。刚果（金）2002年出台的《投资法》对外国直接投资者作如下定义：任何没有刚果（金）国籍或只有刚果（金）国籍，但居住在国外的自然人和所有总部设在刚果（金）国土以外，但在刚果（金）从事直接投资的国营或私营企业法人。《投资法》承诺，外国法人或自然人可享受与本国法人或自然人同等的待遇，但刚果（金）不能把其参与自由贸易区、关税同盟、共同市场或其他一切形式的区域经济一体化组织所获得的优惠待遇给予第三国国民和公司。刚果（金）对外国投资者的投资方式没有限制，只要条件许可，允许并购当地企业。目前，刚果（金）还没有专门针对并购业务的相关法律，一般执行现行的《投资法》以及相关技术部门制定的转让法规等。在刚果（金）开展并购业务，应首先征得刚果（金）国企部同意。此外，还应征得主管部门的同意。有关具体事宜，可向刚果（金）国家投资促进署咨询。刚果（金）2002年出台的《投资法》第6条、第7条规定：投资项目批准申请由国家投资促进署审查，并由该署转送主管的计划和财政部，以部令批准。审批决定应在文件提交投资促进署 30 个工作日内作出，并通知投资者。如果到期未作出任何答复，被视为批准。在这种情况下，有关当局应在 7 天内颁布批准令，日期以提交文件的回执作准。如果否决，该决定应由书面文件说明理由，并明确指出这一申请不符合本法规定提供优惠所要求的条件。批准令应明确：投资目的、地点和开工时间；投资者及其受托人的身份；投资方案、期限和实施计划；生产目标在正常情况下应在投资项目完成时达到；给予优惠的性质和期限及其实施细则；企业和国家应尽的义务以及国家参与的条件；项目可能进口的财产清单；创造就业的数量；解决分歧的程序；政府有关部门的检查及检查条件。

BOT 即建设—经营—转让，是企业参与基础设施建设，向社会提供公共服务的一种方式，是指政府部门就某个基础设施项目与企业（项目公司）签订特许权协议，授予签约方的企业（包括外国企业）来承担该项目的投资、融资、建设和维护，在协议规定的特许期限内，许可其融资建设和经营特定的公用基础设施，并准许其通过向用户收取费用或出售产品以清偿贷款，回收投资并赚取利润。政府对这一基础设施有监督权、调控权，特许期满，签约方的私人企业将该基础设施无偿移交给政府部门。刚果（金）政府允许外国企业在不涉及国家秘密及安全的领域，如基础设施、酒店及医院等探讨 BOT 合作。BOT 项目如属于国有资产，国家占股比例一般在 10% ~30% 之间。这些项目在特许经营阶段，可享受所有免税政策。如项目系当地私营企业所有，对于外资占股没有限制，外资企业可 100% 控股，但不享受任何免税待遇。此外，对于特许经营年限，政府没有统一规定，由双方通过谈判确定经营年限。刚果（金）2014 年 2 月 11 日由当时的总统约瑟夫·卡比拉签发总统令，批准由刚国民议会和参议院当年 2 月 4 日讨论通过的《关于大型合作协议和合作项目税务、海关、附加税、非税收入和外汇制度优惠政策法》（2014 年 2 月 11 日，第 13/005 号）（简称大型投资项目优惠政策法）。出台该法的主要目的是，通过提供一系列优惠政策，吸引更多国内外投资者来刚果（金）投资兴业，参与刚果（金）政府制订的重建计划的实施，将刚果（金）资源优势转化为发展优势，为更多的社会青年创造就业机会，带动刚果（金）经济社会全面发展。该法规定，在刚果（金）投资额达 10 亿美元以上并承担一定社会与环保责任的合作企业和合作项目可免除应缴纳的直接或间接国地税、关税和进出口税等各类税费，但增值税、矿业入门费、外籍人员薪酬特别税、矿区使用费等25种税费仍需缴纳。在外汇管理方面，刚政府承诺，依据现行外汇管理制度，允许大型投资企业和合作项目在刚果（金）境内自由开设银行外汇和本币账户，并允许其自由转移资金及收入。2014年7月4日，刚果（金）总统卡比拉颁布了《关于设立经济特区的法》。该法没有规定具体的优惠政策，原则上仍参照上述《投资法》规定的优惠税收安排，并确定有关优惠政策将由主管部门结合具体项目和项目所在地区另行商定。2012年5月，刚果（金）政府宣布在全国建设5个经济特区，分别是：西部特区—金沙萨—马塔迪沿线（水电、石油开发，在港口附近设立工业加工区）；中部特区—东、西开赛省省府沿线（物流运输和农业食品加工）；南部特区—加丹加省主要城市沿线（重工业和铜钴等矿产品加工）；东部特区—南—北基伍省省府沿线（工业加工和农业食品加工）；北部特区—东方省和赤道省省府沿线（木材加工和农工产业园区）。2017年9月，刚果（金）工业部代表和刚果（金）马鲁库经济特区办代表正式宣布刚果（金）马鲁库经济特区挂牌成立，并实施划地界工作。马鲁库经济特区占地800公顷，是刚果（金）政府发展经济、促进工业发展的重要举措，是吸引外资、增加财政收入的重要手段。刚果（金）政府规定，马鲁库经济特区是国家财产，不允许任何人以个人名义对外出租土地，个人非法占用土地者必须马上退出。2018年3月，刚果（金）政府颁布修改后的《矿业法》。2018年6月，新《矿业法》实施。修改后的《矿业法》对矿权取得、矿产冶炼和开采、下游分包、股权分红和转让、税基、税率和外汇等规定全面收紧。新《矿业法》对矿权取得、矿产冶炼和开采、下游分包、股权分红和转让、税基、税率和外汇等规定作出调整。其中稳定期的取消，超额利润、战略资源税等概念的引入将给企业经营带来较大不确定性。

齐塞克迪总统上台后，将数字化作为国家发展重点之一，希望将数字化作为促进民族融合、国家治理、经济增长和社会进步的重要手段。齐塞克迪在总统府设立了专门的数字顾问，2021年新政府成立后，首次设立信息化部。2019年，总统数字顾问联合刚果（金）多部门和专家学者制定了《国家数字发展规划2025》，确定以下几方面为刚果（金）数字化发展重点：基础设施的建立和现代化；扩大电讯覆盖范围和数字接入；安全频道和获取数字内容；行政部门和企业的数字化转型；金融科技平台的运作；提高劳动力素质；数字技术发展的监管和所有权；通过公共政策促进数字化。由于该国政府、企业等机构数字化程度较低，目前刚果（金）数字化发展仍处于起步阶段。推进数字经济存在电力短缺、缺乏技术和专业人员等诸多限制因素。刚果（金）尚未制定关于数字经济的法律法规。2021年4月，刚果（金）政府举行了数字时代的刚果（金）论坛，提出“加强立法是促进刚果（金）数字经济发展的必要条件”，强调了关于数字经济立法的重要性。

第二节　刚果（金）投资的监管与优惠

根据刚果（金）2002年2月颁布的《投资法》规定，除了禁止外国投资进入军事领域外，政府允许旨在促进经济发展的所有投资。鼓励行业为：民用设施领域（如建筑），道路维修，公共运输；学校和医院等方面；农业投资，通过农业机械化以实现粮食自给或者降低进口并且增加乡村地区的收入，增加工业原料的供应；工业投资，比如建立工业基地，以实现长久的经济效益，促进社会就业；对自然资源进行开采；提倡提高资源的附加值及扩大生产规模。

刚果（金）前总统卡比拉2011年12月24日颁布了《刚果（金）农业基本法》，对从事农业领域投资合作的企业给予相应的优惠鼓励政策。

2014年2月11日，刚果（金）前总统卡比拉颁布了《关于大型合作协议和合作项目税务、海关、附加税、非税收入和外汇制度优惠政策法》（简称大型投资优惠政策法）。该法规定，在刚果（金）投资额达10亿美元以上、承担社会和环保责任的合作企业和合作项目可免除应缴纳的直接或间接国地税、关税和进出口税等各类税费，但增值税、矿业入门费、外籍人员薪酬特别税、矿区使用费等25种税费仍需缴纳。在外汇管理方面，刚果（金）政府承诺，依据现行外汇管理制度，允许大型投资企业和合作项目自由转移资金及收入，并允许其在刚果（金）境内银行自由开设外汇和本币账户。

《投资法》有关鼓励投资的优惠政策框架主要包括以下方面。

进出口关税优惠：投资公共设施的公司以及法律认可的其他投资公司，在法律规定的免税期限内，公司进口与项目相关的设备以及价值不超过设备价值10%的零配件，免除所有关税。获得免税须向投资促进署提交申请，并且进口设备必须符合以下条件之一：（1）进口的设备必须是刚果（金）本地没有能力生产的；（2）刚果（金）本地有能力生产，但是产品的税前价格高于进口产品价格10%以上。公司产品出口免征出口税。

一般税收优惠：新增投资所产生的利润在优惠期内免除相关的税收；公司优惠期内用于经营的土地免收土地税。公司若购买本地企业的产品用于固定投资则免除相应的营业税。

投资法为向国家投资促进署提交投资草案（商业计划书）的投资者提供了具有吸引力的免税和免关税政策，一旦其草案在不超过30天的期限内获得国家投资促进署的批准，投资者可享受以下海关、税务和附加税方面的优惠政策：

（1）机械、器材和设备免征收进口税费（不包括2%的行政税和增值税（由发起人预先支付，但由税务机关退还）；

（2）免征收利润税；

（3）免征收土地税；

（4）在成立有限责任公司或增加其注册资本时免征收比例税。根据所投资的经济地区，授予的优惠期限为3年、4年或5年；

（5）3年：A经济区（首都金沙萨）；

（6）4年：B经济区（中刚果省、卢本巴希市、利卡西市、科卢韦齐市）；

（7）5年：C经济区（其他地区）。

刚果（金）各省政府对投资没有明显鼓励政策，但对规模以上的投资可以通过省政府协调从土地方面获取一定的优惠，此优惠仍然需要得到中央政府的许可。

另外，刚果（金）《投资法》规定，经批准投资社会经济领域的基础设施项目（包括学校、医院、体育设施以及公路项目等），可根据递减折旧规定享受折旧。

2021 年 1 月 6 日，中国与刚果（金）签署了两国政府关于共同推进“一带一路”建设的谅解备忘录。刚果（金）成为“一带一路”在非洲的第 45 个合作伙伴。

2022 年前，东共体共同对外关税税率分为 3 档，终端消费品 25%、中间产品 10%、原材料和资本货物 0。初衷是保护本地制造业免受廉价进口的竞争。东非共同体负责贸易和金融的部长于 2022 年 5 月 5 日将该地区共同对外关税第四档税率调整为 35%。第四档关税项目包括：乳制品、肉制品、谷物、棉纺织品、钢铁、食用油、饮料、烈酒、家具、皮革制品、鲜切花、水果、坚果、糖、甜品、咖啡、茶、香料、纺织品、服装、头饰、陶瓷制品以及涂料。在肯尼亚蒙巴萨召开的全面审查共同对外关税务虚会上，部长们决定，经审后的共同对外关税于 2022 年 7 月 1 日开始实施。35% 的最高关税幅度是最合适的税率，最高共同对外关税税率由 25% 提升至 35% 后，东共体区域内贸易收入将增加 1890 万美元，就业率提升 0.03%，各成员国贸易收入增加 5.5%。在实施过程中，预期会有福利损失，但由于当地生产的转变而产生了更多的就业机会，因此可以弥补这些损失。从长远来看，该税率对区域增长的积极影响最大。在东共体国家进行关税调整之后，中国出口东共体国家成本增加。

2022 年 3 月 29 日，第 19 届东非共同体国家元首特别峰会上，刚果（金）被正式接纳为东非共同体成员。它成为继肯尼亚、乌干达、卢旺达、坦桑尼亚、布隆迪和南苏丹之后共同体的第七个成员。2019 年 6 月，齐塞克迪总统上任后刚果（金）正式提出加入东非共同体的要求。东非共同体最早成立于 1967 年，早期成员有坦桑尼亚、肯尼亚和乌干达三国。2007 年，东共体吸纳了卢旺达和布隆迪为成员国。2016 年，南苏丹正式加入东共体。作为非洲重要经济体，刚果（金）的加入将使东非共同体的面积增加一倍多，从目前的 240 万平方公里增至 470 万平方公里，其人口也从 1.83 亿增加到 2.75 亿，东非共同体发展前景广阔。东共体是一个共同市场，因此，生产要素可以在该地区自由流动。2017 年东共体通过一项有时限的消除非关税壁垒方案，颁布

《消除非关税壁垒法》，截至 2020 年 11 月，已累计消除 223 个非关税壁垒。由于上述举措，贸易量和跨境投资都有所增加。

第三节　刚果（金）投资的外汇管制

近年来，国际各知名评估机构对刚果（金）投资环境、良政指数等评价较差。为此，中国企业在投资项目立项时，要谨慎行事，避免各种风险。

刚果（金）实行外汇管理，但不属于严格意义上的外汇管制国家。现行主要外管法律法规是《外汇管制条例》。外币需在规定银行和货币兑换所进行兑换。部分当地金融机构可为居民和非居民开立人民币账户。

2019 年 5 月 2 日，刚果（金）中央银行正式宣布将人民币同美元和欧元一道作为该国外汇储备货币，但是具体的储备金额及占外汇比例未对外披露。中国和刚果（金）未签署双边货币互换协议。

刚果（金）实行外汇管制。美元在当地市场可自由流通。外资企业只要按要求提供相关文件便可申请开立外汇账户。外国人携带现金出入境限额为 1 万美元，超过 1 万美元需申报，并说明理由。2020 年刚果（金）央行致函刚果（金）银行协会，重申外币取现额度不得超过 1 万美元或等额货币的规定。

一、经常项目外汇管理政策

（一）货物贸易

出口业务超过 1 万美元，进口业务超过 2500 美元均需在中央银行办理出口和进口许可证，一般开户银行会协助企业办理进出口许可证手续。

矿业方面，根据 2018 年颁布的新《矿业法》，矿业公司需将至少 60% 的实际出口销售收入汇回刚果（金），且严格限制将汇回的矿业出口收入再转移至境外。

（二）服务贸易、收益和经常转移

利润汇出需交 20% 的税。

二、资本项目外汇管理政策

（一）直接投资

刚果（金）对外国投资者的投资方式没有限制。原则上允许大型投资企业和合作项目自由转移资金及收入，并允许其在刚果（金）境内银行自由开设外汇和本币账户。

（二）金融和资本市场

刚果（金）没有资本市场。刚果（金）注册的企业必须获得刚果（金）政府的批准，才能从境外融资。

第四节　刚果（金）投资风险防范

近年来，刚果（金）政治和经济形势趋于好转，发展潜力较大，但从基础设施、政策法规、政府效能、社会环境等因素来看，企业要做好对风险的充分评估。

在刚果（金）办理投资合作相关手续，需向当地律师、专业机构寻求帮助，有关政策事项也可与中国驻刚果（金）使馆经商处联系。中国企业和个人到刚果（金）从事投资活动，需注意以下问题。

一、客观评估投资环境

企业如果希望赴刚果（金）探讨矿业投资合作，需要对项目所设场址的地皮及矿产原料供应地所属关系进行认真核实，避免日后引起地产和矿权纠纷。同时，需对项目建设时涉及的环保规定进行认真了解和应对；对电力、交通、原料供应等深入调研评估，并事先提出应对方案。

二、适应法律环境的复杂性

刚果（金）《投资法》是外国投资者进入刚果（金）投资需要了解的主

要法规。但矿产、石油、天然气、金融、保险、军工以及政府间重大投资合作等领域的投资并没有包含在《投资法》中，而是体现在相关行业主管部委颁布的法规里。投资者除了熟知《投资法》，还要多了解相关行业的相关法律法规，如《矿业法》等，做到心中有数，避免由于不熟悉当地的法律法规，造成不必要的损失。

三、做好企业注册的充分准备

根据刚果（金）相关法律规定，政府承认按照刚果（金）法律或者外国法律在刚果（金）成立的公司。合资公司必须依据当地法律成立，所有在刚果（金）的公司需遵循刚果（金）法律。企业在开业前，需申请营业执照（即申请商业注册与动产信用登记证）、企业国家代码和税号。从事进出口业务的企业还需要申请进出口代码等。总之，外国企业在刚果（金）从事经营投资合作或贸易活动，必须在当地登记注册，依法纳税。关于注册公司的相关手续，最好聘请当地有经验的律师或会计事务所帮助准备。

四、适当调整对优惠政策的期望值

企业在刚果（金）投资大型项目尤其是矿业开发项目和农业开发项目，以及被列为政府急需的重要基础设施项目时，可通过个案谈判，获得相应的优惠政策（如关税减免等）。但政府在实际谈判特别是在执行过程中，往往因部门间缺乏及时沟通和协调，谈判获得的优惠政策不能有效执行，给企业的经营活动造成许多障碍和困难。因此，企业在计算经营成本时，要充分考虑这些不可预见的人为因素，适当调整对优惠政策的期望值。

五、充分核算税赋成本

总体来看，刚果（金）税赋较高、税目多，而且存在乱收费、乱罚款等现象。企业在投资时，应具体了解当地税收规定，充分核算税赋成本，同时也要充分考虑各种不可预见的成本支出。尽量选择在税收优惠区域投资建厂，以便获得对企业所得税及设备进口关税的减免。

六、建立良好的企业信誉

在实际工作中，公司在商谈业务前，不要事先轻易向对方作出承诺。一旦作出承诺，就应认真履行，做到取信于人。对于对方所做的承诺，要认真对待，谨慎处理。

七、在刚果（金）开展投资合作的建议

第一，加强对刚果（金）局势走向研判，谨慎决策投资规模。企业在探讨即将实施的投资项目时，需高度关注刚果（金）的局势走向，并进行认真研判，适度确定投资规模。同时，国内相关金融机构也应对当地局势进行定期跟踪、评估，及时采取相应措施，规避投资风险。

第二，正视刚果（金）实际困难，立足自身谋发展。企业需对项目发展规划进行认真评估和论证，对于当地政府短期内无法解决的供电紧张等实际困难，应尽快研究采取相应措施，如考虑自建电站或推动当地供电部门从邻国购电等多种措施，确保生产正常运行。

第三，加强安防措施，保障企业和人员安全。企业应结合各自特点，考虑在当地雇用专业保安、武装警察或军人负责对矿山、企业和人员进行全天候保护，并加强与当地安全部门沟通，在遇到紧急情况时得到其快速干预。同时，企业应认真贯彻落实中国商务部有关境外投资安全制度的规定，加强对员工安全教育和管理。针对当地医疗卫生设施差等实际情况，企业应配备专业医护人员和医护设备，与当地国际救援机构保持联系，并建立良好的居住和卫生环境，减少发病和传染，确保企业和人员安全健康。

第三章　刚果（金）贸易法律制度

第一节　刚果（金）贸易法律体系及基本内容

刚果（金）是非洲商法协调组织（OHADA）成员国之一，所以刚果（金）商法也适用非洲统一商法。《统一担保法》禁止自然人出具保函，并规定违反禁止性规定而出具的任何保函无效。该法中关于保函的规定，主要来自国际商会制定的《见索即付保函统一规则》。保函自出具之日起生效，除非另有其他规定，在委托人没有取消指示时，保函不得撤销。保函仅对协议中载明的数额有效。

一、贸易主管部门

刚果（金）贸易部是负责管理贸易活动的主管部门。该部下设对外贸易司，负责相关日常工作。

二、刚果（金）贸易相关法律

刚果（金）主要对外贸易法律有：《商业公司法》《投资法》《本国进口商担保基金条例》《保障商品供给和分配的控制措施条例》《进出口企业登记号的管理规定》《公平竞争法》《物价法》等。

三、贸易管理的相关规定

刚果（金）实行自由贸易政策，但部分商品的进出口受许可证或其他限制。

进口管理：刚果（金）工业基础差，国内生产和生活必需品大多需要进口。除汽车新轮胎、纯棉提花布等需要办理进口许可证外，对其他一般商品进口基本没有限制。

出口限制：国家对一般商品出口限制较少，但部分特殊商品出口需事先到相关部门提出申请，在获得出口配额或许可证后，才能开展此项业务。需要办理出口许可的商品包括：①矿产品，包括铜、钴、黄金、钻石、钽铌、放射性矿物质等，需获得矿业部发放的许可证；②木材出口需获得环境部发放的砍伐证、销售证、购买证及出口配额。

根据刚果（金）综合货物运输管理局要求，中国发往刚果（金）的货物须办理进口货物电子跟踪单。

商品检验检疫：刚果（金）产品检验办公室是负责进出口商品检验检疫的管理部门，主要职责是监督价格，制止走私行为和控制对外支付的平衡，检验进出口产品的质量、数量，检查进出口产品的价格。其检验进出口商品实行收费制度。检验费用为每笔产品发票金额的 2.32% ，食品饮料每吨收取 5% 的费用。其检测标准依据 ISO/CEI/17020 的要求实施。

海关管理规章制度：刚果（金）海关总署负责监管所有进出口货物的通关、征收关税、调查走私等。

关税税率：刚果（金）政府 2003 年 3 月 13 日第 002/03 和 003/03 号法令颁布的《进出口商品海关税则》规定了主要商品的进出口关税税率。

1973 年、1988 年和 1999 年，中刚两国政府曾 3 次签订双边贸易协定。根据现行协定，双边贸易以可兑换货币支付，并相互给予最惠国待遇。1984 年两国政府签订了关于成立经济、贸易和技术合作混合委员会协定，迄今已召开了 8 次会议。2011 年 8 月 11 日，两国政府在金沙萨签署《关于促进和保护投资协定》，经双方履行国内法律程序，该协定于 2016 年 11 月 17 日起生效。

2007 年至 2014 年，两国政府先后四次签订关于中方给予原产于刚果

（金）部分输华产品零关税待遇的换文。根据第四次换文规定，自 2015 年起享受零关税待遇的原产于刚果（金）的输华商品范围扩大至 97%。

目前，中国与刚果（金）尚未签署货币互换协议。

第二节　与刚果（金）进行贸易的法律风险与防范

在刚果（金）经商必须熟悉并适应当地的特殊贸易环境，采取有效措施拓展业务，规避风险。

一、适应当地支付条件

在签订贸易合同时，须谨慎研究，切勿草率行事，要认真调查了解客户的支付能力和供货能力。对由当地银行开具的信用证要持谨慎态度，最好选择在刚果（金）的国际大型金融机构或银行开具信用证。适用成熟且完善的交易规则。中国企业在刚果（金）进行经贸活动时，可借鉴《联合国独立保证与备用信用证公约》、国际商会《见索即付保函统一规则》等的成功经验，适用成熟且完善的交易规则，并在保函中明确条款的适用顺序。

在与刚果（金）中小型私企开展贸易活动前，中国企业有必要签订较为严谨的书面合同，约定采用现金、信用证等相对稳妥的结算方式，避免通过赊销方式进行贸易。同时仍应在贸易合同中订立保值条款，从而合理规避汇率风险。

（一）注重提升产品质量

在刚果（金）的中国产品整体价格便宜，受到当地低收入消费者的欢迎。产品的质量和信誉是进入市场的根本，为此，一定要注重把好产品质量关，避免产生由中方原因而引起的纠纷。

（二）谨慎选择运输公司

刚果（金）没有深水港口，经海运进口的货物一般需经刚果（布）的黑角港等地转小船才能进入，或是运抵坦桑尼亚，通过陆路进入刚果（金）东部地区。加之刚果（金）港口装卸能力低，后续运输困难，从中国出口到刚果（金）的货物一般需数月时间才能抵达目的地，有时无法确定何时才能运达。因此，中国企业在选择运输公司时，要货比三家，多联系几家运输公司，从中择优选用，最好选择有实力的大型运输公司。

（三）态度鲜明，不失礼貌

在商务谈判中，中国企业在与刚果（金）商业伙伴谈生意时，要认真准备方案，准确解答其提出的问题。在坚持原则的同时，也应体现出以礼相待的良好风貌。

（四）着装得体

当地人非常注重商业伙伴的着装和举止。中国商务人士在出席商贸及社交活动时要着装整齐。参加正式会谈、宴请以及各种活动时，除非主办方说明不穿正装外，一般要着正装。尊重当地人，注意谈吐，尤其不能有歧视性态度和语言。不要随意拍照。

（五）其他注意事项

（1）要学会和掌握一些能应对日常工作所需的简单外语，以免在遭遇困难时无法交流，处于被动境地。

（2）不可忽视安全防范措施。中国企业常常会碰到不明身份人员的“拜访”甚至安全威胁，为此，要从当地正规的安保机构雇用保安人员，且要与当地各政府部门保持良好关系，做到遇事能及时联系上相关单位和人员。

（3）保管好个人的有效身份证件，以免丢失和被盗。签证快到期时，应提前办理延期手续。中方人员曾发生因护照丢失后不及时报案而被当地警察拘留、扣押的事件。

（4）在购买土地、房产、矿权时要十分谨慎，对持有者的各种证件，应到当地正规合法部门进行认证，并聘请当地有经验的律师参与，以免造成无法弥补的损失。

（5）由于刚果（金）东北部和中部开赛地区仍有反叛武装组织残余势力活动，安全风险大。建议尽量避免前往这些地区拓展业务。如确需前往，应向使馆报告并特别注意自身安全。

（6）中方人员要注意自身形象，与当地员工和睦相处，切不可有歧视当地人的举动，以免发生恶性冲突事件。

（7）合法经营，遵守当地有关法律法规。

（8）不得从事走私活动或非法携带象牙等野生动物制品出入境。近年来连续发生多起中国公民携带象牙等野生动物制品出入或过境部分国家机场等口岸时，被当地执法部门依法查扣并被处以监禁或巨额罚款的案件。购买和携带象牙、犀牛角等野生动物制品严重违反《濒危野生动植物种国际贸易公约》和中国及刚果（金）等国家的法律，将受到各国严厉打击。中国驻刚果（金）大使馆提醒往来刚果（金）的中国公民严格遵守有关法律法规，切勿心存侥幸，铤而走险。

第四章　刚果（金）工程承包法律制度和劳工法律制度

第一节　在刚果（金）进行工程承包制度和方式

中国在刚果（金）承揽的工程项目主要涉及矿区建设、修路、水电站建设、供水工程及电信设施建设等。中国企业参与项目主要为世界银行、非洲发展银行等第三方银行或机构出资项目。

一、许可制度

刚果（金）目前尚无比较完备的承包工程管理规章制度。对承包人的要求和限制一般在具体项目招标公告中列出，而施工和工程验收等方面的规定都在合同中以一般管理条款加以规定，内容形式上采用国际通用菲迪克条款（FIDIC）。

目前，刚果（金）政府不允许外国自然人在当地承揽工程或承包项目，所有工程承包项目均需以公司名义参与招标，部分项目招标时甚至限定“仅邀请在刚果（金）本地注册的公司参与投标”。外国自然人应在当地成立公司或代表处，获得营业执照、资质证书等相关资质，并在其资质等级许可的业务范围内承揽工程。

一般政府资金、世界银行资金、非洲开发银行资金项目除拒绝来自联合国制裁国的企业外，对承包商国籍无特殊要求，部分项目会对在刚果（金）注册企业有竞标加分或优惠。欧洲复兴银行、阿拉伯银行资金一般只允许欧洲企业和阿拉伯企业参与竞标。部分招标项目要求制定部分业务分包给刚果（金）当地企业，需要和当地企业联合投标。

刚果（金）2017 年 2 月通过《分包法》，旨在促进刚果（金）中产阶级的崛起，保护国家劳动力。该法令规定所有经济领域的分包市场要预留给刚果（金）公司，由国家私营行业分包管理局负责监督实施。该法令规定企业可以与外国注册或外资拥有的本地分包商签订合同，前提是能够向管理局证明刚果（金）本土分包商在该领域缺失，并且外国或外资分包商的工作持续时间不超过 6 个月。

二、禁止领域

刚果（金）目前尚未对承包工程禁止的领域作出规定。

三、招标方式

招标方式包括公开招标、邀请招标和议标方式。针对资金自筹或外来资金的大型项目采用国际招标，针对专业要求较高的项目采用邀请招标，针对紧急的小型项目采用议标方式。

在刚果（金）当地获取招标信息的途径有以下几种：（1）报纸，如《潜力报》和《未来报》；（2）杂志，如《青年非洲》；（3）网络，联合国技术信息促进系统等；（4）经常与各招投标机构保持联系，也可获得相关招标信息。

四、投标方式

在刚果（金），工程项目业主对施工单位的资质没有统一标准，具体要求以招标公告为据。以金沙萨市政道路 1 标的招标公告为例，业主对承包商的资质要求是最近 5 年的公司营业额达到 1000 万美元以上，有过 3 条各 10 公里以上的道路建设经验，企业授信额度在 200 万美元以上，以及项目规划中包括社会环保措施等。

中国企业在刚果（金）开展承包工程业务，需要在购买标书后到中国驻刚果（金）大使馆经商参处登记，领取《对外承包工程项目投（议）标申请登记表（项目情况部分）》和《对外工程外派劳务事项表》。在经商参处签署意见后，报中国对外工程承包商会，才能办理投标保函，进行后续投标。

投标则根据每个业主的招标文件要求，提交包括商务标、技术标和经济标的纸质标书或（和）电子标书。商务标包括企业资质、营业执照、财务能力、业绩、人员设备相关文件，技术标包括设计技术方案（少有）和施工组织方案，经济标主要是项目投标报价和投标保函。

特别提醒有关企业在刚参与投标前，应尽力弄清招标资金来源，注意防范招标陷阱，尤其是不要轻信某些个人的私下许诺。

五、验收规定

刚果（金）对施工和工程验收等方面的规定通常在合同中以一般管理条款加以规定。

《2017 版刚果（金）私营领域分包有关规定》中第 16 条规定，在活动结束以后，需签订验收临时笔录。验收临时笔录只有在主要承包商支付完余额后才成为最终笔录，从验收起在 30 天的期限内移交工程。如果没有上述验收笔录，工程的投入使用足够强迫主要承包商遵守上一段中的规定。

第二节　刚果（金）工程承包的法律风险与防范

一、购买保险控制风险

保险是多数国际工程承包企业控制风险的措施之一，通过保险可以很好地转移、控制风险。通常企业开展国际工程前可以考虑购买工程一切险（包括建筑工程一切险和安装工程一切险）、施工器具和设备险、第三方责任险和货物运输险等险种。菲迪克合同对承包商的投保义务也有相关规定，承包商可根据项目所在国实际情况以及业主要求，选择购买相应的保险，以减少风险。

二、选择合适的争端解决机制

要选择对中国公司更有利的仲裁机构。因项目价款支付、工程鉴定、质量验收等原因导致承包商与业主发生争端时，如选择在刚果（金）法院诉讼，可能会因对当地法律体系不熟悉、地方保护主义等原因而难以得到公正的判决。企业在制订争端解决机制时可以将法律体系完备、第三国的仲裁机构作为最终争端解决机构，以保证双方获得公正审理。国际仲裁尊重当事人对仲裁机构的选择权，更为中立。中非贸易投资中，许多中国企业对非洲国家国内仲裁方式的公正性多存担忧，尤其是当非洲部分国家的司法、政治风险难以规避的时候；对于非洲东道国来说，将争端解决提交国际仲裁机构有利于增加中国投资者的信心，促成更多的商业合作。

三、注重环保

中国企业施工时要注意当地环保要求，确实因施工原因必须砍伐树木或可能对环境造成影响时，要经刚果（金）有关部门批准，避免不必要的麻烦和损失。

四、注重社会影响

企业要重视自身形象，当施工项目与学校、街道等居民住地的距离较近时，要把保护当地群众安全放在重要位置，注重制定和落实安全措施，确保安全。在项目施工过程中，要依据有关规定为当地员工配置必要的劳保用品（安全帽、劳保鞋、工作服等），体现文明施工的理念；在对当地员工提供培训和管理时，要注意文明、平等，避免粗暴行为；在当地员工或国内员工出现工伤事故时，要充分体现人文关怀理念，对员工进行及时妥善救治，承担相关费用，以增强企业凝聚力。

五、尊重当地风俗习惯

尊重当地员工的生活和宗教习惯，给员工休息和做礼拜时间，不强迫员工加班加点。

六、公平竞争

中国企业在竞标承包工程项目时，应以国家整体利益为重，避免无序竞争，互相压价。

七、保障安全

注意作业时的人身安全。特别是高空作业人员，一定要有安全保护措施，最好为作业人员上安全事故保险。与此同时，行车安全等也是不容忽视的问题。

八、遵守税法

及时合理缴纳税费。了解当地税务要求，严格按照规定报税缴税，个人税、增值税、公司营业税等。

九、注意工程款拖欠支付问题

近几年来，部分由刚果（金）政府出资建设的项目，经常发生由于资金落实不到位导致工程进度大大低于预期甚至中途停工，或由于企业盲目垫资施工导致难以追回欠款的现象，给中国企业正常经营造成困难。因此，企业在进行承包工程投标时应要求业主明确资金来源，谨慎应对业主提出的垫资施工要求。避免施工初期大量设备、人员集中进场，业主无法按时拨付后续资金，导致施工企业陷入进退两难境地的情况出现。

第三节　刚果（金）劳工法律制度

一、刚果（金）劳工主管部门

劳动管理中央机构为刚果（金）就业、劳动与社会保障部。

二、刚果（金）劳工法律主要内容

刚果（金）失业率极高，普通劳工供大于求，劳动力供需比例约为10:1，缺少有技能和经验的劳工。根据联合国开发署统计，刚果（金）现有人口约7342万，其中15至25岁的城市人口失业率达32%。此外，75%的城市人口和95%的农村人口处于就业不足状态。由于教育落后和就业培训跟不上，现有劳动力多数缺乏专业培训，有技能和经验的劳工大多年龄偏大。

刚果（金）《劳动法》是规范刚果（金）国内雇用劳动者的主要法规。最新版《劳动法》颁布于2002年10月16日。该法对普通劳动者的合法权益进行法律保护，突出了劳动卫生、安全、环境和职业培训等方面的内容。

雇佣合同及合同解除：雇佣合同分为定期合同及不定期合同两种。定期合同，适用于阶段性用工，最长期限不能超过2年。不定期合同，适用于长久性用工，根据岗位需要，合同可包含1～6个月的试用期。对于未满18岁的实习性质用工，可签署实习生合同。

用工合同应在雇用前48小时送达被雇用者签署。所有双方签署的用工合同均需呈送劳工部国家用工办公室批准及备案。未在劳工部备案的用工合同，被雇用者有权随时终止，并有权要求损害赔偿。

解除劳动合同须有正当理由，并在合同解除前14天通知员工。对干部阶层的劳动合同解除须提前3个月通知本人。被解聘员工如果认为解聘理由不充分或离职结算不合理可向劳动检察法院起诉，由劳动检察官裁决。

无正当理由解聘员工，根据《劳动法》规定最高可判赔偿36个月工资。

薪酬、工时及加班：《劳动法》规定，员工工资包括基本工资、交通补贴、住房补贴及家庭补贴。正常工作时间每天不能超过9小时，每周不超过45小时。执行周六、周日每周2天休息制。正常工作时间以外的加班，享受加班工资，具体计算方式为：加班前6个小时，其工资为正常工资的130%；超出6小时的加班工资为正常工资的160%；节假日加班，其工资为正常工资的200%；夜班时间为晚19时至次日早上5时，夜班工资为正常工资的120%。禁止妇女、未满18岁的儿童及残障人士上夜班。

员工每年享受12天带薪年假。除国家法定节假日外，员工还可享受以下有薪假期：员工结婚2天假期；配偶分娩2天假期；子女结婚1天假期；配偶及父母死亡4天假期；祖父母死亡2天假期。

社会保险及医疗保险：社会保险由国家社保局负责。根据《劳动法》规定，劳动者应缴纳的社保费用为其基本工资的18%，其中13%由雇主缴纳，5%由员工自己承担。男女性均为65岁退休以后领取社保津贴。工伤及职业病经鉴定和认可，也可以享受社会保险。员工医疗保险费用由雇主承担。一般来说，由雇主与合作医院签署医疗保证协议，员工及其家属在合作医院享受免费医疗。

刚果（金）法律规定，外国人在当地就业，首先需要与刚果（金）境内的一家企业签署劳动用工合同，然后由该企业为其申请劳动许可证，获得工作许可以后，该劳工可以申请劳工签证入境并居留。

中国和刚果（金）两国目前没有互免或单方面免签签证的协定，中国公民去刚果（金）需要前往刚果（金）驻华签证中心办理签证。外国人携带现金出入境刚果（金）限额为1万美元，超过1万美元需要申报并说明理由。外国人来刚果（金），入境时要接受健康证明及接种疫苗证明（如黄热、天花等）的检查。

关于企业中外国劳工比例也有规定。根据刚果（金）《劳动法》第185条的规定，禁止任何雇主，无论是自然人还是法人，无论是国营还是私营企业，也无论是刚果（金）籍还是外籍，拥有外籍劳工的人数超过员工总人数的15%。根据企业的不同性质，对外国人在各个级别中的比例都有限制。以电信合资企业为例，低级员工中外国人比例为零，公司基层干部及辅助领导中外国人最高比例为2%，领导干部中外国人最高比例为2%。2005年10月26日，刚果（金）政府发布了关于企业外国劳工用工比例上限的部长令。经刚果（金）国家外籍劳工就业委员会同意并提供合理理由后，劳动部长可批准特例情况，但不得超过所允许最高限额的50%。为此，申请人一方面需证明无法在刚果（金）境内找到符合岗位能力的员工，另一方面此特殊申请只能维持2年期限。

对于不同行业的企业，刚果（金）法律规定了一些禁止外国人担任的职位，以商业、银行、保险、不动产等行业中的合资企业为例，以下职位禁止外国人担任：部门秘书、部门副手、部门助理、行政经理、会计、商务经理、销售经理、采购经理、副主管、副经理助理、供应主管、经济顾问、法律顾问、翻译秘书、计划员和人事经理等。其他部门及其他公司类型不允许外国人担任的职务，在《劳动法》第81条中亦有具体规定。

三、与刚果（金）进行劳务合作的法律风险与防范

目前，刚果（金）本国有实力的企业较少，吸纳就业能力十分有限，对外籍劳工需求非常少。因此，如果以单纯的劳务输出方式到刚果（金）务工需持谨慎态度。

通过劳务方式到刚果（金）时，建议选择专业技术含量高的金融等领域，最好能在合资企业内就业。劳务人员赴刚果（金）前，应对业主的资信等情况有所了解，详细阅读合同内规定的各种待遇和工作环境等事项，以免给自身权益造成损失。如中国企业因实际工程需要从国内招募劳务人员赴刚果（金），劳资双方应按照有关规定签订正式工作合同，明确双方责任与义务。劳务派出前应进行必要的体检，确定拟派出人员身体健康，降低劳务人员国外患病风险。出现劳务纠纷时应采取理性的处理方式，严格执行合同规定，必要时可向中国使馆领事部和经商处寻求帮助。

第五章　刚果（金）财税金融法律制度

第一节　刚果（金）财政税收金融情况

刚果（金）金融市场参与主体主要有商业银行、保险公司和其他非银行金融机构。刚果（金）中央银行和保险监督管理局负责对金融市场进行监管。刚果（金）金融部门的存款和贷款主要以美元计价，银行资金主要来自私营部门的即期存款（公司和家庭分别持有即期存款总额的37%和54%），银行客户主要集中在贸易、服务和采矿部门，且贷款和存款均高度集中在上加丹加和金沙萨。2017年9月，刚果（金）召开国家税制改革论坛。财政部长亚夫·穆朗在其发言中指出刚果（金）现行税制的四大弊端：（1）税基狭窄，这给部分人员和企业带来沉重的负担，客观上造成税制不平等。（2）税目种类繁多，令纳税者不堪重负。除十余种捐税外，尚存在400余种税费，其中有些税费甚至没有法律依据。（3）税制特例存在导致免税条款滥用。（4）众多行政部门参与及执行程序的差别令征税工作难以贯彻，并影响行政部门和纳税者之间的关系，这使得刚果（金）的税制错综复杂。上述弊端一方面导致市场参与者举步维艰，另一方面导致税收对财政支撑乏力。

近年来，刚果（金）国内为了优化营商环境，建立了远程报税制度；每月欠税利息的罚款率从4%降到2%，并规范税务机关对纳税人干预。此外，还发布了税收、关税、费用和特许权使用费的统一名称，规范中央和省级税收。政府决定在已至少支付争端总额10%的前提下，暂停支付剩余有争端税款等。在信贷方面，刚果（金）为支持新设企业一站式电子登记信贷需求，正在建立全国电子支付系统和移动货币支付系统。推动当地的银行账户开立和信贷获取手续便利化，扩展央行“Isys – Ceri”应用程序，与商业银行和小额信贷机构共享信贷申请人实时信息等。

第二节　刚果（金）财税金融法律及基本内容

一、刚果（金）税收体系和制度

刚果（金）的税收管理分普通税和行政税费两种，以属地税制为主，分为省级税及地方税，实行从量征收。总体来看，刚果（金）税赋高，税目多。自 2012 年 1 月 1 日起，刚果（金）推行新的税制——增值税，单一税率为 16%，取代了原来的营业税。2018 年，刚果（金）国家税法在增值税部分有重大的改革。法律规定免除新企业为创建公司投入的进口设备的增值税。出口型矿业企业、石油生产公司以及在公司创立阶段有巨额投资的公司也在此次改革的范围内。改革的目的是减轻公司在创建阶段的资金负担。公司向所属税务部门申请免税证明，并将此证明出示给供货商，便可免交增值税。如果所购买的物品或享受的服务不在免税的范围内，则公司应缴纳增值税。2019 年，为鼓励投资，刚果（金）发布新税法，将企业所得税由 35% 降至 30%。

二、主要赋税和税率

刚果（金）企业税收分为普通税和行政税，税目较多。2012 年，刚果（金）推行新税制，停止征收营业税，改征增值税。

（一）企业所得税

1. 企业所得税的税率为 30%，对在刚果（金）活动的非居民公司或个人通过位于刚果（金）的常设机构或固定机构实现的利润进行征税。

2. 最低所得税的税率根据公司规模确定。适用于亏损公司以及企业所得税低于营业额1%的公司。在纳税年度开展业务但未实现营业额的公司也需缴纳最低所得税。缴纳标准为：大型公司250万刚果法郎/年；中型公司75万刚果法郎/年；小型公司3万刚果法郎/年。

3. 租金收入税的税率由各省自定。对房屋、办公室、仓库等建筑物的租金收入征税，由省级税务机关自行确定税率。金沙萨的租金收入税率为22%。

4. 养老资本营业税的税率为10%。适用于实施特殊类别员工补充养老金计划的公司。

（二）工资税

1. 个人所得税的最高不超过应纳税额的30%。由第三方支付的任何报酬都需要缴纳个人所得税。

2. 特殊薪酬税的税率为25%。外籍员工雇主需就外籍员工薪酬缴纳25%的特殊薪酬税。

3. 国家保险基金的税率为13%+5%。用于购买国家保险。员工需缴纳工资总额的5%，由雇主代缴。雇主需缴纳员工工资总额的13%。

4. 国家专业技能培训费的税率视公司性质和规模而定。用于向国家职业准备学院缴纳技能培训费。国有企业和员工不超过50人的私营企业缴费比例为员工工资总额的3%；员工在51~300人的私营企业缴费比例为2%；员工超过300人的私营企业的缴费比例为1%。

（三）关税

关税分为进口关税和出口关税两种。其中，进口关税的税率分别是：化学产品、机械工具、货物运输材料为5%；面粉、聚合物、汽油、柴油、煤油为10%；衣服、家具、香烟为20%。进口货物在过境时还需缴纳：进口增值税（小麦粉、玉米和玉米粉免征增值税）、行政税、某些产品额外征收消费税。

出口关税的税率分别是：咖啡、电力为1%；钻石（小规模开采）、黄金（小规模开采）为1.5%；钻石（工业化开采）、黄金（工业化开采）为3%；

矿物（铜、镍、铅等）为5%；木材为6%；银、铂为10%。出口货物的价值由刚果（金）海关确认，通过部长法令颁布。在没有法令的情况下，货物价值参照货物离开刚果（金）时的价值确定。

三、税收主管机关及相关法律

目前刚果（金）有三大税务部门：税务总局，海关和特别消费税总局及行政、司法、土地收入与国有企业收入总局。除此以外，国家层面有58家税基单位，地方层面有26家税务部门、260家税基单位，在地方尚有名目繁多的税费征收部门。具体收费种类及标准由具体行政部门与财政部一起制定。

第三节　刚果（金）外资企业优惠政策及金融风险防范

刚果（金）给予外资企业优惠政策地区分为A、B、C三类地区。其中A类为金沙萨地区，优惠期限为3年；B类为下刚果、卢本巴希、利卡西、科卢韦齐地区，优惠期限为4年；C类为其他地区，优惠期限为5年。优惠内容为（1）免征机械、材料和设备的进口关税（不包括2%的行政税和增值税）；（2）免征企业所得税；（3）免征财产税；（4）可在创建有限责任公司或增加其股本时选择“同股不同权”等特殊股权机制。

截至2022年12月，中资银行尚未在刚果（金）设立分支机构且与当地银行基本没有直接的业务合作关系，仅国家开发银行在刚果（金）设立了工作组，主要开展投资合作业务，不从事银行具体业务。总体来看，在刚果（金）国内融资较为困难。刚果（金）的商业银行系统融资能力有限，融资渠道较少，融资利率较高，且该国税赋较高、税目多，而且存在乱收费、乱罚款等现象。企业在投资时，应具体了解当地税收规定，充分核算税赋成本，同时也要充分考虑各种不可预见的成本支出。尽量选择在税收优惠区域投资建厂，以便获得对企业所得税及设备进口关税的减免。

第六章　刚果（金）环境资源法律制度

第一节　刚果（金）资源法律概述

一、环保管理部门

刚果（金）环境与可持续发展部为环境保护的综合归口管理部门，主要职责包括推动和协调所有与环境有关的活动，保护自然环境，以符合科学进步的方法完成这项任务。

二、刚果（金）的环保法律法规

2002 年 8 月 29 日颁布的《森林法》；1994 年 2 月 18 日颁布的《组织开采和出口水族鱼类法律》；2002 年 7 月 11 日颁布的《矿业法》（2018 年 3 月修改）；2002 年 2 月 21 日颁布的《投资法》；2005 年 7 月 25 日第 005 号和第 107 号确定环境部收取税费费率的部门决议等；2011 年 3 月刚果（金）议会批准的《环境保护法》。

三、环保法律法规的基本要点

投资者在刚果（金）境内投资前，需要对投资项目作环境影响评估报告，企业有责任消除投资项目对当地环境的影响。投资者因环境保护不力对当地环境造成损害时，将受到环境保护主管部门的处罚。刚果（金）对环境影响评估标准，主要参照世界银行的标准和做法。

刚果（金）尚未制订对森林等重点领域保护的具体技术标准，但对林业采伐有较为严格的规定。林业采伐许可证分为手工采伐证和工业采伐证。手工采伐证只颁发给刚果（金）国籍的居民（自然人），每人每年申请的手工采伐证不得超过2份，每个采伐证采伐量不得超过350立方米，且只能用手工采伐（手工锯和油锯）；工业采伐证主要签发给具有实力的企业，持有工业采伐证的企业可采用大型机械作业。

2018年8月，刚果（金）环境可持续发展部长安巴多贝签署法令，取消禁止在原加丹加省从事森林采伐的法令，恢复在该地区合法的森林采伐业务。一段时间以来，原加丹加省大量人员从事非法森林采伐业务，对当地生态环境造成破坏，尤其是针对红木的采伐。该法令要求森林从业者，必须遵守2002年8月29日颁布的第011/2002号森林法，对于从事红木采伐业务者，必须获得特殊经营许可，并要在指定的地点存放，经过抽检、检验合格后方可进行贸易活动。

四、环保评估的相关规定

根据刚果（金）环境旅游部、矿业部规定，在刚果（金）开展矿业等项目投资以及实施可能对环境造成影响的工程项目时，投资或施工主体需事先提交项目对环境影响的评估报告，获批准后方可开展下一步工作。

第二节　刚果（金）《土地法》主要内容

刚果（金）《土地法》规定所有土地归国家所有。但在这一前提下，土地可以分为公共财产和私有财产，无论公有或私有，土地（相当于我们一般理解的土地使用权）可以转让，转让分为无偿转让和有偿转让，又可分为永久性和时限性。一般情况下，土地使用权不得永久转让，永久转让只适用于刚果（金）本国居民，并需要经过特殊的审批程序。在刚果（金），土地使用权转让大都为时限性转让，转让期限为25年，期满后可依法顺延，但累计年限最长不得超过 99 年。

国家总统对因国家、地方或特殊使用目的需要而征用公共或私有土地财产拥有最终决定权，此种征用方式分为有偿或无偿两种。虽然在实际运作中都是有偿转让，但也不排除在特殊情况下国家有权无偿征用。

为开展重大项目，政府可以国家名义有偿征用土地，但不负担偿付金。政府主管部门如果认为有违国家或公众利益，有权否决所辖范围内有关土地使用权的转让（不予登记）。

外资企业获得土地的规定：根据刚果（金）《土地法》的有关规定，无论是商业、工业、农林渔等种植或养殖以及房地产开发用地，外资企业在刚果（金）只能获得为期 25 年的土地使用权。对于是否可依法顺延至下一个 25 年期限，在转让合同中应有条款明确规定。外资企业获得土地使用权的方式与本地居民一样，需要从现有土地使用权人的手中转让获得，可以通过不动产转让途径，也可以用租赁方式。土地使用权的转让合同须经当地土地管理部门注册登记后有效。超过两公顷的土地转让合同，须获得国土整治部许可，从而获得一份 5 年期的使用权，如 5 年内使用方有实质性的使用活动，即可从国土整治部获得为期 25 年（含 5 年期）的使用权限的许可。需要注意的是，改变土地使用目的的转让，或获得使用权后改变土地使用目的，均须经政府有关部门批准。

由于刚果（金）土地使用期限相对较短，且存在政局不稳定因素，一般外资企业在征用土地时都比较谨慎，这也是目前制约外国投资者赴刚果（金）投资的因素之一。

根据刚果（金）2011 年 12 月颁布的《农业基本法》规定，外资可通过租赁农业土地方式获得承包经营权。获得农业经营权需基本具备以下条件：具有刚果（金）国籍或者在刚果（金）成立公司的法人代表，根据具体情况，公司主要由刚果（金）国有企业或刚果（金）人控股；在刚果（金）具有公司办公场所；拥有经刚果（金）工商管理局登记的文件；能提供租赁土地开发所需的财政能力；提交一份环境和社会责任研究报告。外资租赁刚果（金）土地的期限为 25 年，到期后可申请续延租期。

第三节　刚果（金）《矿业法》主要内容

刚果（金）对矿业开采管理较严。2018 年刚果（金）颁布的新《矿业法》，修改了 18 处，增加了加强政府干预力度、提高本国利润、保护环境等方面的法律规定。新《矿业法》将回流资金比例在原基础上提高了 20%，根据第 267 条规定，采矿经营者需将 60% 的出口收入通过国家银行渠道汇回刚果（金）内，而第 309 条规定，持有人未按照本法第 268 条第 2 款的规定将出口收入的 60% 汇回的，处未汇回数额的 5% 的罚款。为切实增加本国利益，提高刚果（金）人民的权益，新《矿业法》还规定刚果（金）采矿和采石部门的分包活动完全由刚果（金）人拥有大部分资本的公司进行，要求具有刚果（金）国籍自然人或法人至少参与采矿公司 10% 的股本，此外，只有具有刚果（金）国籍和经批准的合作社成员的成年自然人才能从事手工采矿业，并且把加工环节留在刚果（金）本土。新《矿业法》还采用无过错归责原则，若矿权持有人对人、财产和环境造成一定程度的损害，即使其没有过错或过失，也应承担相应的责任。对于采矿活动所引起的疾病，持有人也应承担责任。第 285 条第 5 款规定，因采矿活动对人类和环境造成的损害的诉讼不受时效限制。如果矿权持有人在当地未能遵守环境义务，将被罚款或暂停其业务活动，情节严重的，将受到司法起诉，承担法律责任。

第七章　刚果（金）其他法律制度

第一节　刚果（金）知识产权法律制度

一、刚果（金）知识产权种类

刚果（金）将知识产权分为文学艺术产权和工业产权两种。

文学艺术产权：1986年4月5日出台的第86－033号法律是保护著作权及相关权利的专门法律。法律对保护作者的权益作出了相关规定。

工业产权：刚果（金）《工业产权法》规定，专利分为发明专利、专利引进和扩展性专利3种。专利持有人在专利证书到期之前，有义务对发明进行应用与开发。专利持有人必须在提交专利申请后5年内或者证书颁发后3年内，对专利加以应用和开发；涉及公众健康的药品专利应在获得专利权后4年进行开发应用。引进的专利应该在专利引进后3年开发应用。

品牌注册期限为10年，自申请之日开始计算。本国注册的商标为永久性商标。

二、对侵犯知识产权的处罚

版权：任何欺诈或恶意违反著作权的行为，将被判处有期徒刑1个月至1年，并处罚款。违反艺术品、音乐作品和文学作品版权使用的，将被判处有期徒刑1至5年并处以较重的罚款。

专利和发明：对专利和发明使用不当的，将被判处劳役 3 个月至 1 年，并按照严重程度进行罚款，或采用其中之一的惩罚。如果重犯，最高惩罚可增加一倍。

反对商业贿赂规定：目前，刚果（金）没有出台专门反对商业贿赂的法律。对于犯有受贿行为的国家工作人员，将依据 1973 年 2 月 14 日颁布的《刑法》第 147 条至第 150 条之规定，视情节轻重，处以 2 ~ 15 年的有期徒刑，并处以一定额度的罚款和没收受贿所得。

第二节　刚果（金）争端解决机制

中资企业在刚果（金）投资贸易争端解决机制主要分为诉讼与非诉两种方式：

一、诉讼

诉讼是将争端提交法院裁判，由于管辖的问题，不少纠纷如工程、房地产、海运港口纠纷等，只能由所在地进行专属管辖，由于刚果（金）的法律体系与我国的差异较大，出于对当地司法系统可能作出不公正判决的担忧，不建议将争端提交到当地法院进行诉讼解决。

二、非诉

非诉解决相较于诉讼解决来说更加常见，主要体现为友好协商、调解以及仲裁三种途径。目前，非洲国家大都已按照国际上的先进立法制定了本国的仲裁法，设立了设备完善的仲裁机构，非洲仲裁中心的数量也在不断增长；并且，非洲地区的许多仲裁机构的仲裁规则，都允许当事人选择使用其他国际商事仲裁机构的仲裁规则。

中资企业与刚果（金）商务纠纷争端的解决尽量避免采取诉讼方式（将争端提交法院裁判），最好选择非诉方式（友好协商、调解以及仲裁三种途径）。因此，相较于诉讼解决机制，仲裁、调解等非诉解决机制为中刚投资贸易中争端解决提供了更多、更便捷与适宜的解决途径。

（一）友好协商或调解

相较诉讼与仲裁而言，协商、调解、调停的替代性争端解决方式（ADR）具有其所不具备的优势，更具有灵活性，解决问题成本更低、更快捷。调解由第三方主持，与协商方式一样，不存在一个固定的形式要求，亦不受严格法律程序拘束。

非洲商法协调组织确立两套仲裁体系，即在司法与仲裁共同法院进行的仲裁和根据《仲裁统一法》进行的仲裁。OHADA 设立司法与仲裁共同法院，该法院同时具有司法职能和仲裁职能，其仲裁职能在《司法与仲裁共同法院仲裁规则》中加以明确规定。根据该规则规定，司法与仲裁共同法院不直接裁决商事争端，而是负责任命或确认仲裁员，跟踪仲裁案件进展和审查仲裁裁决。同时，OHADA 于 1999 年制定《仲裁统一法》，后于 2017 年修订该法并于 2018 年生效，该法对成员国的仲裁制度加以统一规定。根据《非洲商法协调条约》对统一法的效力规定，《仲裁统一法》直接在组织内成员国境内适用，具有普遍效力。

仲裁制度不局限于商事纠纷。根据《仲裁统一法》规定，任何法人或自然人均可就其自由支配的权利提起诉讼。该规定体现仲裁制度调节的对象并不仅局限于商事纠纷领域。非洲商法协调组织于 2017 年 11 月通过的《仲裁统一法》修订版明确规定仲裁法可适用于根据投资法、双边投资保护条约或多边投资保护条约提起的仲裁。《仲裁统一法》规定国家、公共企业和公共机构也可以成为仲裁的当事方，不能以其法律地位、参加仲裁的能力或仲裁协议有效性为由反驳争端的可仲裁性，这一点对于外国投资者赴成员国同该国公共企业和公共机构开展合作投资，保护自身投资权益，具有十分重要的意义。《仲裁统一法》的规定不仅用于解决商业纠纷，其通过统一规范法律环境、吸引外国投资的意图非常明显。中资企业赴该组织成员国投资时，可按照《仲裁统一法》约定使用仲裁方式解决投资纠纷，以保护自身合法权益。

非洲商法协调组织在颁布执行《仲裁统一法》之后，作为仲裁法的补充，相继颁布了《调解统一法》，规定了争端双方仲裁替代性方法，《调解统一法》使 ADR 机制程序化，规定即使争端双方在合同中没有规定调解条款，在争端双方提交仲裁诉请 15 天内，任一当事方仍可提交调解请求，调解的期限不得超过 6 个月，调解没有达成合意的再进行仲裁程序。调解法还规定了调解庭调解员的人数和任命、调解进程、保密条款和调解费用等具体调解程序规则，《调解统一法》的适用与解释权由司法与仲裁共同法院负责。

（二）国际仲裁

国际仲裁是外国投资者和东道国都普遍较为接受的一种争端解决方式，与诉讼、协商调解相比，国际仲裁的独特优势在于以下四个方面。

第一，仲裁不公开进行，其保密性远高于诉讼解决方式。对于大部分纠纷当事人而言，通常都不希望将争端公之于众，保密性是大多数企业选择仲裁的重要考量因素。

第二，仲裁的形式更为灵活多样。仲裁庭通常由 1 位或 3 位仲裁员组成，允许争端各方选择 1 位仲裁员，对于一些专业壁垒较高的案件，如建筑工程类争端案件，当事双方可以选择那些在建筑工程领域有丰富经验的仲裁员（如工程师或测量师），以确保纠纷中涉及的具体专业问题能够得到有效处理。

第三，仲裁的裁决较之协商调解对争端双方更有约束力。仲裁的程序与诉讼相似，结果也同样对争端各方具有约束力。同时，相较于诉讼程序的判决，仲裁的裁决更容易在仲裁地国家之外的国家得以执行。这一点对未得到仲裁/判决结果支持且在仲裁地国之外国家拥有资产的争端一方异常重要。1958 年的《关于承认和执行外国仲裁裁决的纽约公约》已由 149 个国家签署，得到广泛认可。2013 年 6 月 26 日，刚果（金）成为该公约缔约国。因此，国际仲裁方式，已逐渐成为中刚投资贸易争端解决的主流途径。

第三节　刚果（金）争端解决的主要仲裁机构

目前中国同刚果（金）投资贸易争端解决相关的三个主要仲裁机构。

一、国际投资争端解决中心（ICSID）

国际投资争端解决中心（ICSID），是依据“解决国家与他国国民间投资争端公约”而建立的世界上第一个专门解决国际投资争端的仲裁机构，是一个通过调解和仲裁方式专为解决政府与外国私人投资者之间争端而设立的机构，其宗旨是在国家和投资者之间培育一种相互信任的氛围，向该中心提交调节和仲裁申请均出于自愿。

二、司法与仲裁共同法院（CCJA）

OHADA 下设的 5 个机构中，最核心的机构是司法与仲裁共同法院，简称 CCJA，该法院同时具备司法和仲裁两种职能。其独特之处，在于其裁决的超国家性与高效性。根据《OHADA 条约》的相关规定，司法与仲裁共同法院是涉及 OHADA 法律适用案件的最高法院，可以对任一成员国国内高等法院和上诉法院涉及 OHADA 案件的裁决进行复审和最终审判，其判决是终审裁决并具有执行力，可在每个成员国立即执行。总而言之，中国投资者在 OHADA 国家发生投资争端时，除了采用国家投资争端解决机制，还可考虑 OHADA 仲裁机制，其优势主要体现为：①OHADA 更了解东道国法律和争端状况，判决更加公平公正；②相比国际仲裁裁决在 OHADA 成员国承认与执行的阻碍，OHADA 的超国家性使司法与仲裁共同法院仲裁裁决的承认与执行在成员国国内具有更强的既判力和强制力；③相比国际仲裁机构，OHADA 仲裁费用低、仲裁耗时短。

三、中非联合仲裁中心（CAJAC）

2015 年，50 个非洲国家（刚果（金）是其中之一）和中国共同举办中非企业论坛，制定了《约翰内斯堡行动计划》，通过决定在南非建立中非联合仲裁中心（CAJAC）。

CAJAC 充分利用现有仲裁机构的资源，上海国际仲裁中心（SHIAC）和南部非洲仲裁基金会（AFSA）是最早的两个受委托的仲裁机构，负责在约翰内斯堡和上海建立 CAJAC 的两个中心。2017 年 3 月，在北京、深圳和内罗毕又建立了3个CAJAC中心。每个CAJAC中心都由一个知名的、有信誉的仲裁机构提供支持，积极调动其现有的、成熟的处理国际争端的知识，经验和资源，共同推动CAJAC项目的发展与完善。

除了地理位置这一优势之外，中非联合仲裁中心的独特性，还在于其仲裁员选择的灵活性与适当性：仲裁双方当事人可以从仲裁委员会中选出至少1名仲裁员加入仲裁小组。并且，当选为CAJAC小组成员的仲裁员，均来自不同的专业领域，且在国际仲裁方面具备丰富的经验，仲裁员还对中国及非洲各国的文化规范及商业惯例有着深入的了解和认识，能够在仲裁时作出更为周全的裁决。

南非
法律环境报告

第一章　南非基本概况

南非共和国位于非洲大陆的最南端，拥有“彩虹之国”美誉。截至 2022 年 6 月，南非的陆地面积约 122 万平方公里。据我国外交部南非国家概况 2020 年数据显示，南非共和国共有人口 5962 万。南非是中国在非洲最大贸易伙伴之一，中国已经连续 13 年成为南非最大的贸易伙伴、最大的出口市场、最大的进口来源地。

第一节　南非国家概况

据记载，最早生活在非洲南端的土著居民是桑人和科伊人，以及在公元 3 至 7 世纪向南迁徙并移居至德兰士瓦和纳塔尔的班图人。在漫长的部落征战和融合进程下，在 17 世纪中叶南部非洲被殖民之前，班图人生活在南非东部和中部，桑人生活在奥兰治河以北的干旱地区和龙山一带，科伊人则生活在开普地区。上述三者共同构成南非的土著民族。1487 年葡萄牙人巴托洛缪·迪亚士到达南非，在达沃尔维斯湾遭受严重风暴，将它命名为“风暴角”，而返回葡萄牙。但葡萄牙国王认为，这是通往东方的希望之角，故改名为“好望角”。1497 年，葡萄牙人达·伽马则绕过好望角成功到达印度。但是，葡萄牙人虽与当地土著人发生过战争，却并未重视当地的资源和开发，葡萄牙的法律制度并未在南部非洲产生实质性的影响。

1652 年，荷兰人在开普敦建立殖民据点，罗马－荷兰法逐步移植到南非。1806 年，英国发动第一次“英布战争”，侵入南非，但遭挫折。1867 年在德兰士瓦共和国瓦尔河之间的牧场上发现了黄金，1886 年又在奥兰治河与瓦尔河交汇处的河滩上发现了钻石，引得大批欧洲殖民者蜂拥而至。英国殖民者趁机在 1899 年至 1902 年发动第二次“英布战争”，占领南非。1910 年 5 月，英国将“开普省”“德兰士瓦省”“纳塔尔省”“奥兰治自由邦”合并为“南非联邦”，英国法大规模移植到南非。1961 年 5 月南非宣布退出英联邦，建立“南非共和国”，推行种族歧视和种族隔离的法律，遭到国际社会的谴责和制裁。1994 年，南非举行了首次不分种族的大选。1994 年 6 月联合国大会恢复了南非的合法席位。1996 年 12 月，体现着种族平等、民主人权的新宪法签署颁布，一个民主、平等的新南非诞生。

一、南非的人文和地理环境

南非位于非洲大陆最南部，北邻纳米比亚、博茨瓦纳、津巴布韦、莫桑比克和斯威士兰，中部环抱莱索托，使其成为最大的国中国。东、南、西三面为印度洋和大西洋所环抱。其西南端的好望角航线，历来是世界上最繁忙的海上通道之一，有“西方海上生命线”之称。南非地处非洲高原的最南端，南、东、西三面之边缘地区为沿海低地，北面则有重山环抱。北部内陆区属喀拉哈里沙漠、多为灌丛草地或干旱沙漠、此区海拔约 650 至 1250 米。

南非有黑人、有色人、白人和亚裔四大种族，分别占总人口的 80. 7%、8. 8%、8. 0% 和 2. 5%。黑人主要有祖鲁、科萨、斯威士、茨瓦纳、北索托、南索托、聪加、文达、恩德贝莱 9 个部族，主要使用班图语。白人主要为阿非利卡人（以荷兰裔为主，融合法国、德国移民形成的非洲白人民族）和英裔白人，语言为阿非利卡语和英语。有色人主要是白人同当地黑人所生的混血人种，主要使用阿非利卡语。亚裔人主要是印度人（占绝大多数）和华人。有 11 种官方语言，其中英语和阿非利卡语为通用语言。约 80% 的人口信仰基督教，其余信仰原始宗教、伊斯兰教、印度教等。

二、南非的政治与经济环境

以非国大为主体的民族团结政府奉行和解、稳定、发展的政策，妥善处理种族矛盾，全面推行社会变革，努力提高黑人政治、经济和社会地位，实现由白人政权向多种族联合政权的平稳过渡。1996 年，国民党退出民族团结政府，非国大领导的三方联盟基本实现单独执政。非国大继续奉行种族和解政策，努力保持社会稳定，不断提高黑人社会地位和生活水平，连续赢得 1999 年和 2004 年大选。2008 年 9 月 21 日，总统塔博・姆贝基宣布辞职。9 月 25 日，国民议会选举非国大副主席卡莱马・莫特兰蒂为新总统。2009 年 4 月 22 日，南非举行第四次民主选举。非国大以 65.9% 的得票率再次赢得选举胜利，并在除西开普省以外的八省选举中获胜。反对党民主联盟取得西开普省选举胜利。5 月 6 日，国民议会选举非国大主席祖马为南新总统。2014 年 5 月 7 日，南非举行第五次大选，非国大以 62.15% 的得票率再次胜选，祖马连任总统。2017 年 12 月 16—20 日，非国大举行第 54 次全国代表大会，非国大原副主席、南副总统拉马福萨当选非国大主席。2018 年 2 月 14 日，祖马总统在被非国大召回后宣布辞职。2 月 15 日，南非国民议会选举拉马福萨为新总统，并于当日宣誓就职。2019 年 5 月 8 日，南非举行第六次大选，非国大以 57.5% 的得票率再次胜选，拉马福萨连任总统。2022 年 12 月，非国大举行第 55 次全国代表大会，拉马福萨连任非国大主席。

南非的主要经济数据由国内生产总值（GDP）、人均国内生产总值等组成。2021 年，南非的国内生产总值约为 4197 亿美元，人均国内生产总值约为 6996 美元，其中，国内生产总值年增长率的预估值为 4.9%。另外，南非的货币名称是兰特，据 2021 年年均汇率显示 1 美元约为 14.87 兰特。南非已连续 5 年出现了财政赤字的情况，经济增长水平下滑，经济活力和国际信用评级均受到一定影响。

第二节　南非法律概况

南非属于典型的混合法系国家，在其法律体系的形成与发展过程中，先后受到本土习惯法、罗马—荷兰法和英国普通法的影响，这使得南非出现了成文法、判例法和习惯法等多种法律形式。1996 年宪法规定，南非实行行政、立法、司法三权分立制度。

一、南非的立法体系

南非议会实行两院制，由国民议会和省级议会（全国省级事务委员会）组成。其中，国民议会的主要职权有：修宪、通过议案（不包括宪法附则中赋予省和地方立法范围的议案）、选举总统、授权省和地方进行立法、监督政府等；省级议会的主要职权有：参与修宪、在宪法规定的功能领域内立法、审议国民议会通过并提交省级议会的议案等。此外，南非议会分为全国议会选举和省级议会选举。全国候选人名单和省级候选人名单分别由各参选政党提交。议员任期届满将全部改选，无连选连任限制。

修宪要求严格，修改宪法序言须国民议会四分之三议员和省级议会中的六省通过；修改宪法其他条款须国民议会三分之二议员通过；如果修宪部分涉及省级的条款，须省级议会中的六省通过。

二、南非的行政体系

南非政府划分为中央、省和地方三级，当前设 9 个省、278 个地方政府，南非政府奉行团结、稳定和发展的政策，妥善处理各种族之间的冲突，实施“重建与发展计划”“提高黑人经济实力”等战略，努力提高黑人的政治、经济和社会地位，妥善解决贫困和犯罪等社会问题。

2019 年 5 月，南非总统拉马福萨宣布精简政府机构的改革，新政府部门数量由 36 个减为 28 个，减少开支，着力发展经济。

三、南非的司法体系

南非司法系统由法院、刑事司法和检察机关三大系统组成。南非宪法确定了司法独立原则，司法服从宪法和法律规定，任何国家和个人不得干预司法机关行使职权。法院系统分为宪法法院、最高上诉法院、高等法院和地方法院。南非宪法还确定法律面前人人平等原则，平等权成了公民的宪法基本权利，受到法律保护。

第二章　南非投资法律制度

第一节　南非外资概况

一、南非国内经济现状

南非属于中等收入的发展中国家，也是非洲经济最发达的国家之一。矿业、制造业、农业和服务业均较发达，是经济四大支柱。但国民经济各部门、地区发展不平衡，城乡、黑白二元经济特征明显。2010 年以来，祖马政府相继推出“新增长路线”和《2030 年国家发展规划》，围绕解决贫困、失业和贫富悬殊等社会问题，以强化政府宏观调控为主要手段，加快推进经济社会转型。2013 年以来，由于美国退出量化宽松政策等因素影响，南非出现大幅资本外流。近几年来，受全球经济走低，国内罢工频发、电力短缺、消费不振等多重因素影响，南非经济总体低迷，增长乏力。拉马福萨总统先后推出“新投资倡议”“经济刺激与复苏计划”，举办就业峰会和投资大会，致力于恢复经济增长。2014 年至 2019 年经济增长率保持在 1% 上下，2020 年受新冠疫情和“封禁”举措影响，经济收缩 6.4%，2021 年出现较强复苏，经济增长 4.9%。

二、南非外资经济现状

南非外资主要来自欧美，尤以欧洲为主。欧洲占对南非累计投资额近

70%，美洲占近20%。外资以证券资本为主，直接投资较少。在南非拥有资产的外国公司投资大多集中于采矿、制造、金融、石油加工和销售等部门。2013年，南非吸收外国直接投资83亿美元，2014年为58亿美元，2015年锐减为16亿美元，2016年为22.5亿美元，2017年为32亿美元，2018年为49亿美元，2019年为46亿美元。由于新冠肺炎疫情大流行导致全球经济衰退，2020年南非吸引外国直接投资下滑至31亿美元。据联合国贸易和发展会议报告显示，截至2020年底，南非吸引外资存量1367.4亿美元。

第二节　南非投资法律体系及其基本内容

一、南非的投资立法

南非关于外国直接投资的法律主要包括《投资法》和《竞争法》，以及其他相关法律法规。

《投资法》将“投资”定义为：(a) 投资者根据南非法律建立、收购或扩张的以营利为目的的任何合法企业；(b) 持有或收购该企业的股份、债券或其他所有权工具；(c) 该企业对南非共和国以外的另一企业的投资行为，且该控股、收购或合并对 (a) 和 (b) 段中的投资产生影响。

不论拟议投资的性质如何，《投资法》均不强迫对外国直接投资进行审查。但是，2019年初通过的《总统修订法》规定，涉及国家安全时，允许总统阻止涉及外国企业收购南非企业。

其他与投资相关的法律主要有：《征收法》《货币与外汇法》《公司法》《广义黑人经济振兴法》《投资保护法》《特别经济区法》《竞争法》等。

此外，南非先后与40个国家签订了双边投资协定以及双边鼓励和保护投资协定，这些双边协定已经成为南非投资立法的重要渊源。其中，南非同中国在1997年12月30日于比勒陀利亚签署了《关于鼓励和保护投资协定》[①]，

① 该双边条约已经于2007年到期，但是中国与南非的双边投资待遇仍参照该条约。

为两国投资者在双方领域内投资创造有利条件，相互鼓励、促进和保护投资，以促进投资者的积极性和增进两国繁荣，在平等互助原则的基础上，加强两国间的经济合作。随后，两国于 2000 年 4 月 25 日签署了《关于对所得避免双重征税和防止偷漏税的决定》。

二、南非产业发展目标及其政策

目前，南非的经济政策以推动经济增长为中心、以解决社会公平问题为保障，试图逐步消除“二元经济”结构，促进南非经济和社会平衡发展。

2012 年 8 月，南非政府公布了《2030 年国家发展规划》（NOP）旨在加快经济增长，扩大就业，提升教育、技能开发和创新水平，增强国家发展改革能力。NOP 提出放松劳动领域管制，降低营商成本，以此促进劳动密集型制造业发展；增加政府支出，加大在公路、铁路、港口、电力等基础设施领域投资，支持经济快速发展；进一步明确产权制度，放宽资源产业投资限制；扩大资源性产品出口等。南非政府计划通过实施 NOP，到 2030 年将经济规模扩大 2.7 倍，年均经济增长 5.4%，创造 1100 万就业岗位，将失业率从目前的 24% 降至 6%，基尼系数从 0.7 降至 0.6，彻底消除贫困人口。2018 年拉马福萨总统上台后，提出“千亿美元引资计划”，希望在未来 5 年内吸引 1000 亿美元外资带动本国经济发展，并分别于 2018 年、2019 年举办首届和第二届投资峰会，总承诺投资额达 500 亿美元。2020 年 11 月，拉马福萨总统在第三届南非投资大会开幕式致辞中表示，超过 50 家企业在本届投资大会上承诺对南非新增投资。

三、外国投资者的待遇标准

外国投资在东道国一般享有公平公正待遇、国民待遇、最惠国待遇和充分的安全与保护等。但 2015 年南非出台《投资保护法》，该法仅规定了国民待遇标准，而没有规定其他几类保护标准。南非对外国投资待遇标准的改变，体现出南非政府近年来对待外资的态度，即确保外国投资者和南非国内投资者依法得到平等对待。

《投资保护法》第 8 条规定，“南非共和国给予外国投资者的待遇不低于它在相同条件下给予本国投资者的待遇。”该条款的措辞即是典型“国民待遇”条款表述方法。国际投资法在对“相同条件”的定义上，并没有给出统一且确定的先例，因此，在涉及国民待遇标准的国际投资争议案件中，国际仲裁庭对此有着不同的解释。为了避免歧义，《投资保护法》第 8 条第 2 款专门规定：“‘相同条件’是指需要在个案的基础上，对一项外资的所有条件包括下列因素进行全面考察：外资对南非共和国的影响，包括所有投资的累积性影响；外资所进入的行业；涉及外资的任何措施目的；与相关措施所涉及的外国投资者或外国投资有关的其他因素；对第三方、当地社区、雇佣关系的影响；以及对环境造成的直接或者间接的影响。”

另外，《投资保护法》第 8 条第 4 款还对“国民待遇”作了限制。

第三节　南非投资的监管与审批

一、南非投资主管机构

南非贸易工业和竞争部（DTIC）是负责管理外国投资的主要政府部门，负责制定和审查关于竞争、消费者保护、公司和知识产权、公共利益监管领域的法律体系。其下设南非投资部具体负责吸引外资等事宜。

二、其他监管机构

南非各省还设有省投资促进局（PIPA），各省商会、协会均设有负责投资促进的相关机构。其他投资管理部门还包括：南非税务总署、南非国家经济发展和劳工委员会、地区工业发展委员会等。

第四节　南非投资的法律风险与防范

世界银行发布的《2020 年营商环境报告》显示，南非在全球 190 个经济体中排名第84位，对南非投资存在一定风险。

一、投资南非的主要法律风险

（一）立法暗藏投资壁垒

2003年11月南非议会通过《广义黑人经济振兴法》，该法于2004年1月生效，以更好地推动黑人经济振兴政策的实施。南非政府实施黑人经济振兴政策的目的是希望通过加大政策倾斜力度，鼓励黑人发展中小型企业，积极参与国家大型企业的发展，并对各企业黑人持股比例、参与管理程度和接受技能培训等设定硬性目标，以期全面提高黑人融入经济的程度。[①] 随后，南非政府又通过一系列的法律、法规以实现该法的要求。

从东道国角度来看，这些法的出台是为了保护南非黑人及历史上受到不公平对待人群的利益，但是从外国投资者的角度来看，秉持这一目的的投资立法，却给外国投资者在南非的投资带来了隐形的投资壁垒。

另外，南非虽然一直在推进投资自由化的进程，但是在外商投资领域仍旧有两个限制：一是投资银行和保险公司有当地最低股本要求；二是非南非公民经营或者控股超过75%（包括75%）的企业是受限制的。

（二）投资模式风险

绿地投资企业建设周期长、收效慢，可能会因投资回报的时间比较长而导致投资者的投资目标落空。新建企业除了组织必要的资源外，还要选择工厂地址、建厂房、安装生产设备，并安排管理人员、技术人员、招募生产线工人以及制定企业发展战略等，要消耗企业大量的时间和精力。而跨国并购模式相较于绿地投资，东道国对跨国并购的审查极其严格。在并购过程中，对目标企业真实价值的评估面临困难。并购双方企业的文化背景、价值观念等方面的巨大差异，易使得并购后的整合困难重重。

---

① 朱伟东：《南非促进与保护投资法案评析》，载《西亚非洲》2014年第2期。

（三）投资审查风险

作为投资审查标准规定在南非投资审查立法中的“公共利益”以及“公共安全”极其抽象，主管部门在审查外国投资时，很容易将其视作兜底原则，从而招致二者在审查过程中的滥用，给在南非投资带来风险。同时，南非企业如需向外国公司申请生产许可，必须先向南非的贸易工业部进行申请。贸易工业部或南非储备银行下属的外汇管理局将对申请进行审批，整个申请过程可能需要3个月的时间。此外，中国企业有快速走上国际化发展轨道的要求，但受其自身实力制约，多采用“横向并购”的战略。实施海外并购的中国企业多为实力雄厚的国有企业，这也增加了南非对于中国政府可能借企业并购控制其经济的担心，为这些企业在南非的投资带来风险。

二、投资南非法律风险的防范

（1）投资者在赴南非投资之前，应当向投资合作咨询机构详细咨询与其投资项目有关的南非投资立法，聘用对南非投资立法有全面了解的国内律师或者是南非当地律师处理投资法律事务。针对南非国情的特殊性，投资者尤其要加深对《广义黑人经济振兴法》的全面了解。在纠纷得到解决后，及时总结经验，给予投资者纠纷案件报告，为投资者积累处理类似纠纷案件的经验。

（2）充分了解南非的外资审查相关规定，仔细比较两种投资模式之优缺点，建议投资者在开展对外投资合作过程中使用中国政策性保险机构——中国出口信用保险公司提供的包括政治风险、商业风险在内的信用风险保障产品。

（3）投资者应当提前咨询与自身投资行业相关的审查立法规定，在资料准备齐全后，尽早提交审查申请，随时跟进审查进度。投资者还应当谨慎选择投资尤其是并购的战略以及领域，尽量选择南非政府鼓励和扶持的领域。由于对这些领域的投资符合南非经济发展方向，所以主管部门对这些领域的投资审查制度相对宽松，能够大大降低投资者对南非投资的风险。

第三章　南非贸易法律制度

第一节　南非贸易管理体制

一、南非贸易主管部门

南非贸易、工业和竞争部（DTIC）是负责管理南非对外贸易的主要政府部门。南非国际贸易管理委员会（ITAC）负责南部非洲关税同盟地区的贸易救济措施调查，并对进出口管理、许可证管理、关税体制改革、产业优惠政策进行管理和监督。其他与贸易相关的政府管理部门 还包括南非税务总署和南非标准局等。

南非贸易、工业和竞争部（DTIC）是在贸易和工业部与经济发展部合并后成立的。贸易、工业和竞争部（DTIC）还依靠一组专门的、监管和金融发展机构和机关。这些机构包括：公司和知识产权委员会（CIPC）；公司法庭（CT）；国家赋权基金（NEF）；南非出口信贷保险公司（ECIC）；南非标准局（SABS）；国家信贷监管机构（NCR）；国家彩票委员会（NLC）；国家赌博委员会（NGB）；南非国家认证系统（SANAS）；国家消费者法庭（NCT）；国家消费者委员会（NCC）；南非国家计量院（NMISA）；国家强制性规范监管机构（NRCS）；国际贸易管理委员会（ITAC）；竞争委员会（CC）；工业发展公司（IDC）；竞争法庭。

二、南非货物进口管理机制

规范南非进口管理的基本法有2002年颁布的《国际贸易管理法》、1990年修订的《进出口控制法》和2008年修订的《标准法》。

南非贸易、工业和竞争部部长负责制定进出口限制产品清单，对相关产品实施进出口限制。实施进口限制的产品主要包括四类：（1）二手货物。根据南非国际贸易管理委员会的规定，为了防止进口的二手货物损害南部非洲关税同盟内制造业的生产与发展，进口商只允许进口原产地是南非的二手货物。（2）废物、废料及残渣等。（3）有毒有害物质。（4）对质量有特殊要求的货物。除包括米、蔬菜、水果、奶类、棕色小麦面粉、蛋和豆类、肉类、鱼类及白面包等产品外，所有进口产品须缴纳14%的增值税。此外，进口含酒精及不含酒精饮品、烟草产品、矿泉水、某些石油产品、汽车、家居休闲用品及电动自行车、办公设备、胶卷及化妆品等奢侈消费品还需缴纳消费税。

根据《国际贸易管理法》，南非只对特殊商品实行许可证管理，包括鞋、废旧产品、部分农产品、石油及部分石化产品等。只有在出具根据《国际贸易管理法》第6条颁发的特别进口许可证的情况下，上述产品才能进口，进口商在进口这些产品之前必须先得到进口许可证，然后才能在海外装船。进口商如需申领进口许可证，须向南非贸易工业部下属的进出口管制局注册登记，再根据产品的不同，分别向不同的管理部门申领许可证。进口许可证的有效期为发放日至当年12月31日。在中国向南非重点出口商品中，仅有黄金饰品、茶叶和鲤鱼等需要进口许可，分别由南非储备银行和农业部负责发放。

三、南非货物出口管理机制

根据南非《国际贸易管理法》规定，所有的出口商需要在南非税务服务部进行注册，出口钻石的企业还须在南非钻石委员会注册。同时，南非对战略性物资、不可再生资源、废旧金属和汽车等实行出口许可证管理。其中，废旧金属须先以出口价的折扣价向下游产业提供，如果下游产业制造商没有答复或不需要，政府才可发放出口许可证。另外，根据南非2003年《酒产品法》，除了啤酒、高粱啤酒和药物外，出口任何含酒精成分超过1%的酒类产品须申请出口许可证。南非贸工部长负责确定许可证管理产品的目录并在政府公报上发布。南非亦禁止鸵鸟及其种蛋的出口。此外，为了提高出口产品的附加值及创造就业机会，南非政府将减少包括黄金、铂及铬矿在内的原材料出口。出口商需要在贸易工业部登记注册后才能获得出口许可。[①]

南非实行出口鼓励政策。为促进国际贸易，特别是推动南非商品的出口，南非有关法律规定了鼓励商品出口的税收优惠措施。主要包括：第一，汽车出口鼓励措施。第二，出口所得税减免措施。第三，本地化产品出口奖励措施。第四，纺织品出口优惠措施。第五，出口补贴措施。

四、南非进出口许可制度

《国际贸易管理法》确立了南非对进出口商品的许可证制度。根据《国际贸易管理法》第 26 条第 1 款，南非国际贸易管理委员会受理进口或出口许可证及修改此类许可证的申请，也根据《海关和税收法》的规定受理退税许可证或退税证书的申请。南非国际贸易管理委员会对此类申请进行调查、评估并作出决定，并可根据《海关和税收法》中有关税收减免或退税的规定，或《国际贸易管理法》第 26 条的规定，签发或推荐签发许可证。国际贸易管理委员会对一项申请作出评估后，根据《国际贸易管理法》第 27 条第 1 款的规定拒绝该申请，附条件或不附条件地全部或部分批准该申请。如果批准一项申请，它就必须根据《国际贸易管理法》或《海关和税收法》的规定，采取适当步骤使其作出的决定生效。

第二节 南非贸易法律体系及其基本内容

一、与贸易有关的主要法律

南非规范进出口贸易的主要法律是《国际贸易管理法》，其他相关法律包

① 吴朝阳：《国别贸易政策》，东北财经大学出版社 2012 年版，第 151 页。

括《海关与税收法》《消费者事务法》《销售和服务事务法》等。南非国际贸易管理委员会（ITAC）还制定了反倾销、保障措施、反补贴、进出口管制、关税调查等规章。

二、贸易相关法律的主要内容

南非《国际贸易管理法》共6章，64条，以及3个附录文件。第1章和第2章进行概括性介绍，对管理目的以及涉及的一些重要定义进行解释，详细规定了南非对外贸易的规则与政策。第3章对国际贸易管理的专设机构——南非国际贸易管理委员会的成立和职能进行规定。接下来的两章主要规定了国际贸易管理中的一些程序性要求以及对违反这些规定的惩罚。最后则是有关一般条款的规定。该法比较系统地规定了南非国际贸易管理的基本原则、机制、政策以及贸易机构及实施对外贸易的程序，成为南非对外贸易的核心法律规范，为南非在国际贸易过程中处于积极地位奠定了基础。

尽管南非不是《联合国国际货物买卖合同公约》的缔约方，但南非的对外贸易合同的签署除按照南非《合同法》的有关规定外，应遵守《联合国国际货物买卖合同公约》和《国际贸易术语解释通则》的基本规定。特别是南非的《海上货物运输法》及1997年《海运一般修正法》，基本吸纳了《海牙规则》《汉堡规则》《维斯比规则》的原则和基本规定，使南非的对外贸易法具有鲜明的开放性和国际性。

南非进口货物可通过空运、海运、公路运输、铁路运输或邮递渠道进入南非。抵达南非的货物只能通过经政府批准的进口地进入南非。根据南非法律规定，船只所有人或飞机机长必须在抵达或离开南非关境时向海关进行运输工具进境或出境申报，提交与航程、货物、储存、船员/机组成员、旅客有关的详细信息，并声明申报的真实性。海关受理报关单时，必要时将要求交验相关单证，进行单证审核，有时还将对货物进行查验，确定应纳税额（关税和增值税）以及单货是否相符。[①]

此外，南非在对外贸易中还特别重视反倾销与反补贴。南非对中国每年

① 周婷：《奢侈品国际贸易策略》，对外经济贸易大学出版社2010年版，第41页。

都会发起新的反倾销调查，所涉及的产品主要包括五金产品、鞋、农具、铝制品、热力、餐具、自行车、药品、纺织品等二十多种商品。

第三节　在南非进行贸易的法律风险与防范

尽管中国与南非的政治外交关系不断密切，但中国与南非之间贸易依然存在诸多风险，需要加强防范。

一、在南非进行贸易的主要法律风险

（一）贸易壁垒风险

进出口管制方面，尽管在南非贸工部登记注册的任何公司都可以经营进口贸易，不必申请进口经营权。但是，按照《国际贸易管理法》规定，南非对特殊商品实行许可证管理，主要产品包括鞋、废旧产品、部分农产品、石油及部分石化产品等。进口这些商品的进口商必须先获得进口许可证，然后才能在海外装船。进口许可证由贸工部进出口管理局负责发放，有效期为12个月。

技术标准方面，南非共有约5000项国家标准，其中约60项为强制性标准，主要涉及产品包括电气和电子设备及其部件、机动车及其零部件以及食品等。南非海关与南非标准局签订了合作协议，对进口实施非常严格的控制，中国产品出口到南非必须通过他们的检测。

卫生与植物卫生检验检疫方面，南非政府禁止进口辐射处理的肉类。在中国，辐射处理食品是一种正常灭菌技术，许多研究表明辐照食品是安全的。南非政府禁止进口经辐射处理的肉类产品缺乏科学性，影响了正常贸易的进行。此外，南非检验检疫部门列出了相应的“非基本食品”清单，要求这些食品不得使用维生素或矿物质强化标识。

（二）知识产权法律风险

假冒产品不得进口至南非或通过南非进口，或出口自南非或通过南非出

口，除非，此类产品的进口或出口仅为进口人或出口人个人或家庭使用。海关专员可根据《海关与税收法》第 15 条扣留因违反该法而进口至南非的商品。

2007 年修订的《海关与税收法》第 77 条详细规定了与反假冒产品相关的权利、义务和程序。权利持有人（如知识产权人）可以向海关专员申请扣押在海关控制下的、被怀疑侵犯知识产权人权利的商品（如假冒产品）。如果海关专员准许了该申请，有关产品就可能被拦截，并进行查验，以确定它们是不是假冒产品。如果检查官员有充分理由相信它们从表面上看是假冒产品，这些产品就应予以扣留。产品被扣留后，权利人可以根据《反假冒产品法》就被扣留产品提起刑事诉讼，并或可提起民事讼诉，请求法院宣告此类产品是假冒产品，将此类产品转移给权利人，要求相关当事人（如进口商、收货人、出口商、生产商或产品管理人）披露此类产品的来源。

（三）关税风险

按照中国与南非的有关贸易法律制度及海关在中南贸易中的实践运作，中国出口贸易在南非海关遭遇的最大风险来自海关的腐败，在此不予讨论。其次是海关估价的风险。南非《海关和税收法》第 65 条和第 66 条对进口货物的估价进行了详尽复杂的规定。

南非《海关和税收法》第 66 条将货物入境（申报）用于国内消费时的货物交易价值作为基础。该价值是货物出口至南非时实际支付的价款或应予支付的价款，这相应的就是买方向卖方支付的或应支付的货物总价款，不包括买方向卖方支付的不与货物直接相关的款项。如果实际进口的货物的价值不能确定，其价值应按同等商业水平、同等数量并且基本同时为出口卖至南非的相同商品的实际支付价款或应支付价款计算。对于税务专员确定的交易价值，进口商可根据第 95 条的规定，通过提起内部行政上诉的方式提出异议，并最终可上诉至税务专员作出决定的所在地有上诉管辖权的高等法院。税务专员在其书面决定中所确定的进口货物的交易价值，只能作为涉案货物并作为涉案进口商缴纳关税目的的价值而用。在该决定有效期内，即使当事人提起法院诉讼程序，也应支付相应关税，除非税务专员根据所提交的合理理由中止该支付，直至法院作出最终判决。

二、在南非进行贸易的法律风险防范

（1）面对贸易壁垒风险，中国应该充分利用非洲大陆自贸区平台，加快与南非的沟通与谈判，促进中南贸易健康快速发展。并且应督促南非尽快建立两国海关之间的年度会晤和协调机制，通过双方互派代表和官员，进一步探讨合作中出现的问题并努力加以解决。同时，中国商务部应与南非贸工部加强合作，共建中南商贸信息沟通和交流平台，及时公布和更新有关商贸信息，为发展中南贸易服务。自两国建交以来，中南双方政府相继签订了《投资保护协定》《经贸联委会协定》《动植物检疫检验合作协定》《避免双重征税协定》《贸易经济和技术合作协定》《海运协定》等一系列经贸合作协议。我们要充分发展这些条约和机构的作用，使中南贸易摩擦和纠纷得到及时处理，从而促进中南贸易快速发展。

（2）面对知识产权风险，中国进出口企业和商人应尽力防范反假冒产品带来的知识产权风险，严格按照中国《产品质量法》和南非相关法律规定，严防假冒伪劣产品带来的利益损失。

（3）面对关税风险，中国从事南非贸易的进出口企业和商人在报关、清关等一系列涉及海关关税的风险中，应谨慎妥善处理，尽量避免和防范相应风险。

第四章　南非工程承包法律制度

据中国商务部统计，2020 年中国企业在南非新签承包工程合同 83 份，新签合同额 7.22 亿美元，完成营业额 4.91 亿美元。累计派出各类劳务人员 146 人，年末在南非劳务人员 181 人。

第一节　南非工程承包的主要立法

项目工程承包具有复杂性，从招标、建设到竣工牵涉方面众多，因此与其相关的法律也数量众多。

从工程招标方面来看，在政府参与的项目工程中，招标环节需要符合 1999 年和 2000 年制定的《公共财政管理法》和《优先本地采购政策框架法》的规定，其中《优先本地采购政策框架法》在 2017 年出台了新的修正案，并于 2017 年 4 月 1 日生效。另外，根据 1977 年出台的《国家建筑规范和建筑标准法》（NBRBSA），承包商的建设计划必须在施工开始前得到相关政府批准。

工程施工过程中所需要注意的问题主要是法律中对于施工标准的规定，企业在运行项目时需要满足南非标准局（SABS）所制定的各项施工标准，对于项目施工所造成的环境问题，南非还出台了大量与环境相关的法律和政策，其中包括：《国家环境管理法》《国家水法》《废弃物法》《湿地保护法》等，对工程项目中所产生的水资源浪费及污染和废弃物污染等问题作出了规定，将保护生态环境与经济发展有机结合起来。

在南非，工程项目管理方面突出的法律问题主要体现在劳工管理方面，承包企业需要按照《劳工关系法》《基本雇佣条件法》《平等雇佣法》《技能提高法》《技能提高费用法》等法律依法雇用劳工，保障项目的正常进行。

第二节　在南非进行工程承包的业务流程

一、在南非进行工程承包的方式

在目前的国际工程承包市场，主要的工程承包方式有设计—施工总承包方式（DB），项目管理承包方式（PMC），设计—采购总承包（EP）以及设计—采购—施工/交钥匙总承包（EPC）。

（一）设计—施工总承包方式

设计—施工总承包（DB）是指工程总承包企业按照合同约定，承担工程的设计和施工，并对承包工程的质量、安全、工期、造价全面负责。在该模式下，承包商可以边设计、边施工，并考虑设计的可施工性，发挥集成管理化优势，降低工程成本，加快工程进展。

（二）项目管理承包方式

项目管理承包方式（PMC）是指由项目业主聘请管理承包商作为业主的代表，对工程的整体规划、项目定义、工程招标、选择 EPC 承包商及设计、采购、施工过程进行全过程管理。

（三）设计—采购总承包方式

设计—采购总承包方式（EP）是指项目业主委托承包商承担工程的设计和设备供应。在该方式下，承包商主要承担离岸的工作，不涉及当地土建安装工作，履约风险相对较低。

（四）设计采购与施工总承包方式

设计采购与施工总承包（EPC）是指承包商受业主委托，按照合同约定对工程建设项目的设计、采购、施工、试运行等实行全过程或若干阶段的承包。通常公司在总价合同条件下，对其所承包工程的质量、安全、费用和进度负责。目前在南非的大型工程项目大部分都以此类总承包合同的形式来签署，如中机电力所承包的南非 DUMA 132KV/40MVA 变电站项目，瑞士 ABB 集团所承接的 Witkop 和 Soutpan 太阳能电站项目等皆以 EPC 的方式进行承包。

二、在南非进行工程承包的流程

首先，在南非设立公司。根据 2008 年南非《公司法》，外国投资者到南非投资办厂或开展贸易或承揽工程，应注册成立公司。其次，获得南非建筑发展委员会的承包商资格。根据《建筑行业发展委员会法》，任何政府机构不得把建设项目授予尚未注册登记的承包商，因而有意参与南非政府基础建设的承包商都必须在《承包商登记册》中进行登记。登记册将根据承包商其建设施工能力进行评分及分类，承包商被列入九个不同的注册级别。评分基准取决于该承包商所承担项目的最大南非兰特金额，以及承包商本身对个别建设工程类别的承担能力，该评分决定其可竞投的项目。再次，在南非承揽工程。在南非国有企业和政府项目的工程招标信息都会通过相关公司网站、主要媒体和有关政府部门网站公开。根据南非招投标流程跟进，南非招投标主要程序包括发招标通告、资格预审、编制投标书和落实担保、递送投标文件、开标、评标和决标、中标签约等。在开发基础设施时获取许可申请。包括建筑许可、环境评估、申请供水供电、申请接通电话线。

第三节　南非工程承包的法律风险与防范

一、南非工程承包的主要法律风险

（一）招投标环节法律风险

南非业主评估投标人实力的要求更为详尽，因此南非政府十分注重标书的制作。相对国内投标更加细致的规定将给中方企业在制定标书过程中带来一定困难。

同时，设立项目公司的任何开发商必须确保黑人和本地社区具有特定比例的股权和表决权。在可再生能源采购计划中，80%的员工必须是南非人，其中50%必须是黑人。在使用技能人才时，强调一个项目所聘用的所有技能人才中需要30%是黑人。本地社区也必须提供20%的劳动力。此外，南非《优先本地采购政策框架法》中规定，在可行性允许前提下，政府机构在对合同额超过3000万南非兰特以上的邀标书中，必须施加30%的分包要求。

（二）项目融资法律风险

在南非，对于外商投资领域却有一定限制，如外国公民经营或者控股超过75%（包括75%）的企业，在南非将被视为“受影响公司”其从南非贷款人手中借款，在数额上是受到限制的，对外资公司，其借款的有效资金比例为：100%＋（当地成分%/外资成分%×100）。

同时由于南非现今仍存在外汇管制，如果公司要将利润汇出南非，还需要向中央银行填表报告，手续十分繁琐。所以企业全资推进项目进行的可行性几乎为零。

（三）工程合同法律风险

由于施工合同标的物的特殊，交易、生产周期长，合同条款多，涉及面广，决定了工程合同本身具有高风险。了解和掌握南非特殊的合同条件，签署具有法律效力的施工合同，才能更有效地防范和控制风险。南非特有的JBCC合同条件与国际通用的FIDIC合同条件在协议文件组成、竣工日期约定、缺陷责任期、误期罚款/损害赔偿费、建设保函/履约保证、支付扣减/保留金、保险、支付与承包商索赔存在一定差异。

（四）工程建设法律风险

主要涉及违反环境法律法规造成的风险、雇用劳工是否符合BEE规定及劳资纠纷法律风险，在本报告相关章节中已详细论述。

（五）合同准据法与争议解决法律风险

工程业主与承包商可以合意选择工程合同的准据法，但若选择南非方面更加熟悉的准据法可能在之后的法律适用有所困难，这是由于对当地法律法规不熟悉等原因。

二、南非工程承包风险的应对措施

（1）对于招投标环节法律风险。中国企业在收到南非招标单位的招标文件之后，应当仔细研究招标文件的内容，尤其要注意承包商的责任范围、工程合同的种类、付款条件、保函、技术标准与要求等内容。为了符合 BEE 或 BEEE 资格认证，中国企业在组建公司时必须满足所有权、管理、公平就业的要求，以求顺利通过相关审查，缩短审查过程中的时间消耗。除了简单创造就业机会之外，开发商还必须重视向黑人提供的薪酬水平和工作场所条件。而对使用外国供应商提供项目的高价值部分（如风力涡轮机和太阳能电池板）的项目而言，供应商则必须确保其设法符合至少一项 BBBEE 认可水平，以便能够遵守优先采购义务。

当强制性分包原则应用在投标程序中时，中标者必须将合同总额价值的至少 30% 分包给进入财政部核准的名单库里的一家或多家供应商，让这些供应商提供所需商品或服务。

（2）对于项目融资法律风险。现在这一问题已经可以通过多种方式得以解决，其中包括项目发起人向黑人和本地社区实体提供资金，在项目开始创收之后通过赚得的股息向发起人偿还资金，或是开发性金融机构介入并担保实体获得的任何融资或直接向该等实体提供所需的融资。

（3）对于工程合同法律风险。必须强调的是注意南非特有的 JBCC 合同条件与国际通用的 FIDIC 合同条件的差异化条件，最大程度上避免固有合同思维导致签订后处于不利地位。

（4）对于工程建设法律风险。中国企业在南非进行工程承包时应对环境法律风险的防范措施：其一，中国企业在南非承包工程时应了解并遵守南非的环境保护法律法规以及各项国家保护标准，尤其是工程承包经常涉及的污染物排放、废弃物处理等方面的规定。其二，中国企业要事先评估工程项目对环境可能产生的影响，如影响重大，应在获得许可证并明确环保义务之后再进行项目建设。其三，在项目的开发、建设和运营期间，按照南非当地的环保要求，制定项目内部环境保护工作流程，严格按照南非当地的环保法律开展各项活动，并在环保要求实施的过程中加强与当地环保部门的沟通；制定风险应对预案，一旦发生项目环保事件，应保持与政府、民众和媒体的积极沟通，尽量创造有利的舆论氛围。其四，在做投资预算和项目设计时按照南非当地环保要求，考虑项目环保投资所需的费用以及项目配套的环保设施，避免造成后期项目的建设和运营不满足环保要求，而导致投资超出既定项目预算、设计变更影响工程进度等情况。同时，建议工程承包商为保证工作效率还是需要雇佣国内大量的技术工人作为业务骨干，并对当地工人提供技术培训。此外，承包方应当充分了解南非劳动法，密切关注劳资关系，建立劳资问题应急预案。同时，提高中资企业员工的本土化比例，适应南非本土管理风格、管理文化。

（5）对于合同准据法与争议解决法律风险。由于南非的法律体系与中国并不相同，且法律变动较为频繁，中国企业与南非业主进行合同谈判时，应尽可能选择中国企业比较熟悉的法律体系作为合同准据法，以便在合同纠纷发生时，更好地维护中国企业的权益。中国企业在面临纠纷时可以选择诉讼或仲裁方式作为合同纠纷的解决方式。目前，在南非可以选择向南非仲裁员协会，伦敦国际仲裁法庭等国际常设机构提请仲裁。随着中非联合仲裁中心的成立，相关争议可以选择提交更为方便的中非联合仲裁中心进行仲裁。

第五章　南非劳工法律制度

第一节　南非劳工法律概况

一、南非劳工法律的主要内容

南非对劳动关系、工作条件、社会保障等内容通过多部单行法律及行政法规予以规范。制定或修改的法律有，《劳动关系法》《雇佣基本条件法》《职业技能发展法》《职业健康安全法》《职业伤病补偿法》《失业保险贡献法》《宪法》《就业平等法》《促进平等、预防不公平歧视法》（2002 年修订）等国内立法外，还包括加入并批准生效的国际劳工组织等国际组织的公约和法律文件。

南非劳动法的主要目的是确立和保护劳工权。首先，在宪法上确立劳工权为基本人权；其次，构建个别劳工权法律制度，即以劳工个人的劳工权利为主要内容的立法，主要是对劳工保护的基本制度进行立法，如工资支付制度、工时制度以及劳动条件等；然后，就劳动“三权”进行立法：组织工会的权利、集体谈判和自由集会权以及罢工权；另外还进一步对“社会保障、职业培训、劳动争议处理”等进行规定。

二、南非劳务合作的主要法律规定

南非的涉外劳工管理主要有三个方面的内容：首先，域内国家直接适用南非劳动法律。其次，南非通过与域内国家签订双边劳工输出协议，使其国内劳动法律产生域外效力。随着南部非洲一体化趋势的进一步加强，在未来南部非洲劳动法的发展中，南非还将对周边国家的劳动法律产生更大的影响。但是新的《移民法》规定，南非只对其急需的高技能人才及其近亲属发放工作签证、商务签证以及法人签证。对低技能的劳工进行严格限制，以保护其国内劳动力市场的稳定和就业。最后，南非除涉外管理法律以外，在黑人经济振兴法、投资相关法律以及有关艾滋病劳工的权益保护中，作了有利于黑人的制度安排，中国企业须特别注意。

新南非成立后，政府开始致力于逐步提高黑人等社会弱势群体在社会经济中的地位，促进黑人渐渐融入和掌握经济，缩小黑人和白人的贫富差距，推动经济社会的全面可持续发展。一方面，通过《黑人经济振兴法》和《投资法》的实施，促进黑人在职场中的就业倾斜政策和规定，促进劳工保护从形式平等到实质平等的转变；另一方面，通过司法判例，为患艾滋病等疾病的劳工提供了有效的救助，在法律层面有效地保障艾滋病患者的权利。

三、工时、加班与薪酬

南非的《雇佣基本条件法》规定了工时制度的适用范围、工作时间、工作日、正常工时、加班、周压缩工时制、平均工时数、劳工部长之决定工作时间、用餐时间、日和周休息间隔、周日工资、晚班工资以及公共节假日加班工资等。《雇佣基本条件法》规定雇主须安排雇员在前一个工作日结束至后一个工作开始的间隔至少连续休息不少于 12 小时。在工作中如需用餐，雇主须为连续工作 5 个小时以上的雇员连续不少于 1 个小时的用餐时间；另外，如用餐时须坚守工作岗位的须支付报酬。另外，南非劳动法律原则上不鼓励晚班。

根据南非《雇佣基本条件法》第 75 条规定，报酬包括金钱和实物，系劳动者为其他任何个人、州或国家提供劳动而获取的给付。法律对雇员正常周工作时间为 45 小时；在工资支付方式方面，鼓励周薪制，如需月薪制的，其月工资需是周薪制的四又三分之一倍。

四、休假制度

南非的休假制度采取法律规定与雇佣双方协商制度相结合。协议没有特别规定的，又没有出现特殊情形的，一律按照法律规定执行；如果双方对休假的天数以及休假的方式达成过协议，法律一般予以尊重和支持。

南非有关劳动者享有的假包括公共假日和劳动法上规定的假期与休息日。劳动法规定的假期主要有：年休假、病假、产假以及家庭事务假等。这些假期和休息日是带薪制。《雇佣基本条件法》规定，劳动法上的假期不涵盖以下两种情形：一是工作时间规定，周工作小于24小时的雇员；二是雇员须符合法律规定的类型，雇佣协议中的“雇员”不属于《雇佣基本条件法》中所指的雇员。

在年休假方面，法律规定须带薪休假。雇员每年可以连续休年假21天(3周)。关于休假时间，雇主和雇员应协商确定。如无协议，雇主可以确定雇员的休假时间。在修病假或被通知要结束合同期等《雇佣基本条件法》规定的享受带薪假的期间，雇员不能提出休年假；对于员工请病假的情形，法律规定36个月为一个病假周期。在这一周期里，雇员可有6个星期的带薪时间，相当于我国劳动法上的“医疗期”。在病假管理方面，法律规定，如果一个雇员连续2天不来上班，雇主在支付其病假期间工资之前，有权要求其出示医生的诊断书，以证明其不来上班是因为患病或受伤。如果一个雇员在8周的工资期间有两次缺席，雇主也可以要求雇员提供医生出具的诊断书。另外，为了保护妇女儿童的权益，法律规定女雇员可以享受4个月的产假，并可以在预产期前四个星期适当的时间开始休。女雇员休假可以不足4个月，但孩子出生后6周内不能工作，除非有医生出具的证明，以证明其可以工作。雇员在休假前至少4个星期通知雇主，说明什么时候开始休假，什么时候开始上班。

第二节 与南非进行劳务合作的法律风险及防范

一、劳动合同风险控制与对策建议

中国企业必须按照南非的《劳动关系基本法》《雇佣基本条件法》等，与当地劳工签订劳动合同。

首先，中资企业要注意处理好与南非政府、劳工部、全国经济发展与劳动委员会等劳动行政管理部门的关系，通过其官方网站及时关注和了解由这些劳动行政管理部门发布的有关南非劳动政策和法律法规变动的最新信息。

其次，中国企业在雇用员工之时，必须严格按照《就业基本条件法》的规定与雇员订立详细具体的劳动书面合同，积极加入雇主组织，加强与工会的沟通和交流，充分利用集体谈判制度和工场论坛机制来协调和改善劳资关系，促进企业的生产与发展。

二、劳务合作中的合同法律风险与防范

中国企业在非洲投资的就业质量饱受国际社会的质疑，尤其是在基建领域，表现为：一是就业条件较差。例如，与其他跨国公司相比，有些中国企业支付给当地劳工的工资水平较低，工作环境、福利待遇等方面较差；就业岗位层次较低，多数当地人员只能从事简单的体力活，较少在技术和管理类岗位上谋职，对于缓解非洲大学毕业生的失业问题贡献不大；二是有些中国企业未能为非洲籍劳工提供足够的培训，不利于当地劳工的技能发展。

除此之外，在南非的劳动纠纷发生的领域集中在以下几个方面：招工、劳动合同、劳动待遇、劳工组织、解雇、罢工与关厂、劳资纠纷的解决等方面。

第六章　南非财税金融法律制度

第一节　南非财税金融体系与政策

南非财税金融法律体系可大致分为财税与金融两个部分，财税方面以税法为主，税法以所得税与增值税为主；金融方面主要以银行系统、证券市场与保险为其主要内容。

南非金融体系包括三个相互关联的部分：一是金融部门（各种金融机构、市场，它们为经济中的非金融部门提供金融服务）；二是融资模式与公司治理（居民、企业、政府的融资行为以及基本融资工具；协调公司参与者各方利益的组织框架）；三是监管体制。南非的金融法律制度体系主要包括对银行体系、证券交易体系、保险体系等方面的规定，这些体系中既有对实体法的相关规定，也有程序法上的规定，既有规制其运行的法律制度，也有有效的法律监管制度与高效的纠纷解决制度。

第二节　南非财税法律制度

一、税收制度的基本内容

南非税种按征税方法分直接税与间接税。直接税包括所得税、股利税和资本收益税等税费；间接税包括增值税、消费税、转让税及进口税等税费。南非是以直接税为主的国家。按征税对象分为所得税、增值税、消费税、流转税、财产税、关税等。

南非实行中央、省和地方三级课税，税收立法权和征收权主要集中在中央，税款也主要由中央征收。南非实行按居住地征税的政策。根据与不同国家签署的避免双重征税协议，非南非居民需要根据其国籍国与南非签订的协议内容对其收入纳税。

南非的税收制度由国家财政部建立，南非税务局负责管理，地方税务局（RSC）作为执行机构负责营业税、个人所得税、增值税、薪资税等的具体征收。根据南非《宪法》第13章第213条的规定，除根据议会的相关立法可以被排除的款项外，中央政府接受的全部款项必须上缴国家税收基金。南非与税收制度相关的法律法规主要包括《税收管理法》《所得税法》《增值税法》《海关法》《销售税法》《特别经济区法》等。

二、海关关税

南非海关隶属于南非税务署。1964年《海关法》（1964年第91号）于1964年7月27日通过，并于1965年1月1日生效。南非首次在一个法案中规定了海关和消费税事宜。该法令的目的是规定征收海关和消费税、燃油税、道路交通事故征税、乘客税和环境征税，禁止和控制某些货物的进口、出口、制造或使用，以及附带事宜。该法案包括12章，以及该法的附表，由专员根据1997年《南非税收法》管理。根据该法，在法定情形下，专员将权利义务交给官员，由其订立协议并制定相关行政规则。根据1997年南非税务署第34号法令，南非海关的任务主要有确保所有税收应收尽收，相关法律得以遵守，保护南非边境和促进贸易。

三、双边税收协定

中国与南非签订的《中华人民共和国政府和南非共和国政府关于对所得避免双重征税和防止偷漏税的协定》，对中国或南非一方或者同时为双方居民的人之股息、利息、特许权使用费、财产收益、独立个人劳务、非独立个人劳务、艺术家和运动员、退休金、政府服务、教师和研究人员、学生和实习人员的征税方法都进行了详细的协定。缔约国一方居民取得的各项所得，不论在什么地方发生的，凡该协定各条未作规定的，应仅在该缔约国一方征税。同时，在中国和南非税收征收方面实行的是无差别待遇，即缔约国一方国民在缔约国另一方负担的税收或者有关条件，不应与该缔约国另一方国民在相同情况下，负担或可能负担的税收或者有关条件不同或比其更重；缔约国一方企业在缔约国另一方常设机构的税收负担，不应高于该缔约国另一方对其本国进行同样活动的企业；缔约国一方企业支付给缔约国另一方居民的利息、特许权使用费和其他款项，在确定该企业应纳税利润时，应与在同样情况下支付给该缔约国一方居民同样予以扣除；缔约国一方企业的资本全部或部分，直接或间接为缔约国另一方一个或一个以上的居民拥有或控制，该企业在该缔约国一方负担的税收或者有关条件，不应与该缔约国一方其他同类企业的负担或可能负担的税收或者有关条件不同或比其更重。

第三节　南非金融法律制度

一、南非银行

南非的银行由三个部分组成：南非储备银行（该国中央银行）、私营银行（商业银行和一般银行）、互助银行。

南非的银行在非洲大陆前100强银行中排在前六名。南非境内由四大银行主导，占银行服务总量的85%，分别是：南非标准银行、莱利银行、南非联合银行（ABSA）、第一兰特银行。同时，新的银行业务Capitec已经顺利进入无银行账户和入门级银行业务。

二、南非保险领域的相关规定

南非的保险活动主要由《长期保险法》（1998年第52号）和《短期保险法》（1998年第53号）规制。其后，又于2003年、2008年和2013年颁布了修正案，修改了一些立法技术上的问题，弥补了某些监管上的空白，更新了过时的条款和引用。

《长期保险法》分为9个部分与4个附件，一共76条，规定了长期保险人的注册，对长期保险人和中间人的某些活动的管理，以及与之有关的事项。《短期保险法》分为10个部分与3个附件，一共73条，规定了短期保险人的注册，对短期保险人和中间人的某些活动的管理，以及与之有关的事项。

南非保险市场是非洲地区最大的保险市场，也是非洲地区保险行业发展得最好的国家之一。在南非，可以将保险分为强制险和任意险。强制险包括机动车辆险和工伤保险，这两者由政府垄断。任意险包括医疗保险、财产险和寿险，商业保险机构可以承保。南非保险又可以分为寿险和非寿险两大类。

第四节　南非财税金融法律风险及防范

一、税收法律风险与防范

南非的财税金融法律体系虽然相对完整，但其制度与政策的确定性不高，也会受到诸如宪法、民法与其他法律的影响，国内与国际的金融环境也会影响其财政金融的政策变动，因为南非的财税与金融可能受财务部长等个别行政人员的影响，故政党或者负责人员的变更都会给南非的财政金融政策与法律带来变更。

针对整体制度上的风险，中国企业可以采取以下风险防范措施：一是准确理解南非现有的法律与政策，对即将修改与经常变动的法律要及时关注，正确利用当地法律；二是聘请精通当地法律、具有良好信誉的律师团队对项目进行法律评估，提供法律意见；三是在谈判阶段以及合同条款中明确双方的权利义务范围，对自己的权利范围尽可能细致化；四是中国企业应当及时关注制度与政策的变动，做到随机应变；五是遇到法律问题应当及时请教专业的律师或相关的政府部门，做到对症下药；六是中国企业在南非投资经营应当遵守当地法律，保留好相关的证据以维护好自身利益。

二、银行融资的法律风险与防范

南非储备银行作为中央银行对其他南非金融机构进行协调和管理，是国家经济政策的重要制定者和执行者。南非中央银行的政策对于银行融资有关键影响。南非现有的银行有商业银行、综合银行、商人银行、贴现银行和房屋互助会、南非土地农业银行、南非邮政储蓄银行和南部非洲开发银行等非正规银行，也有外国银行在南非的分支机构。南非商业银行可以进行投资行为，但是每年必须向中央银行缴纳一定比例的资金，以保证存款人的基本权利。南非银行法法律系统会受其国内政治因素的影响，也会应国际权威机构评价而间接对其产生影响。如2017年南非储备银行已经被列入国有化的议程，储备银行国有化后会对银行法法律体系产生的影响也应当引起投资者的注意。同时2022年南非银行信用评级下降，银行可能对此进行相应的政策调整或变更，中国企业也应当做好风险防范的措施。

三、汇率法律风险与防范

汇率风险是指在持有或运用外汇的经济活动中，因汇率变动而带来的不确定性或可能性发生的损失。南非目前实行自由浮动的汇率制度，必要时南非储备银行可以进行适当干预，但仅限于短期的、异常的、过度的汇率波动。中国企业在南非投资往往面临双重汇率风险：一是人民币升值压力大；二是南非兰特贬值压力大。两者共同作用会对投资收益造成负面影响，如果未能及时换汇，那么投资收益可能仅仅停留在纸面，实际收益则逐渐被汇兑损失侵蚀。

第七章　南非环境资源法律制度

第一节　南非矿产资源情况

一、矿产资源概况

南非是世界第五大矿业国，蕴藏矿产60多种，储量约占非洲的50%。很多矿产储量都位居世界前列，其中，金、铂族金属储量居世界第一位；锰、铬、钛、萤石、蛭石和锆石矿产资源储量居世界第二位；另外还有大量的磷酸盐、煤炭、铁、铅、铀、锑、镍矿资源。南非有许多世界上重要的成矿区带。维特沃特斯兰德盆地有世界上储量最大的黄金矿脉，且铀、银、黄铁矿和锇铱矿的资源也相当丰富；开普敦西北部有世界上储量最大的铬矿和锰矿，矿藏分别占世界储量的一半以上；金伯利一带有世界著名的钻石矿带；南非的煤炭储量也很丰富，居世界前列。①

二、矿产开采与出口情况

南非矿业的勘探和开采经百余年发展，已形成完备的采、选、冶、炼和加工等全套现代矿业体系。南非还具有世界规模的初级产品加工的设备和能力。当前，南非产量排名世界第一的矿产有蓝晶石、铂族金属、钛铁矿、铬

---

① 王健：《南非矿产资源与开发现状》，载《矿产保护与利用》2013年第2期。

铁矿、铬铁和蛭石；金红石、钒和锆石产量居世界第二位，锰矿产量居世界第三位，黄金产量居世界第四位。此外，在世界排名靠前的还有锑、锰、铁、铀、锆等金属及精矿等重要矿产。南非矿产品销售额最高的是铂族金属，排在第二与第三位的分别是煤炭和黄金，其次是铁合金和有色金属。

在出口方面，南非的铬铁矿和红柱石出口量居世界第一位，锰矿石出口量居世界第二位，铬矿出口量居世界第四位。铂主要出口到日本、英国、澳大利亚和美国等国家；黄金主要出口到美国、加拿大、印度等国家。南非是世界煤炭的主要生产国和出口国，同时南非还是煤炼油的最大生产国。南非也是欧洲和亚洲动力煤的主要出口国。南非的铬铁矿和铬铁合金主要出口到中国、美国、西欧国家、日本及韩国等。南非锰矿石60%供出口，主要出口到美国、中国等国家，铁矿石主要出口到欧洲、日本以及中国等。①

三、矿业投资风险

南非作为全球矿产资源大国，在投资其矿业的过程中面临着矿业政策不清晰、人才缺乏及劳工问题、电力短缺、外资企业融资限制和社会治安状况不佳等风险。② 这些矿业投资的风险需要中国企业高度关注。

第二节 矿业权管理制度

2002年，南非通过并颁布了《矿产与石油资源开发法》（以下简称“矿法”），于2004年生效，以取代1991年《矿业法》。此后，南非矿法还两次进行了大的修订。

一、矿业管理部门

2009年，南非时任总统祖马宣布将南非矿产资源管理和开发的政府主管

① 董晓芳：《南非主要矿产资源开发利用现状》，载《中国矿业》2012年第9期。

② 王健，李秀芬《南非矿业投资环境分析》，载《中国矿业》2013年第23期。

部门——南非矿产与能源部拆分为矿产资源部和能源部。新成立的矿产资源部和能源部依据南非 2002 年《矿产和石油资源开发法》，实施矿产资源和石油资源国家所有权的管理。其中，矿产资源部负责有关矿法的实施和监督，以及矿产和石油资源的开发和管理，包括各种矿业权证的审批、发放、拒绝和监管等事务。

二、矿业行业协会

南非矿业行业协会组织较为完善，主要包括有南非矿业商会和南非矿业发展协会。

南非矿业商会在南非矿业领域发挥着举足轻重的作用，它以最大限度保护其会员的利益为宗旨，大力促进会员之间的交流合作。近年来，随着外部环境的变化，商会的作用和功能也发生了一些实质性的改变。例如，商会重新调整了定位，转变为矿业企业赞同的政府政策调整的主要倡导者。

南非矿业发展协会原先是由南非初级矿业公司和黑人经济授权矿业公司组建的一个初级矿业组织，其宗旨在于代表初级矿业公司利益，响应政府政策决策并提出矿产条例草案。随着南非矿业发展协会在南非矿业行业的影响力越来越大，逐渐发展成为一个正式的矿业协会。南非矿业发展协会的主要任务是融资、发展矿业科技、实施负责任的环境管理和可持续发展以及维护初级矿业部门的生产规范标准。

三、矿业法律制度

南非矿业法律制度的设计，主要来源于《矿产与石油资源开发法》和《矿业与石油资源开发条例》，在矿业权申请条件和程序、尾矿和矿渣库的管理、权利转让和抵押条款、选矿条件和闭坑义务，以及矿区的环境保护等方面。

此外，南非还颁布有一系列与矿业配套相关的法律法规，包括《南非矿业政策白皮书》《矿山健康与安全法》《国际环境管理法》《矿山闭坑财政拨款评估准则》《矿区土地复垦准则》《钻石法》《钻石法修正案》《贵金属法》以及《南非矿业选矿战略指南》等。

第三节　环境法律制度与矿业规制

一、南非主要环境立法

目前，在南非环境保护领域发挥重要作用的法律主要有：1983 年《农业资源保护法》、1989 年《环境保护法》、1998 年《海洋生物资源法》、1997 年《环境合理化法》、1970 年《山脉集水区法》、1998 年《国家环境管理法》、2004 年《国家环境管理：空气质量法》、2004 年《国家环境管理生物多样性法》、2008 年《国家环境管理：海岸线综合管理法》、2003 年《国家环境管理：保护区法》、2008 年《国家环境管理：废弃物法》、1998 年《国家水法》、1999 年《世界遗产保护法》、1998 年《森林法》和 2008 年《放射性废弃物处置法》等专门性法律，以及 1977 年《刑事诉讼法》、2000 年《促进信息获取法》和 2000 年《促进行政公正法》等相关程序法法律。

二、南非环境管理制度

南非的环境管理制度来源于《国家环境管理法》《促进行政公正法》《政府间关系框架法》《环境影响评价规章》等法律法规的相关规定。这些内容中有中国企业投资南非必须了解的环境法律规制，其中许多与矿业投资相关，具体包括：南非环境管理的主要机构、环境管理的基本原则、环境实施计划与环境管理计划、环境影响评价制度、环境审查制度、环境许可制度、环境担保制度、环保授权制度，以及违反南非环境与资源保护法律的相应罚则等。

三、南非投资的环境法律风险

由于域外矿业投资的特有性质，矿产资源的勘探、开采、提炼等活动对矿区和当地的地质环境、生态环境等会造成一定的影响，甚至可能导致地质灾害和矿区，以及毗邻区的环境污染。此外，南非用环境权入宪的方式确保公民享有健康、无害的环境，公民环境权成为宪法基本权利之一，是人权委员会审查的重点内容。同时，在“一带一路”全面推进的背景下，中国企业赴南非投资将承担更多有关环境保护的新型社会责任，必须严格遵守南非的环境实施计划、环境管理计划，适时开展环境影响评价，这既是中国企业在南非面临的潜在环境法律风险，也是南非环境与资源法律制度对中国企业投资南非矿业的重要规制。

第八章　南非其他法律制度

第一节　南非知识产权法律制度

南非知识产权的立法和保护历史悠久，目前已形成一个以《专利法》《外观设计法》《著作权法》《商标法》等多部成文法为主体，以普通法为补充，以国际条约为指导的混合法律体系。[①] 随着全球化时代的到来，南非政府通过《知识产权法律合理化法（1996）》《知识产权法修正案（2013）》等规则不断完善知识产权法律制度，改组了知识产权管理机构，完善了知识产权中介服务机构，并以专门的知识产权对传统知识进行保护。2017 年又推出《知识产权政策草案》旨在结合国家各项发展计划[②]的各种迭代，推进南非重大改革，《知识产权政策草案》规划了未来各项制度，预计近年南非知识产权领域将出台一系列改革措施。

一、知识产权综合性法律

《知识产权合理化法》（1996 年第 10 号）将南非知识产权制度的适用范围扩展到全境，基本上统一了南非专利（发明），商标，工业产权，工业品外观设计，著作权与相关权利（邻接权）相关事务的各项规定。《关于由公共财

---

① 张怀印：《全球化与南非的知识产权保护》，载《学术界》2007 年第 3 期。

② 包括国家发展计划（NDP），新增长路径等国家政府框架（NGP），国家药物计划，国家工业政策框架（NIPF）和产业政策行动计划等。

政支持所研究与开发的知识产权法》（2008 年第 51 号）涉及的主题有专利、商标、域名等，规定了有效利用公共财政支持的研究和发展中涉及的知识产权；建立国家知识产权管理办公室以及知识产权基金；规定建立机构技术转移办公室；并针对其他相关事务进行了规定。《知识产权法修正案》（2013 年第 28 号），通常被称为《传统知识法》，旨在认可作为知识产权一方面的本土知识，法案修改了南非许多重要的知识产权法律，如《表演者保护法》《著作权法》《商标法》《外观设计法》，以使其与《巴黎公约》、TRIPS 协议以及《专利合作条约》相适应。

二、与保护工农业产业创新相关的法律

《专利法》(1978 第 57 号）主要涉及关于专利（发明），传统知识（TK），遗传资源的法律规定。《外观设计法》（1993 年第 195 号）规定了工业品外观设计的注册和保护，将工业品外观设计分为美学设计和实用新型设计。《植物新品种权法》（1976 年第 15 号）规定了为出售目的培育的特定植物品种的注册，特定繁殖材料的清洗，包装和销售等规则，若干植物新品种的认定以及为农业和工业目的维持产品有用性而为其建立的证明体系，针对若干植物和繁殖材料的进出口控制规定等。《转基因生物法》（1997 年第 15 号）则涉及植物品种保护、知识产权及相关法律的执行及遗传资源的保护等。

三、与保护文化及其创意产业有关的法律

《著作权法》（1978 年第 98 号）是用于调整著作权和相关权利（邻接权）的主要法律，自 1978 年制定以来经过多次修改，以便与 TRIPS 协定的规定保持一致。《电影著作权登记法》（1977 年第 62 号）则规定了以自愿原则为基础对电影作品实行著作权登记制度，登记期限为 50 年。《电影与出版物法》（1996 年第 65 号）涉及南非的著作权与相关权利（邻接权）及其登记制度，在南非，登记系证明著作权存在的证据。《广播法》（1999 年第 4 号）确认了部长在广播体系规制和许可政策制定方面的职权；规定了为公共利益和相关目的的广播行为的分类等。《表演者保护法》（1967 年第

11 号）适用于在南非的文学、音乐、艺术作品表演的保护或依据《罗马公约》对南非的表演进行保护。《著作权法》（1974 年第 9 号）则专门规定了南非联合政府对于南非当地著名作家的文学作品的著作权进行认可和保护的具体规则。《国家遗产资源法》（1999 年第 25 号）亦包括对传统文化表达进行保护相关的条款。

四、与保护商标权及维护市场秩序有关的法律

《商业标记法》（1941 年第 17 号）是南非关于商标与地理标志保护的主要法律，涉及商品销售过程中使用的标记和包装，以及与商业有关的特定词汇或标记，先后经历十次修改。《商标法》（1993 年第 194 号）规定了商标，证明商标和集体商标的注册，注册期限是 10 年，可以无期限续展；规定了对驰名商标的特殊保护，认定“淡化”为违法行为；法律还涉及地理标志、证明商标和集体商标的保护：在南非允许地理标志以集体商标和证明商标的形式被注册和保护。《假冒商品法》（1997 年第 37 号）涉及商标等知识产权行政执法的有关内容。《商标名称法》（1960 年第 27 号）则调整涉及商业名称（商号）与商标的法律关系等。

五、知识产权侵权风险及防范

知识产权侵权风险指的是企业在从事经营活动中可能出现的侵犯其他主体知识产权或者其他经营者侵犯了自己的知识产权从而导致企业经营损失的风险。通过实时知识产权状态检索进行产品规避设计或授权使用，委托专业机构保护自身知识产权等途径能够降低知识产权侵权风险的产生。

对于中国企业来说，首先要多了解和掌握与南非知识产权相关的执法机构和服务机构。事先掌握专业律师事务所、律师、专利代理人等信息，以避免当发生纠纷诉讼时，乱了方寸，无法得到好的专业服务。中国企业应该选当地诉讼代理人——专业律师事务所、知识产权事务所、律师、专利代理人等。事务所的总体实力，律师的知识背景、办案履历、感悟能力、语言交流能力等非常重要。

六、知识产权维权诉讼风险的防范及解决

（一）在诉讼前和诉讼中积极采用和解

在南非遇到知识产权诉讼，尤其是专利诉讼时，应在最快时间内了解相关专利权的范围，评估自己的产品是否实质性侵权，若未侵权，可向对方提出说明或者达成进一步合作意向；若确实侵权，可考虑协商购买专利或者获得授权许可等。

同样，在诉讼过程中，中方企业也要注意，只要时机适当，和解可以随时进行。由于南非的律师费用高昂，因此，采用和解的策略在一定情况下也是恰当的。

（二）明确南非知识产权诉讼相关注意事项

通过诉讼进行知识产权维权在南非也是一种常规手段，在南非参与知识产权诉讼时应注意以下几点。

（1）企业应组建应诉团队：一般而言，应诉团队应包含中国律师、南非律师、企业决策层、企业研发人员和企业知识产权法务人员等。

（2）确定应诉的初步方案：如果企业在全面衡量胜诉概率、市场前景、诉讼成本、时间成本等诸多因素后，认为坚持应诉弊大于利，则应该放弃市场。例如，当涉嫌侵权的产品一旦落入他人知识产权保护范围，或者所涉产品市场前景不值得继续投资时，可尽快停止侵权产品的制造、进口和销售，从而减少损失扩大。

（3）整理抗辩事由：不侵权抗辩。对于认为不侵权的专利，需要对于权利要求的保护范围进行解释，分析被诉产品等不落入权利要求的保护范围。该种应对方案为在南非的最为常见的应对方式之一。根据南非《专利法》第69条，任何人均可以提出不侵权的声明。申请人必须证明他向权利人提交了书面声明，并确认承担了声明的后果，并向权利人提供了工艺或产品的充分的细节，且权利人没有承认该不侵权声明。

专利无效。作为南非法律规定，针对权利要求，至少是被诉侵权的权利

要求提起权利有效性质疑是合法的对抗方式之一。

其他应对理由。其他的应对方案中，根据南非实践，可以使用但是成功概率不是很高的包括：禁止反悔原则、侵权豁免、默许等。

(4) 灵活适用各类救济程序。根据南非的“party - and - party costs”原则，败诉方通常承担的成本大约为实际成本的40%，律师费用方面的成本大约为65%。在南非知识产权民事诉讼的救济途径包括：

禁令：禁令包括永久禁令和临时禁令。永久禁令主要是针对诉讼当事人，该禁令不能自动延及第三方。临时禁令非常少且在最近几年开始有临时禁令的颁发，同时针对临时禁令无法提起上诉。

损害赔偿：南非在赔偿方面的救济主要是损害赔偿。南非法律中对此的解释是“因为过错（包含故意和过失）是一种违法行为（非严重的犯罪行为），应当按照不法行为的制裁规则来衡量损害赔偿责任的大小；它将针对在侵权行为中所承受的侵害对业主造成的实际的或潜在的财产损失进行补偿”。因此，南非的法律规定中没有提到惩罚性赔偿这样的规定。

交出侵权设备或者产品进行销毁：交出侵权设备或者产品进行销毁也是知识产权民事诉讼的救济途径之一。

(5) 注意证据保全的规则。企业可同时收集对方涉嫌侵犯企业知识产权的证据。若发现对方有侵权行为，应妥善保存相关证据材料；涉及容易删除、修改、销毁的证据材料的，可对前述证据进行保全。

第二节　南非争议解决法律制度

一、诉讼

南非的基本诉讼法律是《南非统一法院规则》，另外还有《南非（地区和区域）治安官法院法》《最高法院法》《外国民事判决执行法》。统一法院规则规定民、刑事案件审理的基本规则，而治安官法院法案、最高法院法案则规定管辖权、上诉程序方面的问题。南非法院审理案件的第一步是确定管辖权，同美国法一样，管辖权问题不仅涉及对案件的管辖权，还涉及对被告的管辖权（即对案件享有管辖权的法院不当然对被告享有管辖权）。南非法院规定了严格的书状制度和诉答制度，规定了被告强制答辩、不应诉判决和书状修改制度。南非法律规定了证据开示和庭前会议制度，不参加庭前会议或者拒绝进行证据开示可能产生程序或者实体的不利后果。南非的庭审程序与美国庭审非常类似，分别为原被告的开场陈述、法庭调查（主要是询问证人并在询问证人的过程中采纳物证、书证等展示证据）以及结案陈词，没有专门的法庭辩论。南非法院判决的执行方式有征收、扣押、冻结或划扣、查封等方式，由地方治安官（即警长）负责执行，法院只负责签发执行令。外国法院的判决可以在南非得到承认和执行，但是如果南非法院审查发现外国法院判决不终局、审理法院无管辖权或者执行该判决违背南非国内公共政策，则法院可以拒绝执行。

二、仲裁

南非于 1965 年制定了仲裁法案，确定可以通过仲裁的方式解决纠纷。仲裁法案没有规定仲裁时效，而是由专门的时效法案规定时效制度（未明确区分诉讼时效和仲裁时效）。南非承认仲裁条款的独立性，规定仲裁协议和仲裁条款必须是书面形式。南非法律允许一人庭、两人庭和其他单数庭；正因为如此，在两人庭中可能出现两名仲裁员意见不同的情况，而这也是撤换仲裁员的理由。南非法院保留了较强的对仲裁的干预权力，比如仲裁条款是否无效（仲裁庭认为有效时当事人可以立即申请法院审查）、仲裁员的撤换、命令案外人提交证据等问题都由法院解决。南非仲裁机构有自己的仲裁规则，会导致仲裁程序存在差异，但总的而言，仲裁程序大同小异，与其他国家的仲裁程序没有本质区别。南非是承认和执行外国仲裁裁决纽约公约的成员国，南非还专门制定了外国仲裁裁决执行法案。承认和执行外国仲裁裁决的程序与执行外国法院判决的程序没有实质的区别。

三、调解

2014 年，南非司法和宪法发展部发布了地区和区域法院程序行为规制修正案。该修正案明确指出法院鼓励当事人通过调解方式解决纠纷，而且规定了法院附设调解。附设调解的调解员资质由南非司法和宪法发展部制定规则确定。诉讼的当事人可以在诉讼前或者诉讼中要求进行调解，而法院的书记官在接受案卷材料时也有义务向当事人介绍和说明调解的纠纷解决机制。如果是在诉讼中，调解程序的开始导致诉讼程序的中止，所有期日都暂停计算。如果达成和解，当事人可以签订和解协议然后撤诉，如果双方同意也可以由法院发布命令采纳和解协议（到判决书中）。和解协议本身不具有强制执行力，其效力与合同一致。南非也允许民间组织进行调解，南非的民间调解组织有协商、调解和仲裁委员会，和平、对话与调解中心和调解公司等。

莫桑比克
法律环境报告

第一章　莫桑比克基本概况

莫桑比克共和国位于非洲东南部。南邻南非、斯威士兰，西界津巴布韦、赞比亚、马拉维，北接坦桑尼亚，东临印度洋，隔莫桑比克海峡与马达加斯加相望，是东南部非洲内陆国家重要出海口和区域性交通走廊，是“二十一世纪海上丝绸之路”在非洲的自然延伸。国土面积 79.94 万平方公里，海岸线长 2630 公里。高原、山地约占全国面积的 3/5，其余为平原。莫桑比克属热带草原气候，全年分为两季，5—9 月为旱季（凉干季），南部平均气温 18.3 ℃，北部平均气温 20.0℃。10 月至次年 4 月为雨季（暖湿季），南、北平均气温分别为 26.7℃和 29.4℃。总人口为 3207.70 万人（2021 年）。莫桑比克是多民族、多部族国家，全国约有 60 多个部族。官方语言为葡萄牙语，各大民族有自己的语言，绝大多数属班图语系。在马普托、贝拉等主要大城市，英语可作为国际商贸语言使用。莫桑比克为宗教国家，基督教徒（天主教徒为主）、穆斯林教徒和印度教徒是主要的宗教群体。

中国与莫桑比克于 1975 年 6 月 25 日建交。2016 年 5 月，中莫建立全面战略合作伙伴关系。目前，中国与莫桑比克签订的双边经贸协定共 5 份，分别是《中华人民共和国和莫桑比克人民共和国贸易协定》（1982 年）、《中华人民共和国政府和莫桑比克共和国政府关于鼓励促进和相互保护投资协定》（2001 年）、《中华人民共和国和莫桑比克共和国关于建立全面战略合作伙伴关系的联合声明》（2016 年）、《中华人民共和国政府和莫桑比克共和国政府关于共同推进丝绸之路经济带和 21 世纪海上丝绸之路建设的谅解备忘录》（2018 年）、《中华人民共和国和莫桑比克共和国关于共同推进“一带一路”建设的合作规划》（2019 年）。2001 年两国共同成立中莫经贸联委会。2016

年5月，中国国家发展和改革委员会与莫桑比克财政部在北京签订了关于开展产能合作的框架协议，双方约定将根据各自国内的法律和政策，推动两国间企业和金融机构开展产能合作，具体工作内容包括确定产能合作重点领域、协商和推动产能合作重大项目，以及研究出台有关政策措施等。2018年6月，中国商务部副部长钱克明率中国政府经贸代表团访问莫桑比克。其间，钱克明副部长与莫桑比克外交与合作部副部长卢卡斯共同主持召开中莫经贸联委会第六次会议，就双边经贸合作有关议题深入交换意见并达成多项共识。2019年4月，在第二届“一带一路”国际合作高峰论坛召开期间，中国国家发展和改革委员会与莫桑比克财政部就产能合作重点项目名单进行更新。自2022年9月1日起，我国将给予莫桑比克等16国98%税目产品零关税待遇。

第一节　莫桑比克国家概况

公元13世纪，马绍纳人在现津巴布韦和莫桑比克一带建立莫诺莫塔帕王国，16世纪初国势渐衰。1505年遭葡萄牙殖民者入侵，建立殖民据点。1700年沦为葡萄牙的“保护国”，1752年葡萄牙设总督进行统治，曾称“葡属东非洲”。1951年葡萄牙将其改为“海外省”。殖民统治时期，莫桑比克人民为争取民族解放进行了顽强的斗争。1974年9月7日，莫桑比克解放阵线（简称“解阵党”）同葡萄牙政府签署了关于莫桑比克独立的《卢萨卡协议》。1974年9月20日成立以解阵党为主体的过渡政府。1975年6月25日正式宣告独立，成立莫桑比克人民共和国，萨莫拉·马歇尔为首任总统。1990年11月，议会决定将国名改为莫桑比克共和国。独立后，莫桑比克全国抵抗运动党（简称“抵运党”）长期进行反政府武装活动。1992年10月4日，莫桑比克政府和抵运党在罗马签署和平总协议，从而结束了长达16年的内战。1992年以来，莫桑比克实现长期和平稳定。在1994年、1999年、2004年、2009年和2014年5次多党议会和总统选举中，解阵党均获胜。2019年10月，莫桑比克顺利举行第六次大选，解阵党连续第六次赢得选举，解阵党候选人纽西胜选连任总统，解阵党占议会73.6%议席，地方10省1市首脑均为解阵党人。

一、莫桑比克的人文和地理环境

莫桑比克国土形状是南北向狭长、东西向北宽南窄，地势自西北向东南倾斜，大致可分为三级台阶：西北部是高原山地，平均海拔500～1000米，其中宾加山高达2436米，为全国最高点；中部为台地，高度在200～500米之间；东南部沿海为平原，平均海拔100米，是非洲最大平原之一。赞比西河、鲁伍马河、卢里奥河、林波波河是4条主要河流。马拉维湖（莫桑比克称尼亚萨湖）是莫桑比克与马拉维之间的界湖。莫桑比克首都马普托市属东2时区，比北京时间晚6小时。当地无夏令时。莫桑比克全国行政区划为省、市和地区。现有10个省，128个地区，53个市（含1个直辖市）。首都马普托市同时也是非洲最繁忙的港口之一。莫桑比克自然资源十分丰富。钽矿储量居世界之首，约750万吨，钛600多万吨，煤炭储量超过320亿吨，近几年发现的石墨矿和重砂矿也具有世界级规模。北部鲁伍马盆地是莫桑比克最重要的含油气盆地，累计探明天然气可采储量逾100万亿立方英尺，位列全球第13位。可耕地面积约3600万公顷，实际耕种率不到20%，大部分地区土地肥沃、气候适宜，适合多种农作物种植。全国有4000万公顷天然森林，森林覆盖率超过50%，北部盛产黑檀、红木、香木等木材。生物种类繁多，盛产各种鱼、虾、贝类。

莫桑比克主要部族有马库埃－洛姆埃族（约占总人口的40%）、绍纳－卡兰加族、尚加纳族、佐加族、马拉维－尼扬加族、马孔德族和尧族等。因受西方文化影响较大，莫桑比克基本上形成了西方习俗，无特别禁忌。根据莫桑比克移民局统计，长期在莫桑比克生活的华人数量为3000人左右。加上到莫桑比克旅游、经商和短期务工的华人，在莫桑比克华人数量约有2万人，集中分布在马普托市、马托拉、贝拉等主要经济中心城市。华人在当地主要从事投资、贸易等经贸活动，经济和社会地位较高。

二、莫桑比克的政治和经济环境

莫桑比克现行宪法于2004年12月生效。宪法规定：以多党制取代一党制，实行党政分开和司法独立。总统为国家元首和政府首脑，总统和议员均由全民直接选举产生，任期5年，可连任一届。议会是国家最高立法机构。本届议会于2020年1月根据第六次大选结果组成，任期5年。在250个议席中，解阵党占184席，抵运党占60席，民主运动党占6席。现任议长是埃斯佩兰萨·比亚斯。部长会议是国家最高执行机关，向共和国议会负责。莫桑比克设有最高法院及省、市、地区级法院及共和国检察院。

莫桑比克是联合国宣布的世界最不发达国家和重债穷国之一。经济以农渔业为主，工业增加值占国内生产总值比重约24%。独立后因受连年内战、自然灾害等因素的影响，经济长期困难。1992年实现和平后，政府大力调整经济结构，改善投资环境，引进外资，加大对农业和农村的投入，加快基础设施建设，倡导增收节支，经济恢复性增长较快，年均增长率一度接近10%。国际金融危机一度对莫桑比克出口及吸引外资产生较大负面影响，但莫桑比克政府通过加大基础设施投入，大力发展旅游业，改善投资环境，鼓励开发矿产、能源、农林渔业等资源，保持了经济平稳增长。2016年以来，受国际大宗商品价格走低、本国天然气开发进度放缓等因素影响，莫桑比克主要经济指标持续恶化，债务问题凸显。为应对经济下行压力，莫桑比克政府采取了增税减支、吸引外资、加快推进工业化等措施，收到积极效果。2017年以来，随着莫桑比克北部鲁伍马盆地海上天然气4区块项目和1区块项目相继正式启动，莫桑比克经济形势有所好转。主要大国和国际金融机构看好其长期发展前景。2019年3月和4月，热带气旋“伊代”“肯尼斯”引发灾害对莫桑比克经济造成较大负面影响。2020年以来，受新冠肺炎疫情影响，莫桑比克主要出口产品煤、铝价格一度腰斩，北部海上天然气开发进程放缓，国内生产总值缩减2.4%。2020年，莫桑比克国内生产总值为144亿美元，经济增长率为-0.5%（按梅蒂卡尔计算），人均是450美元。2019年，莫桑比克第一产业、第二产业和第三产业占比分别为29.3%、25.7%和44.9%。

第二节 莫桑比克法律概况

受葡萄牙民法和传统习惯的影响，莫桑比克属于大陆法系，成文法是其主要法律渊源，判例不具有法律约束力，也不被视为法律渊源。在没有正式法律规范的农村，主要是穆斯林村庄，可能适用伊斯兰法律。莫桑比克的法律制度以民法为基础。莫桑比克2004年《宪法》承认了法律的多元化，莫桑比克的法律体系是一种基于大陆法系（民法）和其他规范体系的结合。

一、莫桑比克的立法体系

莫桑比克共和国议会（简称国会）是国家最高立法机构和国家最高权力机关，对国家内政外交政策的所有基本问题拥有立法权。议案可由总统、国会委员会、议员和部长会议向国会提出，经由常务委员会审议，专门委员会讨论修改后，全会再度审议并表决。表决采用记名投票方式，除宪法外，获国会1/2以上议员支持即为通过。国会议员人数为250人，其中3人须由居住在国外的莫桑比克公民担任。议员通过普选产生，任期5年。政党在每一选区当选的代表人数需根据该政党在该选区所占份额进行确定，如果一个政党所获得的票数低于规定的比例，则该政党不能在国会中获得席位。本届议会于2020年1月根据第六次大选结果组成，任期5年。在250个议席中，解阵党占184席，抵运党占60席，民主运动党占6席。现任议长是埃斯佩兰萨·比亚斯。国会议长是在国会议员选举后由国家元首召集和主持的首次国会上以不记名投票的方式选举产生，必须赢得参加投票代表一半以上的选票。议长只对国会负责。

二、莫桑比克的行政体系

莫桑比克《宪法》明确规定，部长会议就是莫桑比克政府，按照总统和国会的决议履行职责，是国家最高权力的执行机关，对议会负责。总理受总统的委托召集并主持部长会议。部长会议以法令和决议的形式行使对国家的管理权，必须依据法律向总统和国会说明这些政策的执行情况。莫桑比克的行政区域划分为省、县、行政乡镇（区）和村庄（居民点）；城市地区分为城市或城镇。地方行政机构由代表机构和行政机构组成：代表机构是由特定区域内的选民选举公民代表组成，而行政机构根据相关法律来任命，地方行政机构要对地方代表机构负责。

三、莫桑比克的司法体系

莫桑比克宪法规定了司法独立原则，司法的执行不受行政权力和其他部门的制约和干扰。司法体系由最高法院及各级法院系统和检察院系统组成。按照行政级别划分，法院系统可分为最高法院及省、县、乡镇（区）级法院。根据职能划分，法院系统可划分为：最高法院和其他仲裁法院、行政法院、军事法院、习俗法院、财政法院、海事法院和劳工法庭。最高法院为最高司法机构，确保法律在全国范围内按统一标准贯彻实施。最高法院的院长由总统任命。检察院的最高长官是总检察长，下辖各级别的检察院系统，对总统负责。

宪法委员会是依据宪法设立、对由宪法引起的或与宪法有关的法律问题具有特殊司法权的机构。其权力包括：对国家机构的立法和日常行政行为是否符合宪法和是否合法进行裁决，解决主权机构的辖权冲突以及对全民公决的合法性进行裁决。共和国总统、共和国议会议长、政府总理和总检察长可以邀请宪法委员会对违宪或违法的问题进行裁决。宪法委员会决议后当事人不得申诉。

第二章　莫桑比克投资法律制度

第一节　莫桑比克外资概况

莫桑比克自然资源丰富，地理位置优越，经济发展潜力巨大，近年来对外国投资的吸引力不断提升。除此之外，莫桑比克政府十分注重引进外资，不断简化投资程序以吸引国外企业投资。根据莫桑比克投资和出口促进局（APIEX）统计，自2011年以来，莫桑比克吸引外国投资快速增长，投资额从每年的几亿美元增长到2014年最高的70亿美元，投资来源国数量从十几个增加到2018年的70多个。根据联合国贸发会议统计，2020年莫桑比克吸引外国直接投资流量23.37亿美元。截至2020年底，吸收外资存量453.84亿美元。总体来看，外国投资者主要对该国的采矿、碳氢化合物、运输、仓储、物流、通信及制造业（食品、饮料、烟草、纺织品等）感兴趣，而被莫桑比克视为发展支柱的农业、畜牧业、狩猎业和林业部门，获得的投资较少。

一、莫桑比克国内经济现状

传统上，莫桑比克国内生产总值一直由农业、建筑和金融部门主导。由于缺乏规模经济和低附加值加工，尽管全国有70%的人口从事农业生产和加工，但农业产值占整个国内生产总值的25%。然而，莫桑比克政府继续将农业确定为优先部门，计划在未来两年半内向农业领域投资4700万美元，主要用于实验室资格认证、牲畜疫苗生产和种子繁殖等农业研究。世界粮食计划署已将莫从高饥荒风险国家名单中除名。莫桑比克煤炭、天然气、铁、钛、石墨等矿产资源丰富，吸引多家国际矿业公司投资开发。2017 年莫桑比克采矿业对外汇储备增长贡献率约为 32.4%。莫桑比克渔业资源发展潜力巨大，潜在渔获量可达 200 万吨。由于新冠肺炎大流行导致经济增长放缓以及最近的乌克兰战争导致燃料和面包价格上涨，莫桑比克经济受到影响。2020 年 GDP 下降了 1.3%，但在 2021 年反弹增长 2.2%。据世界银行数据显示，2021 年，莫桑比克国内生产总值为 157.8 亿美元，人均 GDP 为 491.8 美元。预计 2022 年至 2024 年平均增长 5.5%，主要源于采矿活动增加和新天然气产量的预期收益。《2019 年全球竞争力报告》显示，莫桑比克在全球最具竞争力的 141 个国家和地区中，排第 137 位。世界银行《2020 年营商环境报告》显示，莫桑比克在全球 190 个国家和地区中，排第 138 位。

二、莫桑比克外资经济现状

莫桑比克国家政局总体稳定，地理位置优越，经济发展潜力巨大，近年来对外国投资的吸引力不断提升，《2021 年世界投资报告》显示，莫桑比克是占南部非洲外国直接投资流入量最多的国家之一。当地政府通过加大基础设施投入，大力发展旅游业，改善投资环境，鼓励开发矿产、能源、农业渔业等资源。莫桑比克是农业国，约 70% 的人口从事农业生产和加工，主要粮食作物有玉米、稻谷、大豆、木薯等。工业主要是加工工业、矿业，由于莫桑比克矿产资源丰富，吸引多家国际矿业公司到当地投资开发。联合国贸发会议发布的《2021 年世界投资报告》指出，截至 2020 年底，莫桑比克吸收外来直接投资存量为 453.8 亿美元。根据世界银行数据，2021 年莫桑比克外国直接投资达 51 亿美元，同比增长 70%，占国内生产总值的三分之一。截至 2020 年末，中国对莫桑比克直接投资存量约 13.2 亿美元，投资的主要领域为农业、能源、矿产、房地产开发、酒店、汽车装配、零售业等。

莫桑比克政府制定了旨在鼓励外国直接投资的计划。目前，外国直接投资主要集中在基础设施和采矿部门。莫桑比克拥有丰富的煤炭、铜、铝、金、宝石（特别是红宝石）、铁和关键矿物，包括石墨、钒、钛、钽、锂、稀土金属等矿产。外国直接投资从 2015 年开始大幅放缓，主要是由于大宗商品价格下跌，尤其是煤炭和铝。政府有兴趣通过增加对全球能源转型至关重要的关键矿物的开采来发展采矿业，并最终从钢铁生产开始进入矿物加工。莫桑比克政府还将旅游业作为关键的发展部门，其自然资源中包括该国原始的海滩和拥有多种野生动植物的广阔公园。

第二节　莫桑比克投资法律体系及基本内容

自 1984 年以来，莫桑比克颁布了一系列鼓励外商投资的法规和政策，主要包括《投资法》《投资法条例》《税收优惠法》《税收优惠法条例》《海关关税表》《公私伙伴关系法》等。在具体领域内，《土地法》《劳工法》《政府和社会资本合作法》《环境法》《石油法》《矿业法》《外汇法》等法律文件对其领域内的投资行为进行了规制。

根据莫桑比克《投资法》的规定，莫桑比克境内的投资可以分为国内直接投资、外国直接投资、国内间接投资、外国间接投资、国内直接再投资和外国直接再投资。其中，外国直接投资是指任何可以以货币形式计价的资本投入，（该等资本投入）将构成（公司）自有资本或资源并由外国投资者自担风险；该等资本投入应来自境外，并由注册于莫桑比克并在其境内经营的公司用于相关经济活动的投资项目中；外国间接投资则包括普通贷款、股东贷款、专利技术、工业模式和秘密、特许经营权、注册商标等。

1993 年 6 月，莫桑比克颁行新的投资法，明确规定了投资者要遵循的程序、被提供的保证和享受的财政鼓励措施。它为外国投资者提供与当地投资者一样的财政和减免税额的优惠待遇，其中涉及减免优惠的税种有：关税、消费税、流通税、公司税（亦译为行业收益税）和附加税等。财政鼓励措施包括：（1）新投资工程项目的可行性研究、实施和运营所需设备免交关税。（2）投资于省会内的新建企业或已瘫痪的企业，公司税和附加税减免 50%，减税期为 10 年；在省会外的同类投资减免税额为 65%，且在 10 年减税期满后的 3 年期间再减少 25% ~40% 的税额；在尼亚萨省、德尔加杜角省和太特省等较落后地区的同类投资减税 80%，且在 10 年减税期满后的 6 年再减少

50%；3. 对于开业企业的投资，用于设备、厂房建筑或农业基础设施方面的所有投资将在5年之内从应纳税收入中全部扣除；4. 投资企业可以将用于建筑和修复公共设施的成本、培训莫桑比克工人的成本和私人购买艺术品或捐助文化开发的支出成本计作亏损。此外，外国投资者和国外技术人员的工资、其他薪水和个人财物享受免税；外国公司的代表所用轻型轿车免税，但其价值不得超过投资项目总值的1%；外资占规定比例的企业收入、投资商分红或分得的利润可根据情况享受2～10年的免税优惠；用于已批准项目的设备、建筑材料设备，用于生产出口产品的原辅材料等免征进口税和消费税及流通税；对马普托等三个工业特区投资的企业实行减免税额等特殊优惠政策。这就使外国人在莫桑比克投资有法可依。

为扩展出口市场，莫桑比克开始建立或将筹建一系列自由工业区。在自由工业区投资开业的厂家和公司，只要是出口型公司，其建筑材料、机器设备享受关税和进出口税全部减免的优惠待遇，且在10年内免交红利税。另外，在进口、出口、收益方面获得减免关税及税收的优惠，从经营的第6年开始，可以只支付下列3个税种中的一种：每3个月总交易额的1%；根据占用的土地面积，每个月每公顷土地交纳75美元；根据占用的土地面积，每个月每公顷土地交纳1000美元。在自由工业区内，莫桑比克政府在进口、出口和收益方面减免关税和税收的优惠政策鼓励建立并经营自由工业联盟项目，规定从经营的第二年起，可以只支付下列三种税中的一种：每三个月总交易额的1%；根据占用的土地面积，每个月每平方米土地交纳0.75美元；根据占用的土地面积，每个月每平方米土地交纳10美元。在减免税额期间，企业产量的85%应用于出口，剩余的15%可在国内市场销售。莫桑比克准备在马普托省、拥有贝拉港的索法拉法省、拥有纳卡拉港的楠普拉省建立这种自由工业区。

莫桑比克的外汇管制政策有利于吸引国外投资者。外国投资者可以开立支取当地货币和外币的两种账户，这使国外投资者支取外币有了保证。外汇管制较为宽松：莫桑比克当地货币（梅蒂卡尔）和美元等货币可实行自由兑换，外汇汇进汇出比较方便。对投资所得合法利润或合作终止处理设备所得等款项办理一定的手续后可正常汇出。

莫桑比克政府向投资者提供一系列的投资保护措施，尤其是1993年《投资法》向投资者提供的保证：（1）对投资者的财产权、与所进行的投资有关的商品所有权和其他权利提供担保和法律保护；（2）投资者有权输入从事投资所需的自有股权资本和贷款；（3）基于绝对必需和公共利益、公共卫生和公共秩序等重要原因而被征用时，投资者有权得到公正而公平的赔偿；（4）在90天期限内，享受保证资金汇出的权利：专利支出和联络与转让技术费用；向国外支付到期的偿还贷款和利息费用；在必要的情况下，支付公正而适宜的赔偿款额；赔偿投资用于清算企业以及部分或全部出售企业的资本。

莫桑比克政府实行鼓励出口政策，尤其是促进自由工业区企业产品的出口。根据《洛美协定》，莫桑比克在欧盟市场享有免税出口配额，在美国和其他发达国家按照普惠制享受免税出口配额。莫桑比克还是南部非洲发展共同体的成员国，并与南非签有特殊贸易协议。该国还是进出南非和南部非洲其他国家的重要门户和捷径，与国际通道相通的港口有马普托、贝拉和纳卡拉。通过莫桑比克可以进入的南部非洲地区拥有1.4亿以上的人口，且该市场还在日益扩大。

第三节 莫桑比克投资的主管机构

莫桑比克投资主管部门是投资和出口促进局，由原来的投资促进中心、特别经济区办公室和出口促进局合并后成立，是莫桑比克工业和贸易部下属机构，相关法律包括2016年12月12日第60/2016号法令，2017年9月11日第48/2017号法令和2019年10月11日第83/2019号法令。投资和出口促进局向国内和国外的投资者提供一系列的咨询服务项目，让投资者享受到莫桑比克政府提供的一系列优惠政策，帮助企业办理开业手续等。主要任务和职责：（1）促进国外和国内的直接投资；（2）向投资者提供投资咨询服务；（3）接受和登记投资项目；（4）保证投资者获得政府提供的税收和关税优惠待遇；（5）促进企业间的联系、沟通和交流；（6）为合资企业开发有潜力的金融和/或科技合作伙伴；（7）宣传莫桑比克的投资机会；（8）为企业，特别是国内企业的发展提供建设性意见和建议。

第四节　莫桑比克投资的法律风险与防范

一、莫桑比克投资的法律风险

安全风险。当前，莫桑比克政局总体稳定，但因边境薄弱，犯罪分子及武器在周边国家间流窜，首都马普托及南部其他中心城市的抢劫、盗窃、绑架事件时有发生；莫桑比克中部的索法拉省、马尼卡省境内 EN6 和 EN1 高速公路沿线，小规模袭击事件频发。自 2017 年 10 月以来，伊斯兰极端分子一直在莫桑比克最北部的德尔加杜角省和尼亚萨省（在有限程度上）对平民和军事目标进行袭击，严重影响了当地社区和企业在该地区的运营能力。该省也是主要天然气储量和矿产的所在地。截至 2022 年年中，极端分子在该地区发动了数百次袭击，造成约 4000 人死亡，其中约一半是平民，并使 90 多万居民流离失所。2022 年 7 月 10 日及 13 日，莫桑比克北部德尔加杜角省梅卢科县及万科米亚县发生“伊斯兰国”（IS）武装分子袭击事件，造成至少 1 人死亡。虽然政府近期在该省开展的联合安全行动取得一定进展，但“伊斯兰国”“圣训捍卫者”等伊斯兰极端组织仍在该省安夸贝县、万科米亚县、梅卢科县、莫辛布瓦－达普拉亚县及楠加德县定期发起小规模袭击事件。2022 年 4 月，中国外交部和驻莫桑比克大使馆提醒中国公民目前近期谨慎前往莫桑比克德尔加杜角省。

基础设施薄弱。除了首都马普托和其他城市中心，莫桑比克大部分地区交通运输、电信和供电等基础设施落后。内战结束以后，莫桑比克致力于修复国际线路，包括连接马普托和南非边境的南北 EN1 主要高速公路和 EN4 高速公路的大片路段。而国内的交通网络建设却相对落后，很多地区无电、无水、无路、无网络信号。移动电话主要集中覆盖城市地区。若在莫桑比克进行焦煤的开采、生产加工，除了建设工厂和配套的生活设施外，还要建发电厂、修铁路、建港口等，整个投资需要几百亿美元。对于民营企业而言，这是个海量的数字。

征收和国有化。莫桑比克政府曾在政权更替的情况下对私人资本进行过大规模的国有化和征收。莫桑比克《宪法》及投资领域相关法律规定，只有基于公共利益的目的才能实施征收，同时应给予合理补偿。此外，中国与莫桑比克政府签署了《中莫投资协定》，莫桑比克政府若要对中国投资者实施征收，除目的上只能是基于公共利益外，还需要依照国内法律程序非歧视性地给予补偿；该补偿不应低于被征收的投资当时（征收为公众所周知的前一刻时）的市场价值，补偿应包括自征收之日起到付款之日按正常市场利率计算的利息。

当地人才不足。莫桑比克缺乏技术和专业人员，通晓葡萄牙语，熟悉莫桑比克法律、文化、社会风俗的管理人员极少。由于国内就业市场小，政府为了防止外国人挤占本国人的就业机会，严格控制外国人进入当地的就业市场，仅批准援助项目或政府特别项目下以及少量当地市场无法提供的技术人员进入就业市场。莫桑比克政府对雇用外籍劳务实行配额制度。

司法程序冗长。莫桑比克政府制定的法律较多，比较复杂。司法仲裁体系是影响该国发展的瓶颈之一。世界银行数据表明，莫桑比克是司法程序最为冗长的国家之一。一般商业仲裁需要 1010 天，企业破产和重组需要 5 年时间。在莫桑比克申请商业经营须经 10 个程序，平均耗时 113 天，注册公司须 17 个审批环节，平均耗时 361 天，合同实施须经过 31 个程序，平均耗时 1010 天。

二、莫桑比克投资的风险防控

（1）客观评估投资环境。莫桑比克政府鼓励外来投资，先后修订相关法律法规，并专门设立了投资和出口促进局，负责受理外国企业来莫桑比克投资及开办公司的“一站式”办公业务。政府鼓励外国企业在中部地区和北部地区投资，并给予投资优惠待遇。由于莫桑比克发展面临基础差、起步晚、技术力量弱和消费水平低等问题，一定程度上制约和限制投资收益。此外，严苛的劳工签证政策、政府部门效率和透明度有待提高、社会治安和医疗卫生条件欠佳等问题也对中国企业在当地经营造成影响。因此，中国企业到莫桑比克开展投资合作前应做好调研，全面客观评估当地投资环境。

（2）适应法律环境的复杂性。司法仲裁体系是影响莫桑比克发展的瓶颈之一。中国企业在投资项目时，应加强对相关法律的学习和理解，避免被动。

（3）做好企业注册的充分准备。根据莫桑比克相关法律法规规定，外国企业在当地从事投资合作或贸易活动，必须在当地注册公司，依法纳税。注册公司的相关手续，最好聘请当地有经验的律师或会计事务所帮助准备。

（4）适当调整对优惠政策的期望值。企业在莫桑比克投资经营，应注意适应总体政策框架内的一项一议，要充分考虑当地不可预见的一些人为因素，适当调整对优惠政策的期望值。

（5）充分核算税赋成本。企业在莫桑比克投资时，应认真了解当地税收规定，充分核算税赋成本，尽量选择在工业区投资建厂以便获得对企业所得税及设备进口关税的减免，前提是产品必须面向国际市场。

（6）有效控制工资成本。当地政府对工薪、社保基金等待遇很重视，中国企业赴莫桑比克投资时，应了解并重视上述特点，精心核算并有效控制工资成本。

（7）明确当地环境保护规定。莫桑比克采用葡萄牙相关市场和商业管理标准，对环境保护设置了较多管制措施。计划赴莫桑比克投资的中国企业不可低估该国环境保护法律法规的严格程度，宜对当地环保相关规定作详细了解，严格遵守相关管理制度。

第三章　莫桑比克贸易法律制度

第一节　莫桑比克贸易概况

随着 MOZAL 铝厂等几家大型合资企业建成投产，近年来莫桑比克外贸出口大幅上升，制造业已取代农业和渔业成为主要出口行业。莫桑比克主要出口产品是铝锭、煤炭、电力、天然气、重砂、对虾、糖、棉花、烟叶、木材等。主要进口产品为机械设备、汽车、石油、粮食等。2021 年，莫桑比克出口总额为 5579 百万美元，进口总额为 7837 百万美元。南非是莫桑比克第一大外来投资国，两国经贸关系密切。除南非外，中国、印度、荷兰和葡萄牙也是莫桑比克重要的贸易伙伴。2020 年，莫桑比克的主要出口目的地为南非、印度、英国、中国，主要进口来源地包括南非、中国、印度、阿拉伯联合酋长国。2020 年，莫桑比克商品贸易的世界贸易排名是 120/212，服务贸易的排名是 92/139；2019 年，莫桑比克对外贸易占 GDP 的 116.5%。

中国和莫桑比克两国签有贸易协定和投资保护协定。2001 年，中国和莫桑比克成立经贸联委会。2018 年 6 月在马普托召开第六次会议。2020 年，双边贸易额 25.77 亿美元、同比下降 3.43%，其中中国出口额 20.00 亿美元、同比增长 2.20%，进口额 5.77 亿美元、同比下降 18.91%。2021 年，双边贸易额 40.4 亿美元、同比增长 56.5%，其中中国出口额 29 亿美元、同比增长 44.8%，进口额 11.4 亿美元、同比增长 96.7%。中国向莫桑比克主要出口机电产品，钢材、服装鞋类等，从莫桑比克主要进口木材、矿砂、农产品等初级产品。自2022年9月1日起，莫桑比克98%输华产品享受免关税待遇。

第二节 莫桑比克贸易法律体系及基本内容

为促进经济及社会发展、消除贫困、积极有效地促进工农业的发展、削减与外部世界贸易关系及地区发展上的不平衡以满足人民生活的基本需要，莫桑比克政府制订了总体贸易规划。主要贸易管理规定有：新设企业单一文件规定（第56/98号）、批准外国出口经营者注册规定（第202/98号）、进口商可申请单独年费定义（第203/98号）、商业零售许可证规定（第434/98号）和商品海运前检验规定（第207/98号）等。

莫桑比克对进口商品没有配额限制，但对进口商品实行许可制度。政府禁止进口色情淫秽书刊影视、假冒产品、盗版商品以及虚假原产地的商品等。进口动物（家养宠物除外）需要兽医证书。食品和植物材料进口的立法中存在卫生和植物检疫要求，但在实践中很少执行。药品、火器、弹药和爆炸物需要特别进口许可证和执照。仅对糖和一些奢侈品征收进口税。莫桑比克对出口商品的种类进行限制，主要有假冒产品、盗版商品、虚假原产地商品、艺术作品、古董、象牙及其象牙制品等。此外，莫桑比克对动植物、未加工木材等产品出口采取禁止或者许可证管理制度。

所有进口商和出口商必须获得工商部的许可。所有进口货物都必须进行装运前检验。莫桑比克制定了工业和贸易检验规定、商品海运前预先检验规定等。莫桑比克海关规定对进口冷冻家禽、20公斤以上的袋装面粉、10公升以上桶装食用油、糖、水泥（100公斤级以上袋装）、化工产品、药品（个人用的药品除外）、肥皂、火柴和打火机、新旧轮胎、丝绸、棉花、合成纤维、旧服装、空调、冰箱、电池和二手汽车等产品实行强制性装运前检验制度，由出口商办理以上产品装运前检验手续。INTERTEK公司是莫桑比克指定的唯一对进口产品实施装运前检验的公司。检验项目包括在出口国对货物进行数量、外观质量、规格检验，价格评估、海关编码归类及进口关税核算等。对通过检验的货物，莫桑比克政府将支付检验费用；如果需要INTERTEK公司重新安排检验的货物，检验费用由出口商支付。莫桑比克规定植物和蔬菜等产品的进出口要有植物检疫证书；动物和动物产品进出口要有卫生检疫证书。

莫桑比克经济和财政部下属的海关总署负责海关的管理和监督工作，海关管理旨在增加关税收入和提高海关业务的现代化水平。莫桑比克海关以布鲁塞尔国际贸易商品分类和编码为划分商品种类的依据。进口商品的关税税率如下（以进口商品的 CIF 价为征收的基础）：基本消费品（粮食）税率为0；原材料的税率为 2.5%；资本货物（设备和机器）的税率为 5%；用于组装的产品税率为 7.5%，消费品为 20%，非基本和奢侈消费品税率为 35%。腰果、贵金属、宝石、矿产品以及麻醉药品等出口需要缴纳出口税。进出口商品关税税率可通过《莫桑比克海关税则》查询。进出口商品关税税率可通过《莫桑比克海关税则》查询。不论商品是免税还是关税为零，海关均按货物价值的 1% 收取海关服务费。

为吸引外资拓展出口贸易，莫桑比克于 1993 年 9 月颁布工业自由区管理条例，给予企业减免关税优惠。只有内资最低投资金额在 5000 美元以上、外资最低投资金额在 5 万美元以上的投资者才有资格进入工业自由区（出口加工区）。根据 1999 年 9 月通过 61/99 法案，工业自由区委员会负责选定有资格进入园区的企业。莫桑比克政府会根据国内外投资者的投资金额、投资地点和投资项目，给予企业关税和税收优惠待遇。目前，贝卢拉内工业园是莫桑比克最大的工业园区。在自由工业区，法律禁止以外的所有商品均可进口至自由工业区。烟草、酒类及其副产品等产品，只有在其最终产品中所含原材料至少有 50% 本国原材料时，才能被同意进入自由工业区。金、银、宝石、皮革、武器、军需品、烟花和爆炸品，只有在其最终产品中所含原材料不少于 25% 的本国原材料时，才会被准许进入工业区。自由工业区内禁止开采和提炼莫桑比克自然资源、加工腰果和鱼虾，以及经营根据现行法律只有国家才能经营的行业。

吸收了有关国家特别是中国的发展经验，莫桑比克政府还建立了特别经济区。根据《特别经济区和自由工业区投资法》，特别经济区是指在特定的地理区域内享受特殊海关监管的经济区域，所有商品进入、流通、制造或加工、出口等环节完全免缴关税及相关的税收或行政收费，享受包括离岸自由外汇以及适当的财政和移民优惠待遇，以方便运营商和企业高效快速运行，从而达到促进地区经济发展，提高整体经济效益，增强生产和商业能力，扩大税收基础，创造就业机会，增加外汇储备之目的。根据莫桑比克《特别经济区办公室实施条例》，投资和出口促进局全权负责特别经济区和自由工业区的监督、管理和服务工作。根据《投资法实施条例》，在特别经济区，除了法律所禁止的活动以外，允许从事各种经济活动，允许所有商品的进口。《特别经济区和自由工业区投资法》同时规定，特别经济区的土地使用优惠权益应符合《土地法》及其他相关法律法规之规定，特别经济区办公室应确保土地转让、更新、使用等优惠政策与法律规定相符，必要时，应办“特别许可证”。特别经济区办公室自收到特别经济区内运营商或企业土地优惠的申请之日起，需在30天内予以答复。特别经济区内企业在缴纳关税、增值税、特殊消费税等税费后，可以在莫桑比克境内销售其产品。

第三节　与莫桑比克进行贸易的法律风险与防范

政府部门办事效率低。一些鼓励投资的政策不明确，政策不执行的情况屡见不鲜。2021年，莫桑比克的贪腐印象指数是26（0是绝对腐败，100是不认为政府腐败），而全球平均指数是44.5。2018年12月莫桑比克政府对总计34.8万名公务员调查后发现，全国共有3万多名公务员“吃空饷”，占到全国公务员的十分之一。除此之外，那些有权有势者往往设法让自家亲戚成立“幽灵企业”，参与公共项目“竞标”，继而承接政府项目，骗取公共资金。仅2017年7月至9月这类“幽灵合同”便骗取公共资金高达640万美元。莫桑比克的严重腐败现象，不仅严重影响了经济发展，还重创了长期执政的莫桑比克解放阵线党。莫桑比克爱德华多·蒙德拉内大学政治学教授阿德里亚诺·努旺加说：“这是解放阵线党面临的最大危机。”

在莫桑比克开展投资、贸易、承包工程和劳务合作的过程中，要特别注意事前调查、分析、评估相关风险，事中做好风险规避和管理工作，切实保障自身利益。包括对项目或贸易客户及相关方的资信调查和评估，对项目所在地的政治风险和商业风险分析和规避，对项目本身实施的可行性分析等。建议企业积极利用保险、担保、银行等保险金融机构和其他专业风险管理机构的相关业务保障自身利益。包括贸易、投资、承包工程和劳务类信用保险、财产保险、人身安全保险等。建议企业在开展对外投资合作过程中，使用中国政策性保险机构——中国出口信用保险公司提供的包括政治风险、商业风险在内的信用风险保障产品，也可使用中国进出口银行等政策性银行提供的商业担保服务。

如果在没有有效风险规避情况下发生了风险损失，也要根据损失情况尽快通过自身或相关手段追偿损失。通过信用保险机构承保的业务，则由信用保险机构定损核赔、补偿风险损失，相关机构协助信用保险机构追偿。

近年来，某些中国企业因前期风险评估不足，对自身经营和发展造成较大不利影响。例如某中国企业在莫桑比克开发矿产因开发方案不完善和后续资金投入不足举步维艰；某中国企业注资另一家中国企业在莫桑比克搁置数年的项目后，仍需妥善处理原投资者遗留问题。随着世界银行、非洲发展银行等资金加大注入，莫桑比克电力市场逐步活跃，企业竞争日趋白热化。建议中国企业规范行为、守住底线、避免恶性竞争、树立对外良好形象，并积极利用银行、保险、担保等金融保险机构和其他专业风险管理机构的相关业务保障自身利益。

第四章　莫桑比克工程承包法律制度

第一节　莫桑比克基础设施现状及规划

据中国商务部统计，2020 年中国企业在莫桑比克新签承包工程合同 54 份，新签合同额 28.6 亿美元，完成营业额 6.76 亿美元。累计派出各类劳务人员 1286 人，年末在莫桑比克劳务人员 2629 人。莫桑比克对工程建设及验收、免责的相关规定适用欧盟标准，不适用中国标准，但随着中国企业在莫桑比克实施工程项目数量增长，一些项目的当地业主和国际监理公司在经过测试后同意使用中国标准。2019 年至今，莫桑比克承包市场仍以 EPC 总承包的现汇项目为主，资金来源主要是世界银行和非洲发展银行等国际金融机构提供的优惠贷款或援助。

截至 2018 年底，莫桑比克全国公路长度约 3.1 万公里，其中仅 7344 公里（24%）铺设沥青。主干路 6038 公里，二级公路 4937 公里，三级公路和乡村公路 19525 公里。贯穿国家南北的 N1 公路，连接首都马普托与南非边境的 N4 公路，以及连接中部城市贝拉与津巴布韦边境的 N6 公路是最主要的国际物流通道。除几条国道和主要城市市政道路外，莫桑比克全国大部分公路路况较差。

铁路总长 4029 公里，但部分线路由于老旧或战火损毁已经停运，仍在运营的线路长度 3372 公里，由三条东西走向的铁路组成，用于连接莫桑比克主要港口与津巴布韦、博茨瓦纳等南部非洲内陆国家，均为标准窄轨铁路，设施陈旧，运力较低。目前，莫桑比克正筹集资金购买新车辆，维护和改善铁路运输，以实现铁路与纳卡拉港、贝拉港和马普托港连接，并成为煤矿出口、油气出口及服务其他非洲内陆国家的工具。由淡水河谷集团投资建设的连接莫桑比克北部煤炭重镇莫阿蒂泽与纳卡拉港的纳卡拉铁路已建设完成并开始运营，将有力促进莫桑比克煤炭资源出口。津巴布韦和莫桑比克接壤城市马希潘达至中部港口城市的贝拉的铁路也被列为中莫产能合作重点项目，目前该项目已进入融资阶段。莫桑比克主要城市目前没有地铁或城铁等轨道交通。

莫桑比克航空公司（LAM）目前运营14架客机；埃塞俄比亚航空公司也于2018年12月正式开始运营莫桑比克国内航线。国际航线通往南非、葡萄牙、肯尼亚、卡塔尔、阿联酋和埃塞俄比亚等国，目前没有直达中国的航班。莫桑比克有大小机场20余个，其中国际机场有4个。除首都附近的马普托省和加扎省外，其他省份均有机场，首都马普托国际机场离市中心约8公里路程。加扎省的支线机场已于2018年10月正式开工。

内河航线1500公里，海岸线2600多公里，有马普托、贝拉和纳卡拉等港口15个。其中马普托是最大港口，也是非洲著名的现代化港口之一，有25个泊位，年吞吐能力为2500万吨。港内有铁路通向南非、津巴布韦和斯威士兰。贝拉港为莫桑比克第二大港，有10个泊位，水深8～10米，年吞吐能力为500万吨，可容纳5万吨级货轮，港内铁路通往津巴布韦和马拉维。纳卡拉港为莫桑比克第三大港，有6个泊位，年吞吐能力100万吨。目前，纳卡拉港正式实施扩建工程，完工后港口吞吐能力将达到200万吨。

莫桑比克全国90%以上电力供应依靠赞比西河上的卡奥拉·巴萨水电站（装机容量为207.5万千瓦），其余电力供应依靠小型煤电和天然气发电。莫桑比克煤炭、天然气、水力等资源丰富，都可以用于发电。莫桑比克是撒哈拉以南非洲国家中电力潜力最大的国家，预计最高发电量高达187吉瓦左右，但由于南非的经济增长放缓，莫桑比克目前尚未利用发电产能达7000兆瓦。国家电力供应存在主要问题一是缺少投资建设发电设施，二是输变电线路老旧和覆盖率低，限制国家工业化发展。短期内莫桑比克电力供应基本能够满足使用需求，一旦北部天然气开发进入密集建设期以及大型工业项目陆续上马，莫桑比克电力供应将出现短缺。未来莫桑比克规划电站以水电、燃煤、燃气和风电、太阳能等新能源电站为主。2018—2042 年规划总装机容量为1030 万千瓦，其中水电项目约为 17 个、火电项目约为 25 个，可再生能源项目约为 5 个。莫桑比克国内电网与南非、马拉维、津巴布韦、坦桑尼亚等周边国家互联互通，国内电网覆盖率较低，现有输电线路主要集中在大城市沿线及周边地区。中国企业到莫桑比克投资设厂如果用电量较大或在电网覆盖范围外需要自备发电设备或自建输变电设施。

莫桑比克本地邮政系统基础设施及服务落后，信件、包裹延误或丢失的情况时有发生。DHL 公司在首都马普托设有分支机构，服务质量较好。

TDM 为莫桑比克国有电信公司，经营固定电话通信业务。移动运营商有 3 家，分别是 MCEL、VODACOM 和越南企业投资的 MOVITEL。2016 年，全国通信覆盖率近 70%，主要城市已实现全覆盖。为改善莫桑比克国家电信公司经营情况，莫桑比克 TDM 公司和 MCEL 公司合并成 T－MCEL 公司。

互联网业务由 TDM、TVCABO 以及 MOVITEL 等公司经营。随着近年来各服务商增加对互联网设施投入，互联网服务的稳定性和网速显著改善，但收费仍然较贵，4M 带宽的光纤每月收费 6900 梅蒂卡尔（约合 700 元人民币）。

莫桑比克计划进行下述几个走廊的基础设施工程的开发。这些已在开发或待开发的走廊有：马普托走廊、贝拉走廊和纳卡拉走廊，另外还有太特省交通运输走廊和林波波河交通运输走廊。其中，“纳卡拉走廊”计划是莫桑比克国家重点发展计划，是连接非洲内陆国家马拉维、赞比亚与莫桑比克纳卡拉港的国际贸易走廊，也是南部非洲内陆到印度洋的重要出海通道，全线 80% 标段由中国公司承建。

根据莫桑比克政府最新的五年发展规划（2020—2024 年），基础设施领域主要规划有如下几个方面。

（1）道路方面。未来 5 年将重点修复 1 号国道萨韦河—穆顺格段、因绍佩—卡亚段、希穆阿拉—纳马库拉段和卢里奥河、梅托罗段，修复国道苏纳特—马科米亚段、纳梅蒂尔—安戈谢段、克利马内—尼科阿达拉段、马西亚—绍奎段、博阿内—纳马沙段，修复省道奥阿塞—穆埃达段、纳卡拉港—纳卡拉—韦利亚段。为国道库安巴—穆伊塔段、马莱马—库安巴段、穆埃达—

内戈马内段、蒙特普埃兹—卢阿萨段、楠普拉—纳梅蒂尔段、卡尼萨多—马帕伊段铺设柏油。推进宗博—贝内段250公里公路建设。此外，积极对全国4000公里乡村道路进行修复，保障全国农贸交易。（2）桥梁方面。未来5年修复萨韦河和林波波河大桥，完成梅萨洛河、马普埃德河及因科马蒂河大桥建设。（3）水坝方面。未来5年完成尼亚萨省洛科穆埃水坝建设，开建莫桑比克莫安巴水利枢纽工程，推动公私部门合作，推进德省希彭贝、梅格卢马、加扎省马帕伊、赞比西亚省木格巴、纳普拉省卢里奥、索法拉省帕乌阿及太特省姆潘达·恩库瓦水利枢纽设施建设。在马普托、加扎、伊尼扬巴内、马尼卡、索法拉和太特建造约80座小型灌溉坝，缓解当地旱情。（4）供水方面。未来5年建设360个供水系统，开挖1.05万处水井，惠及农村地区500万人口。城镇增设32个供水系统，并与11万户家庭连接，再使82万人受益。（5）交通和通信设施。未来5年重建贝拉—马奇潘达铁路，将国家气象监测网延展至全国更多地区，扩大社区广播和电视网络覆盖面。（6）电力方面。未来5年在伊尼扬巴内省特马内建设天然气热电厂，完成德省梅托罗、彭巴及尼亚萨省库安巴太阳能板厂建设，推动赞比西亚省贝卢阿和尼亚萨省卢埃塞两地小型水力发电厂投产发电，完成库安巴—马卢帕高压输电项目建设。至2024年底，推动莫桑比克全国新增380万用电人口，用电覆盖率提升至63%，行政部门全面实现电气化。近年来，外资参与莫桑比克基础设施合作的主要模式是EPC总承包，但由于莫桑比克政府当前面临财政短缺和举债困难，未来两到三年内或很难对新的基础设施项目融资提供主权担保，传统承包工程企业可积极转型创新，与莫桑比克政府探讨采用BOT/PPP等模式实施项目。

第二节　在莫桑比克进行工程承包的业务流程

获取信息。主要通过当地的报纸和政府网站获取工程招标信息。

招标投标。当地的工程招标和投标方式可以是联合招标或独立投标，具体按照标书要求执行。

政府采购。莫桑比克政府采购一般采取公开招标的形式，主要通过当地报纸和相关网站发布招标信息，特殊情况下业主单位可在申请批准后采用限制性邀标或者议标。

许可手续。在莫桑比克承包国际工程，一般不要求承包商在莫桑比克有注册机构和当地资质，需提供国内相关资质材料，公司的资质需在国内翻译公证后再经莫方认证；在莫桑比克承包本地工程需要注册分支机构并申请相应资质等级文件。项目中标后，国际工程和本地工程均需办理关于合同的法院裁决和关于项目实施的施工许可。

第三节　莫桑比克工程承包法律制度及基本内容

许可制度。莫桑比克对承包工程的具体规定一般沿用南非和欧盟的标准，不允许外国自然人在当地承揽工程承包项目，外国企业在当地承揽工程承包项目（国际招标除外）必须提供由公共工程、住房和水利部颁发的资质证明，按照工程技术水平分为 1 至 7 级，7 级为最高资质。当地规定业主和监理公司监督和验收工程项目。

禁止领域。莫桑比克对外国承包商没有过多的领域方面的限制，但一些当地的市政工程项目要求投标企业在当地注册并具有建筑施工资质，一些由国际组织或机构出资的项目无此限制，允许外国承包商参加投标。

招标方式。当地的工程项目一般通过报纸、网站等发布公开信息，进行公开招标，少数项目直接由发标单位邀请投标或议标，允许联合投标或独立投标。

验收规定。中国标准在当地并没有得到认可，业主在招标文件中一般要求遵守当地规范和南部非洲规范（SATCC），这两个规范中不足的部分往往要求遵守欧标。但在议标项目中，业主不反对使用中国规范，允许承包商使用中国规范，但前提是同时满足当地规范和 SATCC（采用验算的形式）。当地不认可中国规范的主要原因是中国规范英文版不健全，当地的工程师绝大部分没有接受过中国规范的学习。

第四节　莫桑比克工程承包的法律风险与防范

一、莫桑比克工程承包的法律风险

国际工程承包市场竞争激烈，中国工程企业进入莫桑比克的工程承包市场时，需注意预先了解在莫桑比克开展工程项目可能涉及的法律风险，以便及时评估风险、把控风险、应对风险。

（一）政治风险

自 2017 年 10 月以来，伊斯兰教极端分子一直在莫桑比克最北部的德尔加杜角省以及在尼亚萨省对平民和军事目标进行袭击，严重影响了当地社区和企业的运作能力。该省也是主要的天然气储备和矿物所在地。截至 2022 年中期，极端分子在该地区进行了数百次袭击，造成约 4000 人死亡，其中约一半是平民，并使 90 多万居民流离失所。

（二）严格控制外国劳工进入当地市场

2007 年《劳动法》（第 23/2007 号）规定了在莫桑比克经营的公司必须雇用莫桑比克人的最低配额。若企业总就业人数不超过 10 人，外籍劳务人员不得超过总人数的 10%；若企业总就业人数为 10～100 人，外籍劳务人员不得超过总人数的 8%；若企业总就业人数在 100 人以上，则外籍劳务人员不得超过总人数的 5%。企业能够证明莫桑比克本地员工确实不能胜任的工作岗位可不受上述规定限制，但必须向莫桑比克劳动部门和移民局提出申请并获得批准。

二、风险防范措施

（1）抓住市场机遇。中国企业要经常关注当地的报纸和政府网站获取工程招标信息，抓住市场机遇，适时参与投标。

（2）选好经营方式。中国企业应针对不同项目，结合自身情况采取适当的经营方式。根据莫桑比克相关法律规定，外国企业在莫桑比克承揽或经营项目，应在当地成立公司，并依法缴税。

（3）实行本地化经营。莫桑比克一般劳动力充足，且成本较低。中国企业在当地开展工程承包时，除派遣必要的工程设计和施工管理人员外，多数岗位应考虑聘用当地人员，实行本地化经营。

（4）量力而行。在莫桑比克开展工程承包，承包商需要具有相应的资质要求，需要具备一定的管理能力、融资能力和人力资源，特别是在参与重大项目合作时，一定要客观评价自身实力，量力而行，注意按照合同规定进行施工，保质量、保工期，遵守合法用工等法律。

（5）积极创新投融资方式。莫桑比克政府当前面临财政困难和债务水平高等问题，未来两到三年使用主权担保举债受限，传统承包工程企业应尽快转变思路，积极创新投融资方式，尝试以 BOT/PPP 等模式与莫桑比克方合作实施项目。在采用投建营一体化模式时，应结合市场购买力，对项目未来收益作出扎实判断，避免承担较大财务风险。

（6）做好劳动力规划。中国建筑工人的勤勉工作和娴熟技能是中国承包工程企业发挥效率优势、速度优势、成本优势的重要保障。但莫桑比克对外国劳工引进设置了较多管制措施，这将限制中国建设企业从国内引进劳工，转而雇用更多当地劳工。中国企业应对当地劳动综合素质和效率建立清晰认识，对工期和成本作出合理规划。

（7）提前做好疾病免疫。莫桑比克公共卫生体系尚不完善，疟疾等传染病处于高发态势，建议赴莫桑比克开展工程承包的各类人员，在出发前应在国内注射相关疫苗，避免感染疾病。

（8）重点工程项目。马普托—卡滕贝大桥为中国企业在海外自行设计并建造的最大悬索桥，是中莫基础设施合作领域代表性的项目之一，先后获得 2017 年度南部非洲混凝土质量最高奖“Fulton”奖和 2019 年度南部非洲混凝土协会超大型混凝土项目组冠军，是中国标准规范“走出去”的积极探索。大桥建设期间，雇用数千名当地工人及来自欧洲、非洲等多国工程师，加大当地员工技能、安全、语言等方面的培训，积极履行社会责任，大桥的通车促进当地交通、旅游、经济等发展，得到当地政府和人民的高度评价。

第五章　莫桑比克劳工法律制度

根据世界银行统计，2020 年莫桑比克劳动力总数约为 1319 万人。根据莫桑比克国家统计局（INE）的调查，农业、渔业和采矿业吸收了该国 70% 的劳动人口，20% 的劳动人口从事第三产业，包括交通和通信、零售、金融和服务，其余人口在第二产业工作，包括制造、矿业、能源和建筑业。

莫桑比克高素质劳动力匮乏，特别是缺少管理人才和高级技术工人，一般体力工人数量较多，但普遍存在纪律性较差和劳动效率低下的问题，经培训后可基本满足企业需求。

莫桑比克《劳动法》规定，企业聘用员工应依法为其缴纳社保，比例为工资总额的 7%。2020 年莫桑比克政府公布的法定月最低工资标准为：农业、畜牧业和林业（包括制糖业），4390 梅蒂卡尔；工业和半工业捕捞，5370 梅蒂卡尔；采矿业，9254 梅蒂卡尔；电力、燃气和供水，8300 梅蒂卡尔；建筑业，6136 梅蒂卡尔；非金融服务业，6850 梅蒂卡尔；酒店业，6478 梅蒂卡尔；金融业中的银行和保险行业，12760 梅蒂卡尔；微金融、微保险等业和其他辅助性金融中介行业，11336 梅蒂卡尔。

莫桑比克与劳工权益保障相关的法律主要是《劳动法（2007 年 8 月 1 日，第 23 号法律）》，《宪法》和《民法典》也有部分涉及。对外籍劳工规制的法律则主要集中于莫桑比克《外籍雇员雇佣规程管理条例（2008 年 12 月 30 日，第 55 号法令）》和莫桑比克《石油、矿业外籍雇员雇佣规程管理条例（2011 年 12 月 7 日，第 63 号法令）》，同时还有其他一些单行条例或政府规章对具体劳工事务进行了规定。

第一节 莫桑比克劳工法及主要内容

一、劳工的权利与义务

根据莫桑比克法律规定，不论劳动者的民族、语言、性别、婚姻状况、年龄、法律的某些限制、社会条件、宗教或是政治信仰以及是不是某一工会组织的成员，劳动者都享受平等的权利。应当给某些弱势群体提供优惠，但这并无歧视的含义，这些弱势群体包括妇女、欠缺劳动能力者、残障人士或者是慢性病患者，这样做的目的是保证在相同条件下劳动者都能获得本法所赋予的权利，也想借此改变改变在社会中长期存在的不平等的事实。对于劳动者来说，所获得的权利不能用于交易，毁约或者是限制的目的，因为由于环境所产生的变动会导致合同形式的变动。国家有责任采取预防性或强制性的措施来阻止或用民事或刑事的手段来惩罚所有侵犯劳动者合法权利的行为。劳动者拥有以下权利：保证根据劳动者的能力、专业技术、对工作地点的要求和对国家经济发展有可能作出的贡献，为其提供劳动岗位；劳动合同的条款、集体制定的有关劳动关系的规章制度及现行法律都要保证劳动者所从事的劳动岗位的稳定性；要尊重劳动者，一切企图诋毁劳动者荣誉、名誉、公共形象、私生活和尊严的行为都将会受到法律的惩罚；根据所从事的劳动的质量和数量，劳动者获得相应的报酬；根据自身的素质、经验、劳动成果、评价和劳动地点的要求，劳动者可以争取从事更高级别的劳动；保证劳动者每天、每周都有休息，还有带薪休假；在劳动过程提供良好的保护、安全和卫生措施，保障劳动者的生理、心理和精神的健全；当遇到工伤或患上了职业病，向劳动者提供医生的治疗、有效的药品和经济的补偿；一旦发现自身权利被侵犯，劳动者有权向劳动监管部门或是劳动司法机构求助；根据宪法的规定，劳动者有权自由参加职业组织和工会组织；根据法律规定，若劳动者失去劳动能力或是年老了，要为其提供合适的帮助条件。

劳动者还应遵守以下义务：准时上下班，并且保证出勤次数；对劳动表现出热情；尊重雇主，真诚地对待雇主、上级主管、同事和其他与企业公司有接触的人员；遵守法规制度，服从雇主、其代理人或是上级主管的领导，遵守其他劳动合同中的规定，除非这些规定指示是不合法的或侵犯了劳动者的权利和保障；正确使用和保养劳动场所雇主所提供的设施、设备和仪器；保守职业秘密，不在任何情况下外传有关于企业组织、生产手段和生意的信息；未经过雇主或其代理人的同意，劳动者不得出于个人或他人的目的，擅自使用企业的场地、设备、财产、服务和劳动环境；要对雇主忠诚，不以个人或他人名义同雇主竞争生意，以及最大限度地配合劳动时的安全、卫生和健康体系；保护劳动场所的财产和产品的安全，不能出现任何的损坏、毁坏或者是丢失。

二、雇主的权利与义务

在合同和规章制度的限制下，雇主及其授意人可以有权确定、管理、监控和规范业务的条件和条款。雇主可以制定内部劳动规章制度，其中包括组织准则和劳动纪律，劳动者要遵守企业制度，以及对于中小企业一定要开展的文化、体育和娱乐活动。为了组织和规范劳动活动而制定的内部规章制度，要与企业工会委员会商讨后方可生效，如果企业没有工会委员会则可以与相关的工会机构沟通，同时还要征求相关的行政机构的意见，企业内部的规章制度才可生效。如果内部劳动规章制度建立了新的劳动条件，那么在公布实施之前，要征求劳动者的同意方可生效。内部劳动规章制度要在劳动场所传播，让劳动者能够明确知晓与自身利益有关的条款内容。

三、劳动关系的建立与劳动合同

劳资双方可以签订一个劳动合同的承诺，此承诺只有以书面形式签订方可生效，里面根据一个立约者或多个立约者的意愿，以明了确凿的形式写明将签订正式的劳动合同，并写明将提供的劳动和相应的报酬。若未能完成承诺的劳动，则要承担法律所规定的民事责任。通过内部劳动规定或良好的行为准则，雇主可以表现出想要签订合同的意愿，劳动者可以根据规定明确同意也可以默认。当劳动者签署了书面的劳动合同，就推定劳动者接受了公司内部的劳动规定，这种内部的劳动规定专门规范了公司的劳动行为。在劳动合同执行的30天内，或者公司内部劳动规定颁布30天内（如果内部劳动规定的颁布比劳动合同的签订时间更晚的话），劳动者或其法定代理人有权以书面形式反对公司内部的劳动规定。

个人劳动合同必须使用书面形式，标明日期，双方签字，并包括以下条款：雇主和劳动者双方的身份证明；所达成协议的劳动类型、任务和业务；劳动地点；合同有效期和续约的条件；报酬的金额、支付形式和支付的周期；合同开始生效的日期；若为定期的合同，说明协商的期限和依据；签署合同的日期，若是定期的合同，则写明终止期。关于定期合同协商期限和依据的证明必须是非常明确的，并要说明援引的依据同所协商的劳动期限之间存在的关系，即根据所援引的依据而商议出此期限的理由。如果所从事的任务期限不超过90天，那么定期的劳动合同可以不以书面形式生成。以下几种劳动合同必须以书面形式生成：劳动的承诺合同；90天以上定期的劳动合同；多雇主的劳动合同；同外国人签署的劳动合同，除非法律有相反的规定；兼职的劳动合同；劳动者偶尔要让步的劳动合同；在军事委员会劳动的合同；上门服务的劳动合同；包公制的劳动合同。如果未写明合同生效的日期，那么签订劳动合同的日期就自动被视作是劳动合同开始生效的日期。缺少书面形式的劳动合同并不影响其有效性，也不影响劳动者获得权利，缺少书面形式的劳动合同被视作是雇主的过失，自动承担所有的法律后果。

四、劳动报酬与社会保险

劳动报酬包括底薪和所有提供的直接或间接的固定和时段性的金钱或实物。所有的劳动者，无论是本国人还是外国人，不分性别、种族、肤色、宗教信仰、思想或政治信念等，都有权获得薪水并以同等的工作获得同等的福利的权利。以下构成底薪之外的报酬：以交通开销、费用、劳动者转移安置或其他类似情况补贴为名义获得的数目；生病补贴和饭补；由雇主给予的意外的奖金；上夜班获得的收入；在非正常工作条件下工作所获得的收入；与劳动效率指标相关的奖金；工龄奖金；社会资本的参与；在其他特殊条件下工作获得的收入。由劳动合同终止所致的补偿计算基础仅包括底薪和工龄奖金，除非雇主和劳动者双方协议将其他报酬计算在内。

雇主应该为他的劳动者上集体保险来赔偿劳动事故和职业疾病。对于那些呈现特殊职业危险特征的活动，公司应该为承受该危险的劳动者上专门的集体保险。当劳动事故或者职业疾病引起劳动能力的丧失，劳动者享有以下的权利：如果是永久的完全或者部分的能力丧失，享有抚恤金；如果是暂时的完全或者部分的能力丧失，享有赔偿。允许给因为劳动事故或者职业疾病导致能力丧失并且长期需要护理的受害者增加赔偿。如果劳动事故和职业疾病导致了死亡，享有死亡抚恤金。如果是永久完全能力的丧失，受害劳动者将享有不低于其到达年龄限定后的退休抚恤金。专门法律的条款规定了抚恤金和赔偿的司法制度。

五、劳动时间、休假与退休

正常的劳动时间不得超过每周 48 小时和每天 8 小时。在除了每周法定休息天数之外，雇主给劳动者每周增加半天的休息时间，每天正常的劳动时间可以提高到 9 小时。通过集体制定的有关劳动关系的规章制度，每天的正常劳动时间可以在意外情况下，在每周劳动时间不超过 56 小时时，最多增加 4 个小时，但是此限制不包含因不可抗力原因引起的意外的、非正常的劳动。每周 48 小时的平均劳动时间应该最多以 6 月为结算时间。前一条条款中提到的每周平均劳动时间的结算可以以向劳动者提前提供时间补偿的方式，通过每天或每周的时数的减少来进行。从事工业活动的机构可以采用一周工作 5 天、每周正常工作时间为 48 小时的限制，实行轮班制的机构不在此范围。所有的机构，除了在《劳动法》第 205 条中所述的致力于满足社会基本需要的活动和服务的机构以及直接向公众进行销售的机构，由于经济或其他制约的原因，都应该采用唯一的工作时间表。雇主应该遵守法律中定义的标准和其他相关的正在实行的法规，在新劳动时间表采用当月之后的那个月份的大约 15 号通过介绍向负责管理劳动的政府部门告知新的劳动时间表。

劳动者带薪休假的权利是不可拒绝并且在任何情况下都不可否认的。在不妨碍工会与雇主制定的休假计划的情况下，假期应该在下一个民用年享受。

例外的，出于雇主或劳动者的方便，两者可以通过协议用额外的报酬取代假期，而劳动者至少应该享有6个工作日的假期。劳动者带薪假期权利的标准依照以下执行：在第一年的工作中，每个有效工作月有1天的假期；在第二年的工作中，每个有效工作月有2天的假期；从第三年起，每个有效工作年有30天的假期。

目前，莫桑比克的退休年龄分别是男性60岁和女性55岁。值得注意的是，2022年7月，莫桑比克国家行政和公共服务部部长，代表莫桑比克政府向议会提议将退休年龄提高到男性65岁和女性60岁，司法、教育和卫生服务部门的退休年龄提高到70岁。

六、劳动关系的解除

劳动合同的解除包括以下原因：劳动合同自然失效；劳动合同被废止；由任何一方提起劳动诉讼解除；合同签署的任何一方以正当理由宣布解除。

在下列情况下，劳动合同自然失效：劳动合同过期或因为合同中涉及的劳动已经完成；由于后来发生的，完全的、最终的丧失提供劳动的能力或者在部分丧失提供劳动能力的情况下，雇主无法接受其能力的丧失，能力的丧失不应该归咎于雇主的情况除外；由于雇主个人死亡，继任者继续活动的情况除外；由于劳动者退休；由于劳动者死亡。如果一个登记在社会保障系统内的劳动者符合获得退休金的要求，其劳动合同因退休而无效。

七、特殊劳工的相关规定

本书所指特殊劳工包括残障人士、未成年劳工以及半工半读的劳动者。

对于残障人士，雇主应该适当地作出一些调整，无论是在录用的时候，还是在职业培训和升职方面，使残障人士或者是慢性病患者能享受到同其他劳动者一样的权利，受同样的劳动责任的约束。让残障人士从事合适的工作，为公司所从事的行业的发展出力。当然雇主也要考虑到残障人士因自身的特殊性而减少的工作能力。国家要同工会和雇主协会协商，同代表残障人士的组织沟通，鼓励并支持各企业在人员编制的调动时，考虑所能支配的资源配置，重新优化组合，为残障人士提供合适的劳动岗位。根据法律或者集体制定的有关劳动关系的规章制度来制定特殊的措施保护残障劳动者在升职或录用时的权益，保证根据其能力所从事的合适的劳动的条件，除非雇主无法提供合适的岗位。

对于未成年劳工，经过与相关的工会组织协商，雇主可以雇用未成年人，为其提供合适其年龄、健康状况、安全、教育和职业培训的劳动条件，并防止一切对未成年人的生理、心理和道德的发展有害的事情。雇主不能让未满18周岁的未成年人从事那些经过雇主和工会组织协商并由有关权威机构认证的有害其健康的、危险的或者是需要重体力的劳动。处于15岁到18岁的未成年人每周的劳动时间不得超过38小时，每天劳动不得超过7小时。在正式录用之前，未成年人劳动者必须接受身体检查，了解其身体的强健度、精神的健康和所要从事的劳动所需的资质，测试从事的相应劳动所需的资质的认定书是必需的。根据相关权威机构的评判，体检的证明书可以写明某一个劳动所需的资质情况，也可以写明几个劳动所需的资质情况，还可以写明对于健康方面的危机的担心。每年医生都要检查未成年人的劳动能力，劳动监察机关可以要求查看体检情况来调查未成年人所从事的劳动是不是被迫的，劳动的特性和条件是否对于未成年人的年龄、生理情况、心理情况和精神状态有损害。如果发现未成年人所从事的劳动条件非常危险，不利于未成年人的健康，那么就要调动该未成年人的劳动岗位。如果上一条中提到的调动劳动岗位不可行的话，未成年人可以以正当理由取消合同，并获取赔偿。获得未成年人合法代理人的允许，雇主才可以雇用15岁以上的未成年人为其劳动。若有例外的，根据特殊法令，部长会议可以在充分考虑到劳动性质和条件的前提下允许年龄在12到15岁之间的未成年人参加劳动。如果与年龄在12到15岁之间的未成年人签订劳动合同，雇主必须获得未成年劳动者的合法代理人的书面形式的同意，所签订的劳动合同方可生效，未成年劳动者的合法代理人可以在30天内表明不同意或对劳动合同有异议。支付给未成年人劳动者的报酬要根据其劳动的数量和质量来决定，在某些情况下，所付给未成年人劳动者的报酬可以少于该公司现行的最低工资标准。未成年人可以接受其劳动所应得的报酬。

对于半工半读的劳动者，是指在雇主的领导下提供劳动的人，同时获得雇主的同意在教学机构里学习，目的是更好地发展和完善个人的能力，特别是专业的技术能力。根据专门的法规条款规定，半工半读身份的保持要以获得优异的学业成绩作为前提。在考试期间，半工半读的劳动者有权利不去劳动，并不扣工资，但应该在考试7天之前通知雇主。

八、劳动争议

除非是为了采取谨慎的预防措施，所有劳动争议必须在提交仲裁或劳动法庭前进行调解。仲裁或司法机构接收到没有付诸预先调停和调解的诉讼，将不予受理诉讼请求。调解和仲裁机构在收到要求其介入的请求之3天内任命调解员，调解员要告知双方举行调解的日期、时间和地点。包括提出请求的日期，调解的期限不应该超过30天，除非双方同意延长时间。在集体工作冲突中，如果出现工会组织在调解会议上因为没有正当理由的未出席，调解员可以把上述规定的日期延长30天，如果是雇佣单位发生这种情况，调解时间将要缩短。如果提出调解的一方未出现在调解听证会上并且没有正当的理由，调解员应该记录这一过程，如果另一方未出现，调解员应该推迟仲裁程序，由未出席一方来支付由调解和仲裁中心规定的罚款。调解员可以向双方或其他涉及的单位索取被认为是需要的数据和信息，可以与双方一起或者分开接触，或者求助于其他任何适当的途径来解决冲突。如果双方达成共识，将写成确定的协商条文，并且告知双方签署，如果有一方拒绝签署，将受到调解和仲裁中心的惩罚。如果在调解期限内，在集体工作争论的解决中出现僵局，或者在期限内没有寻求到解决方法，调解员应该颁发僵局证明书。

第二节　莫桑比克有关外籍劳工的相关规定

根据莫桑比克劳动部统计，2020年共有16574名外国人获得劳动许可，主要来自葡萄牙、南非、印度、中国等国，服务对象主要是非金融服务业和建筑业的外资企业。

一、主要实施细则

外籍雇员比例主要限制为雇员超过 100 人以上的大企业，外籍雇员不得超过员工总人数的 5%。雇员在 10 到 100 人之间的中型企业，外籍雇员不得超过员工总人数的 8%。雇员在 10 人以下的小型企业，外籍雇员不得超过员工总人数的 10%。同时，企业须通过银行上缴相当于 3 个月本行业最低工资水平的行政管理费。

若相关企业想雇用规定比例之外的外籍人员，或非政府组织、科技和医疗研究机构等一些专业性较强部门想雇用外籍雇员，应向莫桑比克劳动、就业和社会保障部递交申请。这种情况下，须通过银行上缴相当于 10 个月本行业最低工资水平的行政管理费。

总部或代理机构在国外的公司，雇用外籍雇员时，如工作期限不超过 30 天（期间相关外籍雇员可连续停留在莫桑比克境内，亦可自由出入境），不需要申请许可，亦无需缴纳相应所得税。同时，企业可据其合理理由为雇员延长停留期限，但停留时间一年内最长不超过 90 天。

政府批准投资项目中，若外籍雇员数量大于或小于规定比例的，须告知莫桑比克政府主管部门，并随函附上已经政府批准的项目可雇用外籍人员数量许可复印件。

二、办理手续所需材料

申请雇佣比例内外籍劳工所需材料包括：申请表 2 份，样式见莫桑比克《外籍雇员雇佣规程管理条例》附件；雇佣合同 3 份；莫桑国家社保局和公司财务部门出具的免除缴纳社保凭单；上一年度雇佣名单；护照或居留卡复印件；相当于本行业 3 个月最低工资的行政管理费缴纳凭据。

政府批准的投资项目中有关外籍人员雇用申请，须后附项目基本材料。

限额外申请工作许可，除须递交前文所述材料外，还需提交：专业技术职业资格证书或专业经历相关证明材料；企业内部工会或莫桑比克当地独立工会组织，抑或行业主管部门出具的书面意见；相当于本行业 10 个月最低工资的行政管理费缴纳凭据。

第三节　与莫桑比克进行劳务合作的法律风险与防范

由于中国企业对莫桑比克劳工相关法律的认知缺乏与西方不合理的舆论渲染，导致出现大量的纠纷，甚至有莫桑比克劳工部一次性驱逐60名中国籍劳工的案例。在这样的背景下，中国企业应对当地劳工综合素质和效率建立清晰认识，对工期和成本作出合理规划。

莫桑比克对中国劳务人员入境限制非常严格，现有的中国劳务人员多为承包工程项目下的相关工程技术人员。根据中国驻莫桑比克使馆经商处掌握的信息，由于当地就业压力和法律政策因素，近期莫桑比克不可能开放劳务市场。中国企业和个人在当地应注意遵守当地劳工和签证政策，申请有关证件时，要充分考虑到当地政府部门工作效率的影响，提前递交申请材料，避免造成逾期。每年都有在莫桑比克中国企业人员因劳动签证或居留许可逾期，被莫桑比克主管部门处以高额罚款甚至将人员遣返。新冠肺炎疫情期间，当地媒体报道某在莫桑比克中国企业为防控疫情，强制要求当地员工住厂、禁止返家，引发关注。建议中国企业在采取有关防疫措施涉及当地员工权益时，务必遵守当地劳动法律法规，咨询律师等专业人士意见，并与员工做好沟通和解释，避免简单生硬的命令式措施，以免引发舆论负面炒作。

莫桑比克对外国劳工引进设置了较多管制措施，这将限制中国建设企业从国内引进劳工，转而雇用更多当地劳工。中国企业如果雇用本地劳工，一定要提前做好与工会关系的处理，同时，要全面了解当地的《劳动法》和《投资法》等，熟悉当地工会组织的发展状况和运行模式。根据莫桑比克法律规定，企业的员工可以自由选择加入工会组织，企业不得阻拦。

首先，在莫桑比克从事投资合作的各类企业，在雇用、解聘和社会保障等方面，必须严格按照《劳动法》等相关规定，与员工签订雇佣合同，按时足额发放员工工资并缴纳社保基金和医疗保险金，并对员工进行必要的技能培训。在解除雇佣合同时，必须按规定提前通知员工，并支付其相应的解聘补偿金。

其次，要注重与当地劳工的沟通。在日常生产经营中，企业要与工会组织或工会代表保持必要的沟通，了解员工的要求和思想动态，进行必要疏导，发现问题及时解决。

最后，充分发挥和谐共建的思想。要重视建立和谐的企业文化，邀请工会成员或员工代表参与企业的管理，激发并保护员工的爱岗精神，增强企业的凝聚力和员工的创造力。

第六章　莫桑比克财税金融法律制度

第一节　莫桑比克金融环境

一、莫桑比克金融发展情况

近年来，莫桑比克政府不断加大基础设施投入，发展旅游业，改善投资环境，鼓励开发矿产、能源、农林渔业等资源。但2015年以来，受国际大宗商品价格低迷、自然灾害、债务问题和货币贬值等因素影响，莫桑比克经济增长有所放缓。2020年，莫桑比克国内生产总值为144亿美元，经济增长率为－0.5%（按梅蒂卡尔计算）。

2022年2月，莫桑比克政府表示其中央银行决定取消莫桑比克金融机构强制性准备金，并准许向莫桑比克金融体系注入超过5亿美元，这一决定有助于莫桑比克经济复苏。在莫桑比克金融复苏的背景下，中国企业进入莫桑比克金融市场有着十分利好的前景。因此，了解莫桑比克财税金融法律制度，能更好地应对可能的风险。

二、莫桑比克金融环境

（一）当地货币

莫桑比克货币为梅蒂卡尔，可与美元、欧元、英镑、南非兰特等其他国家货币自由兑换。2013 年至 2014 年，梅蒂卡尔汇率比较平稳，兑美元汇率保持在 30:1 上下；2015 年初开始，梅蒂卡尔迅速贬值，至 2015 年底贬值幅度超过 70%，至 2016 年下半年梅蒂卡尔兑美元汇率最高到 80：1，此后逐步回落至 60：1。2019 年 12 月 31 日，1 美元约合 62 梅蒂卡尔，1 欧元约合 70 梅蒂卡尔。受新冠肺炎疫情影响，2020 年上半年梅蒂卡尔持续贬值，1 美元约合 71 梅蒂卡尔，1 欧元约合 84 梅蒂卡尔。人民币与当地货币不可直接结算。

（二）外汇管理

根据莫桑比克中央银行规定，外资企业在当地商业银行开立外汇账户，必须向中央银行申报并获得批准，汇出资金也需经过中央银行审批。通过银行向境外汇出资金，必须提供材料证明资金属于以下用途：（1）利润分红（已依法缴纳营业税，税率 20%）；（2）撤回投资；（3）国际贸易；（4）偿还国际贷款；（5）境外投资。莫桑比克 2011 年实行外汇管制政策，单次凭出境机票及信函仅可取出 5000 美元。法律规定外国人携带现金出境最高不能超过 5000 美元。

（三）银行和保险公司

莫桑比克中央银行，成立于 1975 年，是国家金融最高管理机构。银行主要职能是负责货币发行，制定金融政策，保证健全的金融体系，监督和管理各类商业银行。

莫桑比克有近 20 家商业银行，包括千禧（莫桑比克）银行（BIM）、标准银行（SB）、第一国民银行（FNB）、巴克莱（莫桑比克）银行、商业投资银行（BCI）、非洲实业（莫桑比克）银行（ABC）、莫桑比克投资支持银行等，可提供存款、贷款、信用证、出具保函、转账汇款、信用卡等多种金融服务。

莫桑比克非银行金融机构有 5 家信用社、3 家金融借贷公司、1 家集体收购管理公司、1 家投资公司、1 家总部设在国外的信用机构的代理处、20 家兑换所和 20 家从事信贷方面的机构。中国工商银行通过收购标准银行股份、复星集团通过收购千禧银行和忠诚保险公司股份间接参与莫桑比克的金融保险业务。2018 年，香港贝森资本金融控股有限公司为莫桑比克投资支持银行注资认购股份，成为该银行的最大股东。

（四）融资服务

2020 年 4 月 16 日，莫桑比克中央银行宣布的基础利率下调至 11.25%，基础存款利率为 8.25%，基础贷款利率为 14.25%，本币和外币准备金率分别为 11.50% 和 34.50%。外国企业在莫桑比克当地银行融资的可能性不大，主要原因是融资成本较高，商业贷款年利率达 30% 以上。当地银行为外国企业开具保函要求企业支付全款押金，且手续费较高。因此，在莫桑比克中国企业通常选择中国国内银行开具保函。

（五）信用卡使用

莫桑比克当地较大规模的酒店、餐馆和超市等可接受信用卡消费。中国银行、中国工商银行、招商银行等国内银行发行的万事达和维萨信用卡可在当地使用，银联卡在当地刚刚开始推广使用。

（六）证券市场

目前，莫桑比克仅有一家股票和证券交易市场，始建于 1999 年。交易市场有 6 家上市公司（均为外国公司持多数股份开办的企业）。当地人士和国际人士均可自由买卖股票，但须通过当地的金融机构协助办理手续。目前，莫桑比克政府正在完善相关的股票和证券交易法规。

莫桑比克政府允许外国公司参与当地证券投资交易，要求外国公司必须通过政府指定的金融机构办理手续。

第二节　莫桑比克税收法律及基本内容

莫桑比克的税收制度分为国家级税收和自治级税收两种。国家税收制度包括直接税和间接税两种。直接税包括企业所得税（IRPC）和个人所得税

（IRPS）；间接税包括增值税（IVA）、特殊消费税（ICE）和海关关税。莫桑比克实行属地税制。

一、莫桑比克税收相关法律及主要内容

莫桑比克税务相关法律主要包括《企业所得税（IRPC）条例》《个人所得税（IRPS）条例》《增值税条例》《海关条例》《纳税和税务条例》《税务执行条例》《税收优惠条例》。主要税种及其税率：

企业所得税（IRPC）税率是32%。个人所得税（IRPS）按收入多少实行累进税制。增值税（IVA）税率是17%。特殊消费税（ICE）对部分国内生产的消费品或者进口的消费品征收特别消费税。进口消费品的特别消费税是20%。原材料的关税为2.5%、固定资产（K类）关税5%、用于组装的产品关税是7.5%、消费品的关税为20%。根据南部非洲发展共同体（SADC）商贸协议规定，从2008年开始，来自南部非洲发展共同体地区成员国的很多种产品将被免除关税。印花税、赠品和遗产税、房地产税、博彩特殊税、国家重建税、机动车税以及其他在相关法律中规定的税款。在采矿特许权下，交纳下列特许权使用费：钻石产品10%，宝石和半宝石产品6%，贵金属产品5%，其他矿产品3%。在采矿证或采矿许可下，交纳下列特许权使用费：宝石和半宝石8%，装饰石6%，建筑用矿物资4%，其他矿产品3%。在第一次出卖不动产时，交纳5%的房地产税，在其后的出卖中，均交纳10%的税收。财产出租税按城市房屋出租收入的10%收取。赠品和遗产税根据遗产或遗赠品的价值及捐赠者和受益者之间的关系，征收1%到30%不等的税费。莫桑比克海关以布鲁塞尔国际贸易商品分类和编码为划分商品种类的依据。进口商品的关税税率如下（以进口商品的CIF价为征收的基础）：基本消费品（粮食）税率为0；原材料的税率为2.5%；资本货物（设备和机器）的税率为5%；用于组装的产品税率为7.5%，消费品税率为20%，非基本和奢侈消费品税率为35%。腰果、贵金属、宝石、矿产品以及麻醉药品等出口需要缴纳出口税。进出口商品关税税率可通过《莫桑比克海关税则》查询。不论商品是免税还是关税为0，海关均按货物价值的1%收取海关服务费。

就企业在莫桑比克报税值得注意的是，报税时间是每个月的最后一天，

需要自行申报或委托会计师事务所申报。填写纳税申报表并准备好有关材料后提交税务机构，不同税种需要提交不同的文件，可根据会计师事务所的要求准备资料。

二、外国投资的税收优惠

莫桑比克国家针对外国投资引入了税收和海关奖励制度，根据该制度，所有在法律范围内进行投资的自然人和法人能够得到各种税款的一系列豁免与减少。税收优惠主要由《税收优惠条例》规定。

《税收优惠条例》详尽清单中的税收优惠方式包括：从应税收入中扣除、加速摊销和重新整合、投资税收抵免、免税、减税或延期征税等方式。税收优惠的范围包括在《投资法》下进行的所有投资，以及属于在农村地区进行的商业和工业活动、批发和零售贸易、建造新基础设施以及制造和装配行业。但是，对不在农村地区进行的商业活动进行的投资不在此范围内。

享受税收优惠的投资者必须：在税务机关注册并获得一个单一的税务识别号，其葡萄牙语首字母缩写为 NUIT；具有完备的会计机构；没有犯任何税务罪行的行为。

具体来说，税收优惠针对的投资领域包括：（1）针对包括公路、铁路的建设和维修，机场、供水、电能和电信等公共基础建设的投资；（2）农村地区商业、工业、制造业、装配业、农业、渔业、酒店和旅游业、科技园区、大规模项目（投资超过 125 亿梅蒂卡尔）的投资；（3）快速开发区、工业自由区和经济特区的投资项目；（4）不属于上述特定区域的其他通用型经济开发区投资。

第三节　莫桑比克财税金融法律风险与防范

首先，在莫桑比克从事金融活动的公司需要特别注意莫桑比克的外汇管制问题，以防违反莫桑比克《反洗钱法》的相关规定。莫桑比克中央银行控制着所有的直接投资和国际转移支付，禁止梅蒂卡尔私自流出或流入莫桑比克。外商直接投资必须在中央银行授权或转让投资金额之日起 90 日内向中央银行登记。外国贷款协议、管理服务、许可和特许权使用费协议必须在中央银行预先批准和注册。经批准的项目利润只能在外商直接投资价值至少为 250 万梅蒂卡尔，且已在中央银行注册的情况下向境外转移。在所有其他情况下，只能通过当地银行系统进行转账，并凭财政部的投资和税务许可证明进行。

其次，由于我国并未与莫桑比克达成避免双重征税协定，在莫桑比克投资公司需谨慎对待税务报扣问题。由于澳门与莫桑比克有相关协定，现有公司通过澳门账户进行风险避税行为，一旦莫桑比克税务进行查核，其惩罚力度非常巨大。

最后，中国企业需要认真对待合法纳税问题，包括纳税的时间、金额等。莫桑比克对于延迟申报、不缴税款和未遵守披露要求的行为处以罚款。罚款范围从 100 美元到 33000 美元不等。逾期付税将收取利息。对于逃税的犯罪行为将处以最高 8 年的刑期，对于疏忽而导致的漏缴将处以最高 2 年的刑期。

第七章　莫桑比克环境资源法律制度

第一节　莫桑比克资源法律概述

一、莫桑比克环境资源背景

莫桑比克煤炭、天然气、铁、钛、石墨等矿产资源丰富，吸引南非萨索尔、巴西淡水河谷、澳大利亚力拓等多家国际矿业公司到莫桑比克投资开发。目前主要开采和出口的矿产品是天然气和焦煤。2017 年莫桑比克采矿业对外汇储备增长贡献率约为 32.4%。2011 年以来，莫桑比克北部鲁伍玛盆地陆续发现储量巨大的天然气蕴藏，吸引意大利、美国、中国、葡萄牙、韩国、日本等国的企业到莫桑比克开展天然气勘探开发。据莫桑比克矿产资源和能源部长表示，莫桑比克天然气储量预期到 2030 年将达 180 万亿立方英尺，是目前储量的两倍。莫桑比克北部鲁伍马盆地 1 区原计划 2024 年起实现每年 1300 万吨液化天然气商产，2021 年初受新冠肺炎疫情和北部德尔加杜角省恐袭影响，预计推迟工期 1 年，4 区 2 期陆上开发投资决策推迟至 2023 年。埃尼公司在莫桑比克北部海上天然气钻探工作计划作出相应调整，但仍确认 2022 年开始开采。淡水河谷撤销莫桑比克阿蒂泽矿区 2020 年炼焦煤 800 万吨至 1000 万吨的生产指导。

二、莫桑比克环境资源法律规制

莫桑比克在 2004 年通过了莫桑比克《宪法》，其中第 117 条规定“国家鼓励并推广保障生态平衡的举措”。为在可持续发展的框架内保障环境权，莫桑比克将环境价值纳入教育政策和方案，推进污染和侵蚀的预防和控制，保证自然资源的合理利用，同时保障其更新能力，促进空间规划。相关战略有农业部门发展战略计划、水资源管理战略、莫桑比克科学技术和创新战略、国家重新造林战略、国家气候变化适应和减缓战略等。除上述战略外，莫桑比克还制定了促进合理利用自然资源的相关规划和方案，主要有全国防治失控火灾行动计划、防治水土流失行动计划、灾害管理总体规划、国家适应气候变化行动计划和环境教育等。

莫桑比克环保管理部门为土地和环境部及其下属主管机构。莫桑比克政府对环保工作极其重视，环保管理部门及相关机构设置比较齐全。莫桑比克环保法律法规主要有：《环境法》《关于环境影响评估的程序实施细则》《关于环保审计程序相关的实施细则》《关于环境质量和排放物的标准实施细则》《关于医用生物垃圾的管理实施细则》《关于采矿业环境实施细则》《关于农药实施细则》《关于用于人类饮用水质量的实施细则》《水法》《矿业法》《土地法》《矿业法的实施细则》《森林和野生动物法》《森林和野生动物法的实施细则》《工业活动的许可的实施细则》《对于莫桑比克文化遗产的物质和非物质财产的合法保护决定》《石油法》《娱乐性和体育运动性钓鱼的实施细则》《海洋渔业总的实施细则》《旅游法》《在海外省的水、海滩和海岸污染的防治措施》《禁止对水下的珊瑚和装饰鱼的采集、买卖、运输、调制、加工、存储、出口、交易》《水产养殖总的实施细则》。

第二节　莫桑比克《土地法》主要内容

一、莫桑比克《土地法》概述

莫桑比克土地归国家所有，购买土地获得的是使用权，不同城市、地段的土地和房屋价格不同。在首都马普托，市区工业用地价格约为每平方米 100 美元，商业用地价格约为每平方米 1000 美元，房屋售价约为每平方米 2200

美元。

莫桑比克对土地的使用实行许可制度。土地许可分为土地的使用许可和利用许可两种。土地许可依据1997年10月1日的第19/97号法（《土地法》）和第66/98号法令（《土地法条例》）执行。商业、工业用地的许可期限最多为50年，如果使用方提出申请，该期限可以再延长同样时间。

二、外国人投资土地的DUAT方式

根据莫桑比克《土地法》，土地是由国家拥有的，而且是不能售卖或以其他方式处理或使其负担法律义务或债务的。不过，法律规定了一个特殊的土地权利，土地使用和享用权（DUAT），其允许了土地的使用。DUAT可以由莫桑比克的自然人和企业法人拥有，也可以由本地社团拥有（社团指：生活居住在村落或比村落小的领地上的家庭和个人集团，他们旨在通过保护居住领地、农业领地、重要的文化场地、牧地、水源和扩展地来维护共同的利益）。由地方社团获得的DUAT是由共有权原则管制的。外国人如果证明了他们具有批准的投资项目而且满足以下条件也可以是DUAT的拥有者：（1）如果他们是自然人，他们至少在莫桑比克居住了5年以上；（2）如果他们是企业法人，他们在莫桑比克组建或登记注册了企业。

DUAT的获取可以有三种方式：（1）在没有违反宪法的前提下，如果自然人和地方团体根据普遍的习惯和风俗占用土地，就可以得到DUAT；（2）以善意的前提使用了土地至少10年以上的由莫桑比克自然人可以得到DUAT；（3）由自然人或企业法人提出的申请得到核准。

在城市化地区，获取DUAT可以有以下方式（2006年11月26日的第62/2006号法令）：（1）通过抽签得到位于基本城市化区域内小块用地；（2）通过公开拍卖得到位于完全或中等城市化区域内小块用地，用于住宅，商业服务建筑物的建设，且开标不能低于城市化费用的价值；（3）通过私人谈判得到土地，谈判双方是当地政府及其机构和与以下项目有关的项目发起人：建设工业和农业畜牧业设施和超级市场，合作或联合建设住宅，以及与主要的投资项目有关的住宅建设。

获取DUAT要通过土地证来证明。土地证程序包括地方行政当局的意见，并获得当地社团对该块土地权属的确定。除了土地证以外，获取 DUAT 还要由代表地方团体的成员和专家证明。DUAT 持有人可以在生前把 DUAT 转让给或遗赠给他人。此转让包括土地上之基本设施，建筑物及其他附属物，而且转让是以公证的方式作出，并事先得到相应的政府当局的批准。

在城市，土地的 DUAT 是和附着物一起转让的，而且不允许有附加条件。还应该注意，财产所有权的持有人可能会抵押不动产及其附属物。值得注意的是，对持有者 DUAT 上的建筑物权利是没有时间限制的。对于商业活动中获取 DUAT 来说，必须提交商业计划书，而且从事该商业活动要得到临时授权，该临时授权的最长期限对莫桑比克人是 5 年，对外国人则是 2 年。如果所说的商业计划书符合临时授权的期限，那么，相应契约就会被最终核准，其最长期限是 50 年；如果有当事一方提出要求，该期限可以延长。

DUAT 被废止的条件：（1）即使履行了纳税义务，但在要求获批准的日期内，没有正当理由不能开展商业计划书或投资项目的活动；（2）由于公共利益的原因，DUAT 被撤回，但需支付公平赔偿或补偿款项；（3）期限或延续期限到期；（4）持有人终止 DUAT。

与 DAUT 有关的所有行为（包括获取，修改，转让和终止）都要登记注册。该登记注册必须于提出报告后的 15 天内到财产所在地的地政局办理。如遇紧急情况，登记注册必须于 5 日内完成。登记注册必须由证明书证明。根据 DUAT 得到的授权并不是说排除了按照适用的法律去申请从事所计划的经济活动的许可证的必要。DUAT 持有人也还要支付授权费和年费，年费的价值取决于投资人是不是莫桑比克人，还取决于土地的位置，大小以及土地的用途。

第三节　莫桑比克《矿业法》主要内容

除石油以外，矿产资源的使用和开采目前由 2006 年 6 月 26 日的第 14/2006 号《采矿法》和 2006 年 12 月 6 日的第 62/2006 号《采矿条例》管制；根据《宪法》规定，这些资源是由国家拥有。勘察、勘查及开采矿产资源的权利是通过获得以下的许可证及批文取得的勘察许可证、勘探和研究许可证、采矿权和采矿证。

一、勘察许可证

持证人有非独家权开展勘察活动，接近、进入或飞越被许可的区域进行勘察并收取和转移样品；持证人还有权按现行法律占据土地并设立临时设施，帐篷或建筑物，以及使用水源，木材和其他勘察所需要的材料。持证人只能按《采矿条例》的条款进行钻探和挖掘。任何从事勘察许可证允许的活动的国内的或国外的自然人或企业法人都可以是勘察许可证的持有人。勘察许可证许可勘察的最大面积不能超过 100000 公顷，而且许可证颁发后，勘察面积不能扩大。勘察许可证的最长有效期为 2 年，且不可延期，它是个人所有的，不可转让。

二、勘探和研究许可证

勘探和研究许可证持证人有权独立进入勘探和研究地区并在许可证所涵盖的区域搜索矿产资源，以及开展完成此项任务所需要的工作。持证人还可以根据规定的条款研究在该地区出现的相联系的矿产；收集、转移和运出没有超出勘探和研究许可的样品；收集样品并进行开采加工实验；根据授权出售进行勘探和研究的样本和样品，或进行抽样实验和加工实验；进场并树立勘探和研究用的临时设施，帐篷或建筑物，以及使用必需的水源，木材和其他材料。任何从事勘探和研究许可证允许的活动的国内的或国外的自然人或企业法人都可以是勘探和研究许可证的持有人。勘探和研究许可证许可进行勘探和研究的最大面积不能超过 25000 公顷，而且许可证颁发后，勘察面积不能扩大。勘探和研究许可证的最长有效期为 5 年，最多可以再延长 5 年。根据《矿产条例》以及在事先得到部长的授权的情况下，勘探和研究许可证是可以在持证人活着时或过世后或残废后转让的。

三、采矿权

申请采矿权可以或不可以来自勘探和研究许可证；采矿权许可证拥有人

有独家权使用和占据矿场并开展在研究阶段确定的矿产资源的挖掘，以及开展此最终目的必需的操作和工作；建设必要的设备或设施，使用水源、木材以及其他采矿所必需的材料；按一定比例使用这些地区的一部分土地来开展必要的农业，畜牧业或养殖业以满足采矿从业人员的消费；存储、运输和加工必要的矿产材料；出售或以其他方式处理矿产产品。采矿权拥有人还有权根据土地法中规定的条款请求以及申请使用和享用土地许可证。只有在莫桑比克成立的和登记的企业法人或公司才可以拥有采矿权。采矿权的期限根据矿产的经济寿命或采矿的作业确定，最长为25年，但可以延长（然而延长期不可超过上述期限）。根据《矿产条例》以及在事先得到部长的授权的情况下，勘探和研究许可证是可以转让的。

四、采矿资格证

采矿资格证持证人有权根据《矿山法条例》进行小规模的矿山开采，因此，他可以使用和占据矿场以及独立进行小规模的矿山开采，为达此目的而必需的运作和工作；使用土地以及建构临时的采矿所必需的设备或设施；使用水源、木材以及其他采矿所必须的材料；存储、运输和加工必要的矿产材料以及处理所有的废弃物；出售或处理矿产产品；申请特许执照。采矿资格证持证人还有权根据土地法中规定的条款请求以及申请使用和享用土地许可证。根据第14/2002号法，采矿资格证可以由莫桑比克的或在莫桑比克的实体自然人或企业法人拥有，以及由能从事所授权的工作的合作机构或家庭式的机构拥有。但是，《矿山法条例》规定：采矿资格证的持有人只可以是国内的自然人或企业法人，他是被理解为具有莫桑比克国籍的自然人，以及被理解为国内的由具有莫桑比克国籍的自然人组建的企业法人，或是根据莫桑比克法律登记注册的莫桑比克人持100%股份的企业法人。国家矿山理事会遵守了以上后面的理解，而关于此问题的正式说明还有待当前正在进行的采矿立法审查。采矿资格证发放的最长期限是2年，根据采矿活动的要求，采矿资格证可以持续延长不超过2年。采矿资格证只可以转让给在莫桑比克的自然人或企业法人；而且必须根据矿山法条例事先得到省级政府的核准；如果采矿资格证持有人死亡或残废，采矿资格证转让也必须得到核准。

五、采矿证

采矿证赋予其持证人有权独立地以自己的技艺为基础去开采任何矿产资源，并存储、运输开采出来的矿产以及把它们销售给营销资格证持有人。采矿证可以由具有法律能力进行采矿证允许的活动的莫桑比克国籍的任何自然人；它的期限是 12 个月，可以延长 12 个月。采矿证是私人性的而且是不可转让的。

六、发证程序

勘察证、采矿资格证和采矿证由当事人向矿业总局或具有管理采矿区权限的省级政府部门提出请求后发放。矿产勘探和研究许可证和矿产开采权证由当事人向矿业总局或具有管理采矿区权限的省级政府部门提出请求后发放，或如果具有两个重叠的要求就通过公开招标发放。除此之外，以及考虑到项目的规模，部长理事会可能会与矿产勘探和研究许可证持有人或矿产开采权证持有人签订矿产开采合同。

七、采矿税

从事采矿业的人员、合同商、合同分包商以及经营者在莫桑比克都要缴税，特别需要缴收的税包括市政税、产品税和表面税。2007 年 6 月 27 日的第 11/2007 号法颁布的采矿业生产税的税率是：钻石、贵金属（黄金、银和白金）和宝石的是 10%；半宝石的是 6%；基本材料的是 5%；而煤炭和其他矿产品的是 3%。表面税是按年征收的而且由采矿许可证规定的面积确定。

第四节　莫桑比克环境资源法律风险与防范

莫桑比克采用葡萄牙相关市场和商业管理标准，对环境保护设置了较多管制措施。计划赴莫桑比克投资的中国企业不可低估该国环境保护法律法规的严格程度，宜对当地环保相关规定作详细了解，严格遵守相关管理制度。

首先，环境保护法规要求投资者在进行项目投资前，需先向相关部门提交项目规划、环境保护计划报告等文件。莫桑比克政府将根据项目设计规划进行审核，通过审核后会签发相应行业的许可文件（如房地产行业的环评许可、矿产行业的开采许可等），并可能收取一定金额的费用及保证金等（金额一般与项目本身的投资额或风险有关，实际数额可能相差甚远，难以预估）。若有投资者/公司违规运营，则相关部门会视其情节给予一定程度的处罚（处罚金额一般视造成的影响而定，实际数额可能相差甚远，难以预估）。

其次，莫桑比克政府主管环评审批的机构是土地和环境部及其下属的主管环境、土地、保护区等方面的部门（其中包括国家级、省级和地区级的各个部门，而根据级别的不同，职能划分又有差异，如多数处于基层的地区级的土地、农业、林业、矿业等职能均由名为“经济活动管理局”的部门主管）。项目投资人一般须先委托有环评资质的公司为投资项目撰写环评报告，并提交政府部门审批。环评报告的费用依据不同项目而定。政府部门每年定期更新并公示具备环评资质公司的联系方式。审批部门自接到环评报告后，一般应在95个工作日内完成审批。环评报告获得通过后，审批部门会出具通过通知书，此时投资人需要向政府部门支付环保费，缴费比例为投资额的千分之二。

最后，出于莫桑比克政府对环境保护的重视，中国企业在莫桑比克从事经贸投资合作，要严格遵守当地的环保规定。对于从事生产和矿业开发的企业，要认真了解和执行莫桑比克关于环境保护方面的相关规定，实时跟踪当地的环保标准变化情况，及时调整生产经营模式，完善合规审查。企业对于生产经营中可能产生的废气废水和其他环保影响，要事先进行科学评估，在规划设计中选好解决方案。此外，要根据莫桑比克环保部门的要求，制订有效的环保规划，并切实加以执行。凡涉及环保的投资项目（包括基础设施建设项目和矿山开发项目）在立项前，均需经过相关环保部门的评估。在通过评估后，企业要严格按照评估要求和立项时的承诺，切实履行环保责任。否则，一旦违规，将受到重罚。

第八章　莫桑比克其他法律制度

第一节　莫桑比克知识产权法律制度

莫桑比克加入了世界贸易组织、世界知识产权组织（WIPO）、1981 年马德里协议、WIPO 执行的关于国际商标注册的 1989 年协议、专利合作条约以及非洲地区知识产权组织（ARIPO），后形成了目前的知识产权保护体系。执行这些国际性和地区性的条约由 1999 年的《工业产权法》（2006 年进行了全面的修改，批准了 2006 年 4 月 12 日的《新工业产权法》）和 2001 年的《版权法》（2001 年 2 月 27 日第 4/2001 号法）颁布。

一、版权

版权法的目的是保护文字、艺术和科学的作品及其作者、执行人、记录和视频制作人，以及广播原创；该法适用于：作者或版权的任何其他的原始持有人是莫桑比克人的作品，或如果是外国人，如果他在莫桑比克有常住地或注册办公室；制作人是莫桑比克人的视听作品，或如果是外国人，他在莫桑比克有常住地或注册有办公室；在莫桑比克出版的作品或先在国外出版的后又在莫桑比克出版的作品；在莫桑比克的建筑作品；受莫桑比克是其一方的国际公约保护的作品。

版权具有经济的和非经济的特点。具有经济特点的版权主要包含了对作品进行经济开发的专有权，它体现在授权作品复制、翻译、改编、进口或出口的选择中，以及体现在复制作品的公开销售的选择中和所有其他类型的所有权转让选择中。经济权是可以转让的或可以继承的，而且也可以根据法律被没收或查封。转让版权经济权利的合同以及赠予权利之证书必须以书面作出。

国家图书和记录研究所（INLD）承担促进和规范一系列的编辑活动和出版的责任，承担促进和规范录音产品和录音带的责任，承担审查和帮助国家出版商和图书销售商的责任，以及承担国家出版物的注册和版权领域组织架构的责任。

二、工业产权

工业产权法（2006 年 4 月 12 日第 4/2006 号法令）公布了工业产权的框架，它包括商标、发明专利、实用新型、工业设计、商号、企业徽章、标志、地理标识、原产地等，而工业产权的管理则归属于工业产权局（IPI）。以下人士有权与 IPI 一起采取行动：相关的自然人或工业产权的所有者，或定居及居住在莫桑比克的由工业产权局为此赋予了特别权利的工业产权所有者的代理人；相关的企业法人或工业产权的所有者，如果其注册的办公地点在莫桑比克，行动通过其委托的法定代理人或者雇员作出；由 IPI 授权的官方工业产权代理人。所以，任何自然人或企业法人只要其不在莫桑比克居住或在莫桑比克注册办公地点，就只能通过由 IPI 授权的工业产权代理人在 IPI 面前执行行动。

在 IPI 注册工业产权必须呈交适当格式的申请书。包含技术转让、特许经营协议和其他类似内容的注册合同，是对第三方具有强制性的必需条件。工业产权可以转让或继承；权利的转让，共同所有权和任何留置权包括费用都要记录在转让文件中。转让书必须用书面的形式而且需要持有人的公证签名；而专利和实用新型的转让则需要通过公共契约作出。商号、企业徽章、标志的转让只能与它们相联系的设施一起转让，除非另外达成了协议。原产地命名和地理标识是不可转让的。专利的期限是 20 年，实用新型的期限是 15 年，而工业设计的是 5 年（可按类似期限延长到 25 年）。商标、商号、企业徽章和标志的期限是 10 年（可不定期地按类似期限延长），原产地命名和地理标识是没有期限的。侵犯工业产权将根据法律进行罚款。

第二节 莫桑比克争议解决法律制度

在莫桑比克投资合作发生纠纷主要通过协商、仲裁和法律途径解决。解决纠纷适用莫桑比克法律。如果发生纠纷双方在合作协议中对解决纠纷适用法律有特殊规定的，可以适用他国法律，或者要求国际仲裁和异地仲裁。

一、莫桑比克的跨境管辖

外国法院对投资争议的裁决必须由莫桑比克最高法院进行审查和确认，才可以得到承认与执行。莫桑比克最高法院审查的主要原则，在于该判决是否会导致与莫桑比克公共秩序原则明显相悖，但确认程序并不评估判决本身。

莫桑比克法院认为自己在下列情形中具有跨境管辖权：当根据莫桑比克司法管辖权之规定，诉讼并非必须在莫桑比克提出；或者在构成诉讼原因的事实或部分事实发生在莫桑比克境外；或者在被告是莫桑比克人而原告是外国人的情况下，莫桑比克方可以在相关国家的法院中被起诉。然而，莫桑比克法院的跨境管辖权在下列情形中是强制性的：（1）在关于不可剥夺的权利的案件中，如果判决除了通过在莫桑比克法院提起诉讼的方式外不能生效；（2）倘若在此诉讼和莫桑比克之间有实际联系并十分重要的因素（例如在与物权相关的诉讼案件中或与莫桑比克房地产之个人享用权相关的诉讼案件中）；（3）在特殊的破产案件或破产程序，或是对于在莫桑比克注册之企业法人或公司相关的管理团体的决议之有效性进行评估。除了这些案件外，当事各方可以协议同意由某些确定事实引起的特殊争议由其中一方国家的法院判决或由国际法院判决，倘若这样的协议是以书面作出的，而且与各方或其中一方的重要利益相关（在不给对方带来严重不便的前提下）。

二、诉讼外纠纷解决机制

广义上的源自于商业或法律关系（包括源自于投资）的争议一般是可以由仲裁解决的。根据《仲裁、调停和调解法》（1999 年 7 月 8 日的第 11/99 号法），争议双方可以事先（通过合同中的仲裁条款）把争议提交仲裁，或者是之后（通过签订仲裁协议）提交仲裁。在贸易关系中，仲裁可以是国内的或国际的。莫桑比克法律区分了国内仲裁（属于莫桑比克国家司法权限的发生于贸易关系中的争议之仲裁，其中仲裁法庭的结构及运作和仲裁裁决书是根据仲裁、调停和调解法规定）和国际仲裁（涵盖包括国际性利益的争议解决）。在外国投资商和莫桑比克政府之间的投资关系的案件中，如果他们之间没有协议或合同中没有强制性的或法定的条款，由此发生的争议可以在事先的协议的基础上根据以下国际商业仲裁规则来解决。

（1）1965 年 3 月 15 日的关于解决国家与其他国家的国民之间投资纠纷的华盛顿公约的规则，以及解决国家与其他国家的国民之间投资纠纷的国际中心（ICSID）的规则。

（2）补充机制规章的规则，它由该中心理事会于 1978 年 9 月 27 日批准，它适用于外国公司不能满足华盛顿公约第 25 条规定的国籍条件的情况。

（3）根据巴黎国际商会仲裁规则。

当前在莫桑比克签订合同时，列入折中条款或仲裁条款十分普遍。仲裁裁决书是最终的和强制性的，只有在明显违反相关法律或违背程序正义（特别是在证明了无视辩护权的使用受到影响）时，才可以就仲裁裁决书向法院提起上诉。在最高法院审理的案件中，允许对外国的仲裁裁决书承认与执行。莫桑比克于 1998 年 6 月 10 日加入的关于承认和强制执行外国仲裁书的 1958 年的纽约公约的规则是互惠性的，它适用于外国法院或仲裁所作出的仲裁裁决书。莫桑比克仲裁法在许多方面包含了联合国国际贸易示范法（UNCITRAL）争议的解决内容。

第三节 投资莫桑比克其他风险防范

一、莫桑比克反垄断相关法律及主要内容

莫桑比克反垄断相关法律主要包括 2013 年《反垄断法》《反垄断条例》

《反垄断监管法》。莫桑比克为管理经济活动中的反竞争行为，建立各种机制来控制业务集中，并提供了一个广泛的、非详尽的行为禁止清单。负责监督限制性竞争行为的机构是竞争监管局（ARC），该机构具有行政、金融和技术自主权，以及广泛的监管和制裁的权力。由于独立和公正，ARC 有完全的调查权并可以决定制裁的程序。如果不遵守竞争立法，可能会导致罚款、刑事责任和行政措施。考虑到公共利益和违约的严重性，可能会施加额外的处罚。《反垄断法》禁止横向行为（竞争企业之间）和纵向行为（企业与供应商和客户之间），因为这种行为旨在或产生实质上阻碍、扭曲或限制市场竞争的效果。

符合以下阈值的交易须强制向 ARC 备案：前一年有关企业的总营业额至少为 9 亿梅蒂卡尔；交易导致收购、创造或加强了某一特定商品或服务占全国市场至少 50% 的份额；该交易导致收购、创造或加强了某一特定商品或服务占全国市场至少 30% 的份额，其中至少 2 个有关企业在前一年在莫桑比克实现了至少 1 亿梅蒂卡尔的营业额。

需要备案的交易不能在 ARC 审查之前进行，由 ARC 评估相关市场中的占比及影响。

二、莫桑比克严厉打击商业贿赂

莫桑比克有多项法律法规约束并限制商业贿赂及贪污行为。商业贿赂与贪污被包含于普通贪污贿赂之中，属于刑法范畴。

莫桑比克《刑法》第 318 条对贿赂的定义为：贿赂是本人或许可第三人获得任意物品或财产，执行指定权限的罪行。贿赂将被处以 2 年至 8 年刑期。近年出台多项临时条例针对贿赂和贪污，并正在进行刑法重审和对临时条例的整合、典籍化。

国家服务以及公共工程承包合约条例第五章也对贿赂进行了定义，即在合约过程中或合同执行中，提供、给予、接受或者要求一定数量金钱，从而对公务员产生影响。此类行为将被处以基于标书金额的罚金，或禁止其在 1 年或 5 年之内与国家有关部门签约。

三、在莫桑投资需注重跨文化问题的解决

中国企业在莫桑比克从事经贸投资合作，必须了解和尊重当地的文化习俗和文化禁忌，处理好与当地居民的关系。学习当地语言并了解当地文化，了解与之相关的文化禁忌和文化敏感问题，对中国企业建立与当地居民和谐关系非常重要。为便于企业与当地居民的友好相处，企业应聘用当地人员参与企业管理，既可加强企业与当地居民的沟通，又可借助他们向当地居民传递中国文化。参与社区活动。企业要积极主动参与社区活动，把自己当作社区的一员，根据社区的发展需要和居民关注的热点，适当投入一定的人力和财力，参与社区的公益事业，扩大中国企业在当地的影响。要注意与社区村镇的人民群众，特别是与族长、村长等搞好关系。

中国企业在莫桑比克需要特别注意尊重当地宗教信仰，尊重当地人的宗教习惯并尊重当地风俗。莫桑比克当前有45.6%的莫桑比克居民信奉天主教和新教，31.9%信奉原始宗教，19.7%信奉伊斯兰教，2.8%信奉印度教和其他宗教。中国企业应避免选在13日这个日子举行企业庆典等重要活动。此外，切记不能拿宗教习惯开玩笑。莫桑比克人民族自尊心极强，在与其交谈或共事时，一定要尊重他们，不能因为贫穷、落后歧视当地民众。与当地人打交道时，应使用礼貌称谓，尽量建立和谐友好关系。与莫桑比克人聚餐喝酒时，一般不要强行劝酒；不要打听莫桑比克人的私事，如个人情感、工资收入等；要根据会谈、社交、工作和休闲等不同场合，恰当着装；在非吸烟场合，不要吸烟；在吸烟场合，如有女士在场，应先征求其意见。不要在大街上边走边吸烟。

四、灵活与莫桑执法人员接触

在莫桑比克，警察、工商、税务、海关、劳动及其他执法部门是维护该国社会秩序的国家行政力量。对辖区内的居民和外国人查验身份证件、询问相关事项以及搜查某些地点，是莫桑比克执法人员的职责和权力。中国企业和人员在遇到上述查验及检查时，要主动配合，不要拒绝。中国企业在企业内部要建立健全依法经营的管理制度，聘请当地律师对员工进行必要的普法

教育，让员工了解在当地工作生活必备的法律常识和需要掌握的应对措施。中方企业人员出门要随身携带身份证件或临时居留证明，以备接受查验；营业执照、纳税证明等重要文件要妥善保管。遇有当地执法人员查验身份证件时，中方人员要主动礼貌地出示自己的证件，回答相关问题；如果没有携带证件，不要惧怕，更不要刻意躲避或逃跑，而要坦然地说明身份，或写明有关联系电话，让公司或相关部门派人主动与执法者联络。遇到当地执法人员搜查公司或住所时，应要求其出示证件或搜查证明，并与中国企业聘请的律师取得联系。同时，报中国驻莫桑比克使馆经商处。遇有证件或财物被执法人员没收的情况发生，应要求执法人员保护企业的商业秘密、出具没收证件或财物清单作为证据，并记下执法人员的警号和车牌号码；交罚款时需向执法人员索要罚款单据。遇到执法人员对中国企业或员工不公正待遇时，不要与执法者发生正面冲突，更不能触犯法律，要理性应对，做到有理有节，有条件的可通过律师进行交涉和处理，必要时可向中国驻莫桑比克使馆寻求帮助，通过合法途径捍卫自身权益。

摩洛哥
法律环境报告

第一章　摩洛哥基本概况

第一节　摩洛哥国家概况

摩洛哥是北非马格里布区的一个君主立宪制国家，位于非洲西北端。摩洛哥气候多样，境内主要为地中海气候，夏季炎热干燥，冬季温和湿润。沿海平原常年气候宜人，内陆山区气候差异明显，撒哈拉沙漠边缘为干燥的沙漠气候。这里最早的居民是柏柏尔人，历史上曾经被腓尼基人、罗马帝国和拜占庭帝国占领。公元 7 世纪，阿拉伯人进入这个地区后，经历了几次王朝更替。阿拉维王朝自 17 世纪起统治摩洛哥，一直至今。20 世纪初，摩洛哥曾先后被西班牙和法国殖民者统治。1956 年，摩洛哥取得独立。1957 年 8 月 14 日定国名为摩洛哥王国，穆罕默德五世成为摩洛哥独立后的第一位国王。1961 年 2 月，穆罕默德五世国王逝世，其子穆莱·哈桑王储即位，称哈桑二世。1999 年 7 月 23 日，哈桑二世国王病逝，长子西迪·穆罕默德王储于 7 月 30 日正式登基，称穆罕默德六世。摩洛哥全国划分为 12 个大区（包括西撒哈拉地区），62 个省和 13 个省级市，1503 个市镇。国家官方语言为阿拉伯语，实际生活中亦大量使用法语和当地方言。首都为拉巴特，位于大西洋沿岸的布雷格雷戈河口，是摩洛哥四大皇城之一，自 1912 年以来一直是摩洛哥首都。

摩洛哥是联合国、世贸组织、世界银行、国际货币基金组织等主要国际机构，以及阿拉伯联盟、非洲联盟、马格里布联盟等重要区域组织成员。摩洛哥实行多党制，各党派均公开宣布拥护国王和伊斯兰教，在大政方针上与国王保持一致。磷酸盐出口、旅游业、侨汇是摩洛哥经济主要支柱。农业有一定基础，但粮食难以自给。渔业资源丰富，产量居非洲首位。工业发展势头良好，特别是汽车产业发展迅速且初具规模。2016 年和 2017 年汽车销量连续两年实现两位数增长，前五大销售品牌为：达西亚、雷诺、大众、现代和标志。纺织服装业是重要产业之一。摩洛哥自 1983 年开始实行经济改革，推行企业私有化和贸易自由化。1996 年与欧盟签署联系国协议后，进一步优化经济结构，改善投资环境，加强基础设施建设，并于 2010 年同欧盟建立自由贸易区。

第二节　摩洛哥法律概况

一、摩洛哥的法院体系

摩洛哥作为一个君主立宪制国家，其法律体系建立在由选举产生的议会制度、继承于法国殖民时期的法国大陆法系制度和伊斯兰教法制度之上。1956 年摩洛哥独立时，创建了统一的法院体系，取代了殖民时期的多重法院体系，摩洛哥的司法部门是唯一不受国王直接监督的政府部门。摩洛哥的法院体系大致分为三个种类：（1）一般管辖法院；（2）专门管辖法院；（3）特别法庭。法院体系根据层级来分类，分为：（1）邻里法院；（2）一审法院；（3）上诉法院；（4）最高法院；（5）皇家武装部队常设法庭、行政法院。

一般管辖法院内主要是市级法院和区级法院，共包括 837 个，法院内的法官大多数来自职业司法机构或地方政府委员会选举。在审判时，每名法官会配有两名陪审员，这些基层法院多数审理轻微刑事犯罪和争议标的低于 110 美元的民事案件。其中 68 个一审法院对民事、行政、商业事务具有管辖权，主要案件类型为个人身份、不动产案件和轻微刑事犯罪案件。

专门管辖法院主要包括行政法庭、审计法庭、商业法庭和商业上诉法庭。摩洛哥 7 个行政法庭根据 1991 年法律设立，并设立行政上诉法庭，针对行政诉讼具有管辖权。摩洛哥的立法权归属于国家议会，议会对某一法律草案进行投票，管理政府的决策，并对已颁布生效的公共政策进行评估。

二、摩洛哥的立法体系

现代摩洛哥的法律体系依然保留了大量伊斯兰法系的内容和规定，摩洛哥是一个集合了立宪制度、民主、议会制度和君主制度为一身的国家。摩洛哥的国王通过任命内阁成员行使政府权力、负责立法和管理行政部门，对一切行政机构遵守宪法和国家的正常运转负责，在此基础上还要确保摩洛哥的一切法律不违反伊斯兰教法的义务。总理对国家的行政部门负责，各个部门的部长受总理的任命和指导，总理统一规划行政法的制定，并向立法部门针对各个行政部门实际遇到的问题拟定立法计划。总理在军事、立法草案和法律修订案等方面与内阁进行合作，针对经济、文化、社会和外交事务等各个方面进行立法及法律修改。通信、能源和交通等方面的法律可由总理委派给各个行政部门的部长协助进行立法和修改。议会是立法的主管机构，分为众议院和参议院，每年举行两次会议，在特别情况下可通过法令召开额外的特别会议。众议院议员由普选产生，任期 5 年，参议院议员由地区选举团和代表摩洛哥劳动者的国家选举团选举产生，任期 6 年。

摩洛哥政府的大部分行政部门都听任于国王，在努力维持着司法独立。司法独立指法官个人的独立也指广义上的司法部门的独立运作并不受意识形态的影响。摩洛哥的司法独立包含两个层面：一是法官有能力在不受宗教、政治和民众干预的情况下，完全根据事实和适用法律作出独立性决策的能力；二是司法机构的机构独立性，司法部门的权力与政府行政部门和立法部门独立。司法机构独立亦在摩洛哥的宪法中写明，摩洛哥 2011 年《宪法》第 107 条中规定：“司法权独立于立法权和行政权，国王是司法权独立性的保证人。”宪法中亦设立了最高司法委员会，用于监督和提高司法的独立性。为加强司法独立性，摩洛哥众议院于 2017 年 7 月 25 日通过了关于总检察长办公室权限及地位的第 17. 33 号法。通过该法将司法部权力移交皇家总检察长，进而加强司法的独立性。皇家总检察长就职后，立即就刑事政策的优先事项向国家各法院皇家检察官发出一份通知，要求听取原告意见，严格跟进案件，执行关于保护举报人、保护权利和自由、促进公共领域的道德建设、保护公共秩序和人身安全以及加强司法合作的法律。

摩洛哥自独立以来已经颁布过6部宪法，现行宪法于2011年7月1日经公投通过。宪法中严格规定：摩洛哥是君主立宪制国家，摩洛哥国王是国家元首、宗教领袖和武装部队最高统帅，首相由议会选举中得票最多的政党任命，拥有提名和罢免大臣、解散议会等重要权力，议会拥有唯一立法权，众议院占主导地位。

摩洛哥已经建立了由民法典、刑法典和商法典为主体，多个部门法合作的法律体系，摩洛哥的《家庭法典》虽命名为法典，但其中更多的条文和规定来自伊斯兰教法。摩洛哥的基督教徒和犹太裔等其他宗教信仰的民众不适用伊斯兰教法中有关婚姻、家庭和继承相关的规定。摩洛哥的法律体系建立在逊尼派伊斯兰教法律体系之上，在马利基学派的教义影响下，摩洛哥的伊斯兰教法更认为法律的生命来自社区实践、对传统伦理的拥护和类似案例的推理，而非单纯遵守圣训，这一观点与西方社会法学派霍姆斯的观点“法律的生命力在于经验而不在于逻辑”不谋而合。摩洛哥的法律体系依托宪法，围绕着民法典、刑法典和商法典，通过多部法律对合同、商业、行政、民事诉讼和刑事诉讼等问题进行规定，家庭、婚姻、继承和穆斯林个人身份等问题由伊斯兰教法管辖，同大多数阿拉伯国家一样形成了独特的宗教法与世俗法共同存在的现象。

三、摩洛哥的外交关系

摩洛哥奉行不结盟、灵活、务实、多元的外交政策，注重对外关系的均衡发展。维护民族独立和国家主权，保持和加强与欧、美等西方国家的传统关系。1996年，摩洛哥与欧盟签署联系国协议。2008年，摩洛哥获得欧盟给予的优先地位。2010年，首届欧盟—摩洛哥峰会在西班牙举行。注重加强阿拉伯世界的团结，尤其重视与海湾国家发展关系。努力在国际事务特别是中东和平进程和伊斯兰世界中发挥作用。2011年，海湾合作委员会与摩洛哥建立“优先伙伴关系”。摩洛哥主张对西撒哈拉地区拥有主权，1984年因非洲统一组织（简称“非统”，非洲联盟前身）接纳“西撒国”而宣布退出该组织。2017 年 1 月，摩洛哥重返非洲联盟。截至目前，摩洛哥与近 150 个国家建立了外交关系。中国与摩洛哥于 1958 年 11 月 1 日建交，建交以来，两国关系持续健康发展。两国政治友好关系不断加深，双方互访频繁，2016 年，摩洛哥国王穆罕默德六世应国家主席习近平邀请来华进行国事访问，两国元首共同签署《关于建立两国战略伙伴关系的联合声明》。摩洛哥各界对共建“一带一路”有着高度共识，摩洛哥是北非地区首个与中国签署共建“一带一路”相关文件的国家。2017 年 11 月双方签署中摩共建“一带一路”谅解备忘录，2022 年 1 月双方签署中摩共建“一带一路”合作规划。中摩经贸合作进一步发展，双边贸易稳定增长。中国目前是摩洛哥第三大贸易伙伴国、第二大进口来源国。此外，中摩在文化、新闻、卫生、青体、旅游、教育、地方等领域的交流与合作进一步密切，团结互访不断。

第二章　摩洛哥投资法律制度

第一节　摩洛哥外资概况

摩洛哥经济以7.4%的增长率在2021年反弹，2022年第一季度GDP增长率降至仅0.3%，摩洛牙在过去四年中经历了三次干旱，导致农业GDP急剧收缩。此外，作为能源和食品进口国，摩洛哥也受到乌克兰战争引发的大宗商品价格的强烈冲击。

根据《2021年度中国对外直接投资统计公报》，2021年1—12月，中国企业对摩洛哥直接投资流量3322万美元，相较于2020年1亿2814万美元有大幅下降。2021年中国对摩洛哥直接投资存量为3亿4920万美元，相较于上一年3亿8347万美元有小幅下降。摩洛哥经济发展前景总体呈良好趋势，近年来摩洛哥经济增长平稳，通货膨胀率控制在2%以下，对外国投资的吸引力逐步上升，在世界银行2020年发布的营商环境报告中，摩洛哥投资的便利化在全球190个经济体中排名53，较2019年上升7位，这得益于摩洛哥政府自2012年以来开展的一系列便利企业注册的改革，包括不再向劳工部提交企业注册申报、降低公司注册费用、将全部手续完全移至线上处理等。国际货币基金组织预测在2025年摩洛哥将超过阿尔及利亚成为非洲第四大经济体。摩洛哥除磷酸盐等极少数战略产业外，所有产业均对投资者开放。在摩洛哥的外资企业均享有国民待遇，近年来摩洛哥政府不断改善投资环境，以吸引外国投资，进行法制框架改革创新，简化行政办事程序，避免双重征税，保护投资者的利益。政府建立工业加速区和工业区，制定优惠税收政策吸引投资企业入驻。此外，摩洛哥还成立一系列基金，如投资促进基金、哈桑二世基金、能源基金、旅游发展基金等，以鼓励和吸引投资。

第二节 摩洛哥投资法律体系及基本内容

摩洛哥有关投资的法律法规以 1995 年《投资宪章》为主，该文本先后在 2001 年、2004 年、2015 年分别进行部分条款的补充和修订，该文本是摩洛哥管理投资的基本法律，适用于国内和国外投资。此外还有《外商投资外汇指南》《2020 外汇交易总则》《2019 税收优惠政策》《关于成立区域投资委员会的法律》等。摩洛哥与全球 75 个国家签署了双边投资条约，其中已生效 51 部。2016 年摩洛哥通过第 49－16 号法令修改了有关商业租赁的法律，同年 9 月 19 日修改了规定房地产投资信托基金的法律。2018 年 4 月 23 日摩洛哥政府重新修改了商法中有关破产程序的所有规定，于 8 月 6 日修订了第 99 号法律，建立摩洛哥工业和商业产权局，简化了数字化完成公司创建的流程。除以上规定了各具体问题的部门法以外，投资者还受到年度金融法和外汇局的有关外汇问题的通告和指示的约束。

外国投资者（包括自然人和法人）在摩洛哥应使用以下方式投资：设立新公司、参股正在组建的公司、对现有公司增资认购、创立分公司或联络处、购买摩洛哥有价证券、用现金或商业债券注资到公司合伙人账户、不计息的短期资本贷款、按外汇管理制度给予外汇贷款、购买不动产或动产的使用权、用自有资金为工程项目融资、创建或收购个体企业、以实物形式作为出资。摩洛哥在投资和贸易方面实行国民待遇政策。无论何人投资，只有地区和行业政策区别，而无内资或外资区别。外国企业可设立独资公司，无股权限制。但是，对于受到保护的战略性资源开采行业，外资无法进入，如磷酸盐开采行业。为吸引外国投资，摩洛哥实行投资项下外汇（包括利润）足额自由出入的政策。目前，摩洛哥大多数行业向外资自由开放。但在农业领域，外资目前仅能长期租用农地，尚不能直接购买和取得农地所有权。摩洛哥政府鼓励外国投资的主要产业包括：风能业、太阳能业、旅游业、电子产业、汽车产业、航空业、纺织成衣业、食品加工业、海产品加工业、手工业等。

摩洛哥投资和出口发展局是负责发展和促进投资和出口的国家机构。摩洛哥 2019 年对该国区域投资中心的治理进行改革之后，全国 12 个区域均有权领导自己的投资促进工作。其网站为潜在投资者汇总相关信息，包括投资地图、创建企业的程序、成本信息、适用的法律法规和一般商业环境信息等。投资和出口发展局已成为在摩洛哥进行投资的外国投资者了解有关法律法规和税务信息的主要途径。其网站还定期发布关于投资优惠政策及国家风险的公告。

目前，摩洛哥对外商投资主要采取“国民待遇”和“最惠国待遇”的方式，外国投资者在摩洛哥享受与本国国民同等的待遇。按照国际惯例，一般情况下，投资者可在以下范围内享受国民待遇：

（1）税收优惠政策：允许投资者免税进口原料并销售产品；

（2）融资便利政策：外国资本和资金可以进入摩洛哥境内从事银行贷款、债券发行、股票发行以及证券投资等活动；

（3）土地使用及租赁权：外国企业可在土地使用中享有与本地企业相同的权利。

第三节　摩洛哥投资的监管与审批

2006 年 7 月，在美国国际发展署的资助下，摩洛哥颁布《摩洛哥投资程序手册》，统一了在摩洛哥投资项目的申请表格，规范了摩洛哥政府和各地方对项目立项的审批程序。摩洛哥政府于 2016 年推出“投资改革计划”，为私营部门推动增长创造有利环境。

目前摩洛哥尚无并购、反垄断的专门法律，仅在《价格自由和竞争自由法》中规定，当两个经营者的市场份额之和超过 40% 时，公司间的合并和收购都将由竞争委员会讨论。

外国公司可以在摩洛哥设立分支机构，尽管分支机构不是独立的法人实体，但在摩洛哥设立分支机构的手续与设立商业公司的手续大致相同，包括获得否定证书、冻结实收资本、注册税务识别码、在商业登记册登记、获得国家社会保障基金编号、在法律公告期刊或政府公报上发布分支机构设立公告等。设立分支机构的手续可在大区投资中心办理。分支机构必须保存单独的账目和业务记录。

外国公司亦可以在摩洛哥设立代表处，代表处不是独立的法人实体，可以从事市场调研、信息收集和母公司业务推广等活动，但不得从事营利活动。设立代表处，需在商业登记册上进行登记，可通过大区投资中心的商业法庭服务台办理。设立代表处不必进行税务登记，代表处也不必缴纳公司税。

自 2002 年起，摩洛哥个大区设立大区投资中心。大区投资中心由各大区的瓦利（相当于区长）负责管理，是拥有法人资质和独立财政的公共机构，内设行政委员会，拥有管理投资项目的所有权限，包括审批年度工作规划、终止预算、编制多年规划、制定融资模式、决定市场分配体系等。为方便投资者和外国公司来摩洛哥进行投资，摩洛哥的公司注册流程中部分条款均可在大区投资中心完成，摩洛哥 12 个大区均设立了大区投资中心。

第四节　PPP 投资模式

摩洛哥政府的经济、财政和行政改革部对于基础设施的 PPP 模式具有管辖权，摩洛哥的《公私合营法》于 2015 年 7 月 1 日起正式生效，该法作为摩洛哥政府规划公私合营模式的根本指导，但其中并没有对于外资企业在 PPP 模式中的限制条件。摩洛哥经济、财政和行政改革部公布的配套法令中规定了摩洛哥本土企业在投标时享受 15% 的价格优惠。

公私合营法规定 PPP 合同可以遵循三种不同的招标程序：竞争性招标、邀请招标和议标。PPP 法要求公共当局对于投标申请进行初步评估，其中必须包括与项目实施的其他法律、工程要求和技术要求的比较分析。此外，初步评估还应当考虑项目的复杂性、财务安排和融资方式。PPP 模式适用于具有紧迫性或复杂性特征的合同，从而降低了诉讼风险。公私合营法还规定运营商可以主动向公共当局提交创新项目，如果该项目满足公共当局的需求并推动技术发展、给社会和人民带来经济效益，运营商可以决定对项目进行必要的初步评估并启动竞争性项目、与其他候选人对话或招标。公私合营法还规定，当自发报价满足创新和紧迫的需求时，公共当局可以与运营商进行协商程序，无需经过公示程序或达到一定数量的投标人。

公私合营法中还规定了PPP合同的最长期限为50年，强制规定在PPP合同中须包含各方之间有关风险分配的条款。此外还在该法中规定了替代权，在发生严重违规的情况下公共当局可以替代合营的私企，接手社会资本的合营权利。根据商务部提供的数据，截至2020年尚无中国企业在摩洛哥开展PPP项目。

第五节　摩洛哥投资的法律风险与防范

在摩洛哥进行投资应当留意摩洛哥的法律更新和政策变化，及时调整投资方案。中国贸促会及贸促会分会与摩洛哥政府部门、驻华使馆、主要商协会以及摩洛哥企业保持着良好、顺畅的沟通与合作，中国投资者可以参考贸促会、中国驻摩洛哥大使馆经济商务处、中国商务部等多个部门的政策建议和风险提示。摩洛哥企业总联盟是摩洛哥最有影响力的企业联合组织，该组织现存会员企业9万余家，业务范围覆盖摩洛哥主要经济活动，投资者可及时留意该联盟发布的投资需求和发展计划，精准把握投资方向。

第三章　摩洛哥贸易法律制度

第一节　摩洛哥贸易概况

摩洛哥于 1987 年加入关税及贸易总协定，1995 年加入世贸组织。为促进多边贸易，摩洛哥近年与突尼斯、埃及、黎巴嫩和约旦签署了四方自由贸易协定，与土耳其、阿联酋签署了自由贸易协定，与冰岛、列支敦士登和挪威签署了欧洲自由贸易协定，签订了大阿拉伯自由贸易区协定，与欧盟签署的联合协定于 2000 年生效，并于 2012 年建立了自由贸易区，实现了双向货物贸易自由化。2018 年摩洛哥与其他 43 个非洲国家签署协议，组成了非洲大陆自由贸易区。

2020 年摩洛哥贸易总额达到 720 亿美元，其中出口 277 亿美元，进口 446 亿美元，贸易逆差 168 亿美元。五大进口来源国分别是西班牙（68.3 亿美元，占比 15.36%）、中国（54.3 亿美元，占比 12.19%）、法国（53.3 亿美元，占比 11.98%）、美国（28 亿美元，占比 6.29%）和土耳其（24.3 亿美元，占比 5.46%）。五大出口目的地国家分别是西班牙（66.3 亿美元，占比 23.91%）、法国（60.8 亿美元，占比 21.96%）、意大利（12.2 亿美元，占比 4.40%）、印度（11.9 亿美元，占比 4.29%）和巴西（11.4 亿美元，占比 4.13%）。

第二节　摩洛哥贸易法律体系及基本内容

摩洛哥与贸易相关的主要法律包含《进出口条例》《商法》《商业仲裁法》《海关与间接税法》等多部法律，还包括与世界其他国家和地区签订的一系列双边及多边协议。自1987年加入关贸总协定后，摩洛哥大力改革外贸体制，推行外贸自由化政策，进一步取消关税和非关税壁垒，大部分商品可自由进口。目前，除少数商品出于安全或公共秩序考虑外，绝大多数进口商品已取消许可证制度。2019年6月，摩洛哥与经济合作与发展组织签署《实施税收协定相关措施以防止税基侵蚀和利润转移的多边公约》，旨在减少国际税收规则漏洞。

近年来中国和摩洛哥在经贸、投资、医疗卫生、电力设施等领域合作取得较大突破。中国连续三年保持摩洛哥第三大贸易伙伴国地位，根据中国海关统计，2021年中摩贸易额达65.14亿美元，同比增长36.7%，创下历史新高。摩洛哥外汇管理局数据显示，2021年摩洛哥自中国进口增加19.8%，在摩洛哥全球进口中占比超11.7%，中国成为摩洛哥第二大进口来源国。

摩洛哥《海关与间接税法》中针对大多数跨境贸易中会遇到的问题进行了详细的规定，共分为16个方面：关于海关和间接税管理行动的一般原则；有关货物清关的规定；各个行政部门的规定和税收；海关的经济制度；特殊制度；对外关系；外贸易和外汇管制；适用于饮料、酒精和酒精类产品的间接税和国内消费税；适用于石油产品的国内消费税；金银铂金等贵金属材料和作品的保证；烟草制品的相关规定；其他服务的竞争；财务制度；诉讼制度；经营者的批准；公司分类程序。该法涉及了几乎在摩洛哥进行外贸的方方面面，实际上发展成了摩洛哥的海关法典。

根据摩洛哥1993年9月10日颁布的第24－89号法律规定，进口鲜活动物、动物饲料、肉制品、动物繁殖产品、海产品、淡水产品等，均须接受质量和卫生检验。上述产品必须具备原产国官方检疫部门或授权部门签发的卫生检疫证书，必要时必须提供转口国家签发的检疫证书，并在入境口岸接受动物检疫员的检查（包括但不限于查验资料、物理检验、样本抽查分析等），根据检验结果向进口商颁发检疫证书，准许或禁止入境。

根据 1927 年摩洛哥国王诏令，以及一系列实施条例，尤其是 1986 年 12 月 22 日颁布的 1306 – 85 号法令的规定，进口植物及植物产品须提供原产国植检证书，并在边境口岸接受植物保护处植检人员的一系列强制性检疫检验，烘干植物无须进行检验。植检人员有权要求对产品采取烟熏等方式消毒，禁止其入境或予以销毁。通过检疫的产品，将签发植检证书，并准许入境。1998 年和 2008 年，中摩两国分别签署《植物检疫合作协定》和《摩洛哥柑橘出口中国植物检疫要求议定书》。

为促进对外贸易，特别是出口贸易，摩洛哥政府实施一整套海关经济制度。除降低关税、简化通关手续、对某些进口商品实行估价制度外，特别对商品的仓储、加工、使用和流转实行保税、免税和退税制度。总体而言，摩洛哥的关税水平相对较高。摩洛哥对本国不能生产，又有益于企业革新的工业设备实行低关税，对可能对本国产业形成竞争的商品，如塑料制品、纺织品、皮革、鞋类等实施较高的关税。

第三节 与摩洛哥进行贸易的法律风险与防范

摩洛哥的《海关与间接税法》中针对进出口的物品和技术规格作出了详尽的规定，在与摩洛哥进行跨境贸易时应当提前了解该国针对不同产品的不同规定，避免因海关扣押和罚款造成经济损失。注意因宗教习俗而禁止的有关猪肉制品的进出口贸易，避免造成损失。有关贵金属出口贸易的相关关税因原材料不同而价格迥异，应提前了解海关对不同原材料及生产设施的相关关税规定。

自 1987 年加入关贸总协定后，摩洛哥大力改革外贸体制，推行外贸自由化政策，进一步取消关税和非关税壁垒，大部分商品可自由进口。目前，除少数商品出于安全或公共秩序考虑外，绝大多数进口商品已取消许可证制度。2019 年 6 月，摩洛哥与经济合作与发展组织签署《实施税收协定相关措施以防止税基侵蚀和利润转移的多边公约》，旨在减少国际税收规则漏洞。

摩洛哥同时是阿拉伯联盟、非洲联盟、马格里布联盟等重要区域组织成员，摩洛哥还同时是多个非洲与欧盟多个合作协议的缔约国，由于各区域组织和合作协议带来的身份重叠问题，在与摩洛哥进行贸易往来时，应当注意不同合作协议成员国间的贸易优惠政策，合理安排贸易路线。

随着“一带一路”倡议的不断推行，中国与非洲和阿拉伯国家贸易往来不断加强，建立了一系列友好合作机制，其中包括中非合作论坛和中国—阿拉伯国家合作论坛。为进一步加强中国与非洲国家在新形势下的友好合作，共同应对经济全球化挑战，谋求共同发展，在中非双方共同的倡议下，中非合作论坛—北京 2000 年部长级会议于 2000 年 10 月 10 至 12 日在北京召开，正式成立了中非合作论坛。摩洛哥作为中非合作论坛成员之一，以平等磋商、增进了解、扩大共识、加强友谊、促进合作为宗旨，每三年举行一届部长级会议，共同讨论有关包括中非经贸合作在内的重要问题。中非双方先后举办 2006 年中非合作论坛北京峰会、2015 年中非合作论坛约翰内斯堡峰会、2018 年中非合作论坛北京峰会。随着中非合作不断拓展和深化，中非民间论坛、中非青年领导人论坛、中非部长级卫生合作发展研讨会、中非媒体合作论坛、中非减贫与发展会议、中非合作论坛—法律论坛、中非地方政府合作论坛、中非智库论坛等中非合作论坛分论坛陆续成立。

2004 年，中国与阿拉伯国家联盟在埃及开罗阿盟总部宣布成立中国—阿拉伯国家合作论坛，该论坛以加强对话与合作、促进和平与发展为宗旨，成员包括中国和阿盟 22 个成员国，其中包括摩洛哥、突尼斯、阿尔及利亚、埃及、阿联酋等多个阿拉伯国家。中国投资者应当及时了解中非合作论坛和中阿合作论坛议程，通过各项下属分论坛了解中国对待非洲国家和阿拉伯国家的积极态度和政策，适时调整贸易往来与投资方向，积极参与中摩工商界交流与合作。

第四章　摩洛哥工程承包法律制度

第一节　摩洛哥基础设施现状及规划

摩洛哥公路网在非洲国家排名靠前，且道路状况良好，公路运输是国内货物和人员流动采用的主要交通方式。根据其官方统计，截至2021年摩洛哥公路总里程达57334公里。摩洛哥的公路分为国道、大区道路、省道和高速公路四种类型。全国公路网的运营和管理归属摩洛哥装备和水利部负责，高速公路由国有的国家高速公路公司负责。世界经济论坛《2019年全球竞争力报告》中的数据显示，摩洛哥公路基础设施的质量在141个经济体中排名第41位，在非洲国家中排名第4位。摩洛哥的公路与毛里塔尼亚和阿尔及利亚两个国家连接。摩洛哥发布的《2035年道路规划》中表明，到2035年用于道路新建及翻新的总投资额为1810亿迪拉姆。

摩洛哥目前铁路总长度为2995公里，其中电气化里程占比64%。摩洛哥的铁路系统由国家铁路公司负责运营，并负责基础设施的建设和维护，该国有企业隶属于摩洛哥运输和物流部管理。在全国的铁路路线中，以连接卡萨布兰卡和摩洛哥首都拉巴特的阿特拉斯快线为首，正逐步推广高质量的高速铁路建设，其最高时速可达320公里，车内配有现代化设施，摩洛哥还计划在2025年开始建设其他跨境至阿尔及利亚等国的高速铁路。

摩洛哥的航空业也较为发达，根据摩洛哥国家机场管理局提供的数据，截至2022年7月摩洛哥共有18个国际机场和6个国内机场，其中包括卡萨布兰卡穆罕默德五世国际机场，是摩洛哥最大的机场，也是该国的主要枢纽机场，机场提供直达非洲、欧洲、亚洲和美洲的航班；马拉喀什梅纳拉机场，是摩洛哥第二大机场，也是大多数到摩洛哥旅游的游客进入摩洛哥的机场，机场提供直达欧洲和非洲的航班。摩洛哥机场以客运为主，货运95%为国际货运运输。根据摩洛哥机场管理局发布的数据，尽管受到新冠肺炎疫情的影响，2021年摩洛哥机场运营状况比2020年有所改善，客运量增长38.9%，飞机起降架次增长42.0%，货运量增长13.9%。摩洛哥的航空公司以摩洛哥皇家航空公司为主，作为摩洛哥的国家航空公司，提供多条国内航线和国际航线，此外多个国际航空也在摩洛哥运营，如法国航空公司、汉莎航空公司和荷兰皇家航空公司等。

第二节　摩洛哥工程承包法律制度及基本内容

摩洛哥有关工程承包的法律制度较为完善，工程建设实行公开招标，绝大部分工程项目均采用国际公开招标的形式选择承包商。摩洛哥工程承包相关的法律以2013年3月20日颁布的第2－12－349号法令《公共采购法》为主，绝大部分工程项目采取国际公开招标的形式选择承包商。各工程项目的主管单位（国家政府部门和公共机构）在确定开标日期之前至少21天在政府公开采购门户网站和两家全国性报纸上发布招标公告，期限一般为30—90日，招标文件和回复文件一般采用法语形式。在摩洛哥的《建筑工程法》和《工程师法》中均有部分条款规定了有关承包商和业主的权利和义务及工程承包许可证的申请和管理制度。

在摩洛哥进行工程承包需获得工程承包许可证，申请人需向摩洛哥工程师协会提交申请，并提交公司营业执照、公司股东证明、合同模板等，申请通过后申请人才可在摩洛哥境内承包工程项目。外国公司须提供公司等资本构成、章程、近五年营业额、类似项目履约业绩资料及相应业主出具等完工证书等资料完成资格预审，方可进行投标。完成资格预审后，购买工程项目投标标书，按招标资料有关要求编制行政标书文件、技术标书文件和商务标书文件，连同向招标机构指定的摩洛哥当地银行为投标公司出具的投标保函一并提交。按照招标机构规定的时间进行开标后，中标公司即可与业主签订具体实施合同，同时将银行投标保函撤销，提供履约保函和预付款保函，开始工程施工。

摩洛哥与工程承包相关的法律是第2－12－349号法令公布的《公共采购法》，该法规定了政府部门对公共工程采购程序不实行集中管理，摩洛哥政府部门未对外国公司承包当地工程实行许可制度，也没有规定禁止外国承包工程公司进入的领域，但外国承包工程公司申请在摩洛哥承包工程需要在当地注册机构注册，且政府部门不允许外国自然人在当地承揽工程承包项目。

摩洛哥并无独立且唯一的有关工程承包的公共服务、建设项目的监管机构，而是多个具有普通监管权力的机构来制定采购政策和监督承包者的合规性。其中包括三大机构。

（1）公共投标委员会，该委员会受到1975年12月30日颁布的第2－78－840号法令监督，委员会主席由总理任命，其他委员是相关部委派出的代表，其核心职能是监督执法并建议对公共采购法进行修改。

（2）国家审计机构，该机构负责审查每个承包者账目的审查工作，并根据公共采购法监督工程承包过程中所有手续的合规性。

（3）内政部，该部负责审查和监督市政当局的公共采购流程。内政部由总理领导，受政府监督。

第三节　摩洛哥港口投资、建设和运营规制

摩洛哥依靠优越的地理位置，漫长的海岸线和丰富的自然矿产资源，港口发展势头强劲。摩洛哥拥有多个重要港口，根据摩洛哥装备和水利部发布的《2020年摩洛哥港口运营报告》，截至2020年，摩洛哥共有43个商业港口，其中国际贸易港14个，渔港22个，游艇停泊港7个，具有年吞吐货运量2.7亿吨、集装箱1080万标准箱、乘客1050万人次的能力，其中最主要的包括如下两大港口。

（1）卡萨布兰卡港口是摩洛哥最大的港口之一，也是非洲最繁忙的港口之一，位于摩洛哥大西洋沿岸卡萨布兰卡市，东北距首都拉巴特约 88 公里，为深水港口。拥有一个集装箱码头，一个多用途码头，一个滚装码头和一个产品码头，进入该港口船只的最大长度为 300 米，最大吃水深度为 12 米，最大载重量为 99866 吨。该港口由摩洛哥 Marsa Maroc 公司负责运营管理。

（2）丹吉尔地中海港是欧洲、非洲和亚洲之间重要的贸易枢纽，位于摩洛哥北部瓦德梅尔，地中海入海口的直布罗陀海峡的斜坡上，距离丹吉尔市约 40 公里。丹吉尔地中海港为深水港，货运航线和客运航线分别于 2007 年和 2010 年开始运营。根据劳合社发布的 2020 年全球 Top100 集装箱港口排名，丹吉尔地中海港以年吞吐量 5771200 标准箱排第 25 名，自 2017 年以来连续 4 年成为非洲第一大集装箱港。丹吉尔地中海港管理局负责港口的运营管理。

摩洛哥鼓励国内外投资者在港口建设、维护和管理方面投资，投资者可以通过公开招标、四人合作等方式获得港口的开发、管理和运营权。港口的建设和维护需要遵守摩洛哥有关环境保护的法规和地方政府的建设规划政策，既要保证港口的高效和便捷，又要注重港口安全和环保。

摩洛哥港口的投资、建设和运营主要依靠 15 - 02 号法律，该法规定了有关港口运营和港口经营公司的条例，并建立了国家港口局，该法在开篇中明确了制定该法律的重要性意义：港口在国民经济和摩洛哥的贸易中起着至关重要的作用，大多数贸易往来靠海运。海运是国家经济和社会发展的工商业工具之一，一方面港口供应商必须适应以国家内部发展要求、国家在自由贸易协定中的承诺以及全球化和贸易全球化的新背景为特征的社会经济变化，另一方面新的经济、体制、技术和环境为海运发展提供动力。为了更好地应对这些国家和国际要求，有必要对港口部门的管理和组织模式进行全面改革。

第四节　摩洛哥工程承包的法律风险与防范

在摩洛哥进行工程承包应当注意在招投标过程中的合规运营问题，在合同签订、劳工雇佣、财务及税务、招投标流程、反商业贿赂等多个方面均要遵守当地法律。

2013 年，摩洛哥政府出台第 2 - 12 - 349 号法令，旨在约束国家或国有企业资助的主要基础设施的公共采购流程。围绕该法令建立的公共采购的法律和监管框架在过去几年中有所改善，反映了经济、平等、透明和诚信的原则，并且在很大程度上体现了国际最佳做法。与邻国相比，摩洛哥在披露国有企业信息方面也相对更加透明。政府部门提供有关国有企业绩效、国家对国有企业的支持和指示性未来重组计划等的综合统计数据。同样，审计法院发布有关国有企业绩效的报告。

在摩洛哥与当地政府或自然人签订的合同中，应当明确规定合同所有方面的细节，包括详细明确合同约定的工期、招投标过程中的技术标准和验收标准等，避免在合同执行过程中因为详尽明确的指标而造成合同纠纷。

在劳工雇用和财税问题方面，如第五章、第六章所述，应当注意遵守摩洛哥的劳动法规和有关税法，向当地劳工提供符合法律规定的保险及其他待遇，严格遵守劳动法规定的劳动时间和假期待遇。承包商应当遵守税收法规，及时履行税收义务，避免罚款和其他法律后果。

在招投标过程中，应当咨询熟悉当地法律的律师或委托相关从业人员根据当地的法律制定招投标计划，招投标全程应注重行为及方式的合规性和合法性，更应注意各项目要求中对于投标保函等保证金制度的规定，避免因商业贿赂和对流程的不了解造成额外损失。

在工程施工过程中，应当注意摩洛哥对于安全生产的规定，若建设施工过程中的环境及操作流程不正当，造成意外事故或人身伤害将导致承包商承担相应的责任。对此承包商应当在建设施工前充分了解摩洛哥有关安全生产的法律规定，确保建设过程符合规定。

第五章　摩洛哥劳工法律制度

第一节　摩洛哥劳工情况

根据统计，摩洛哥人口的就业率从2012年的44.1%逐年下降至2022年的39.1%。根据世界银行的专题报道，一个充满活力和包容性的劳动市场一直是摩洛哥难以实现的目标。造成摩洛哥劳动力市场不活跃的主要问题是：（1）年轻劳动力不能进入劳动力市场。15～24岁的摩洛哥年轻人中，约有30%既不在工作，也没有通过培养技能为自己的未来投资。这些人不在接受教育、就业和技能培训的行列中，拉低了摩洛哥劳动市场的活动力。（2）女性劳动力无法参与大多数劳动。在摩洛哥仅有不到30%的女性进入了劳动力市场，摩洛哥是中东国家和北非国家中女性劳动参与率仍在下降的几个少数国家之一。该现象并不仅仅针对农村地区的未受过高等教育的女性，相反，80%的城市女性未参与劳动，而农村女性参与了非正规就业，劳动参与率也在以较高的比例不断下降。（3）工作岗位的稀缺。工作总人数虽然在连年上涨，但劳动比例仍在下降，大多数劳动力从事的劳动工作条件差、工作待遇并不能匹配工作的危险和强度，劳动力无法从签约的岗位中获得相应的医疗服务、退休收入和失业保险等。（4）教育资源等其他资源的落后导致当地籍员工难以获得外商所需的技术水平，加剧了劳动比例的持续下降。

第二节　摩洛哥劳工法律主要内容

摩洛哥现行有关劳工的法律文本为2004年颁布、2011年修订的《劳动法》，该法对于劳动关系的确立、形式与内容、劳动合同的订立、变更与解除、劳资双方的权利义务、劳动报酬制度、工作时间与休息时间制度、妇女和未成年人的特殊保护办法、劳动争议的解决程序、违反劳动法的法律责任、工会制度等作出了详细的规定。就业、社会事务和团结部是负责就业和保护工人权利的政府机构。它分为行政部门和外部服务部门，其下属行政部门包括劳动司、就业司、工人社会保护司、社会事务司、职业培训司和合作司。

《劳动法》要求在设定每项最低工资时必须咨询最具代表性的工会和雇主协会。据就业部称，最低工资自1996年5月起由社会伙伴协商一致确定。根据2003年4月的协议，最低工资将每三年进行一次审查。根据2003年4月的协议，摩洛哥于2004年6月7日对非公共部门雇员的最低工资实施了25%的加薪之一。这一加薪适用于体力劳动者、蓝领工人、白领专业人士和服务人员，这是自1991年以来的第六次加薪。实施立法规定，第一次加薪5%将于2004年6月7日至6月30日进行，第二次加薪于2004年7月1日生效。对于非农业工人，时薪将从8.78迪拉姆升至9.22迪拉姆（0.95美元至0.99美元）。计划于2004年7月1日进行的第二次加薪将使每小时工资达到9.66迪拉姆（1.05美元）。到2004年6月，农业工人的最低工资将从每天45.50迪拉姆（4.92美元）增加到47.77迪拉姆（5.16美元），并从2004年7月1日起增加到每天50迪拉姆（5.41美元）。自2020年1月1日起，工业，商业和自由职业领域的每月最低工资为2698迪拉姆/月（约合253欧元），公务人员每月最低工资为3300迪拉姆/月（约合309.94欧元）。自2020年7月1日起，摩洛哥法律规定，非农业领域最低工作报酬为14.81迪拉姆/小时，农业领域最低工资报酬为73.22迪拉姆/天或1830迪拉姆/月（约合174美元）。

根据摩洛哥《劳动法》，雇员的标准工作时间每天不得超过8小时，每年不得超过2288小时，每周不得超过44小时。在特别时期，雇主可与员工代表或公司内部工会代表协商后，在每天工作时间不超过 10 小时的前提下，根据需要分配全年的年度总工作时间。

摩洛哥实行强制社会保险金制度，由社会分摊金和强制医疗保险两部分构成。按照税前报税工资标准为基数缴纳，由公司和员工共同承担。

雇主每月须为员工代扣代缴个人所得税，个人所得税拆用累进税制，税率为 10% ~38% 不等。免税基数是 30000 迪拉姆/年（约合 2857 美元）。

个人所得税额 =（应纳税净收入 × 相应税率）－速算扣除数－家庭负担扣除额－10% 的人身保险（一般用于危险工种）；

应纳税净收入 = 应纳税毛收入－各种扣费；

应纳税毛收入 = 职工总收入－免税项目；

职工总收入包括：基本工资、奖金（工龄工资、生产奖金、风险奖等）、补贴（职位补贴、差旅补贴、服装补贴、住房补贴）、家庭补助金、实物报酬和现金报酬。

免税项目包括：家庭补助金（前 3 个孩子，每个孩子每月 200 迪拉姆，后 3 个孩子，每个孩子每月 36 迪拉姆）、有证实的差旅补贴。

《劳动法》第 143 条中规定了有关童工雇佣的问题，在摩洛哥任何雇主禁止雇佣不满 15 岁的未成年人。根据《劳动法》第 172 条，禁止雇佣未满 16 岁的未成年人从事夜间工作。在非农业生产活动中，夜间工作是指晚上 9 点至早上 6 点的任何工作，在农业生产活动中，夜间工作是指晚上 8 点至早上 5 点的任何工作。《劳动法》第 181 条规定禁止雇佣未满 18 周岁的未成年人从事过分危险、超出能力或损害社会道德风气的工作。该法还对部分允许雇佣未满 18 周岁未成年人从事的行业进行了限制：（1）禁止采石场和矿场雇佣未满 18 周岁的未成年人从事日间工作和地下工作。（2）禁止任何雇主雇佣未满 18 周岁的未成年人进行危险的力量绝技展示、杂技或柔术表演，或让其从事涉及生命、健康和社会道德风险的工作。（3）未经劳动监察人员事先书面授权、监护人的协商，未成年人不得受雇为法定名单所列企业举办的公共演出中的演员或口译员。（4）禁止发布鼓励未成年人从事演艺活动并强调其营利性的侮辱性广告。

第三节　与摩洛哥进行劳务合作的法律风险与防范

摩洛哥作为较有潜力的劳务合作市场，中国企业在摩洛哥进行劳务合作时应当注意合规及法律风险，其中涉及中国企业在境外开展投资和劳务合作时的相关规定和备案程序，也涉及当地对于外国企业准入条件的法律规定。在摩洛哥雇佣劳工时，应当尊重当地习俗、遵守当地《劳动法》，如上节所述，应当对于劳工的基本权利、劳工雇佣条件、薪酬、工人委员会、工会、集体谈判、未成年人和妇女保护、争议解决、外国人在摩洛哥工作等事项进行全面且充分的了解。

有意向到摩洛哥工作的外国籍人士，须先取得国家促进就业和技能署出具的证明，证明该岗位的确为当地籍员工不能完成的岗位，且工作项目是摩洛哥市场所需要的，雇主持此证明向劳动和职业安置部申请取得雇佣外籍劳动者的许可，方可雇佣非摩洛哥籍员工。所有外籍劳工取得的收入均来自摩洛哥境内，且均为工薪或年终奖，只要雇主或雇主所代表的公司是摩洛哥境内的公司或摩洛哥个人，则无须自行申报个人所得税，由雇主代扣代缴。

应当清楚地了解劳动合同的订立和终止的相关问题，摩洛哥《劳动法》中并未强制要求订立书面的劳动合同，但若选择书面订立合同应当一式两份，由雇主与雇员共同签署，经过主管部门认证后生效。《劳动法》第 16 条规定了劳动合同的几种形式，分为长期有效合同、固定期限合同和为完成某一特定任务而订立的合同。针对不同的合同种类，《劳动法》第 14 条中规定了不同的试用期长短，在试用期内雇主与雇员均有权自愿终止劳动合同，无需为对方提供赔偿金。但在工作满一周后，因除严重过失外的情况而选择终止合同的，须提前通知对方。《劳动法》第 33 条至第 35 条规定了有关劳动合同终止的事宜，法律禁止无正当理由开除员工，因除严重过失外的情况或不可抗力而选择终止劳动合同的，另一方有权要求解除方赔偿解除合同之日起至合同约定到期日的相应工资。

第六章　摩洛哥财税金融法律制度

第一节　摩洛哥财税金融情况

摩洛哥经济总量在非洲排名第五，北非排名第三，摩洛哥也是阿拉伯国家中经济最为发达的国家之一。摩洛哥的税收体系较为完善，并于2023年起根据新颁布的金融法，更改了各项税收的比例。摩洛哥的金融系统也相对发达，拥有一些国际化的银行和金融机构，近年来在法律制度和政策的不断扶持下，金融市场逐步得到发展，包括证券市场、保险市场和债券市场。摩洛哥近年来也在努力发展数字经济和金融科技发展，以适应现代化的金融市场需求。

第二节　摩洛哥财税金融法律及基本内容

摩洛哥税法实行属地和属人相结合的原则。为适应经济快速和可持续发展的需要，从1986年开始，摩洛哥开始税务制度的重要改革，税收体制逐步趋于合理化和现代化。摩洛哥的税收包括所得税、公司税、增值税、注册税、印花税、社会福利费、市政税、营业税、源头税和进口关税等。每年3月完成上一年财报，并进行纳税申报。实际缴税按照季度进行，年底前交完。摩洛哥税务总局开发了在线税务服务，旨在使用户用电子方式填写纳税申请表。

自 2017 年 1 月起，公司无论营业额多少，均须在线报税和纳税。

摩洛哥的经济和财政部是摩洛哥财务的主管部门，摩洛哥税务总局是有关税务的主管部门，隶属于经济和财政部。摩洛哥于 2022 年 12 月 23 日在官方公告中公布了 2023 年第 50－22 号金融法，针对税收措施进行了修改。新《金融法》引入了为期 4 年的分阶段企业所得税税率，目标是从 2026 年起统一适用税率，取代比例税制和多重减损制度，具体规则如下。

（1）针对所有净利润低于 1 亿迪拉姆的公司，统一适用 20% 的企业税率。（2）针对所有净利润高于 1 亿迪拉姆的公司，不包括具有卡萨布兰卡金融城地位的公司和位于工业加速区的公司，适用 35% 的企业税率。（3）针对信贷机构、马格里布银行、存管机构、保险公司等金融公司，适用 40% 的企业税率。

新《金融法》还颁布了一项新的投资激励措施，适用于 2023 年 1 月 1 日至 2026 年 12 月 31 日之间，为 2023 年 1 月 1 日起注册成立的公司提供便捷，这些公司与摩洛哥政府签署协议并承诺在 5 年内至少投资 150 万迪拉姆，在 2023 年 1 月 1 日起的财政年度，这些公司的税率上限一律为 20%。这些公司应严格遵守与摩洛哥政府签署的协议，且投资项目必须还包括至少保留 10 年的有形固定资产，根据现行的其他法律规范，这些优惠政策不涉及公共机构的公司及其子公司。

新《金融法》将以下行业的自由职业者的增值税税率从 10% 提高至 20%：（1）律师；（2）公证人；（3）口译人员；（4）Adoul 公证人员[①]；（5）法警；（6）兽医。针对律师、口译人员、公证人、法警、建筑师、计量专家、几何专家、地形勘测人员、测量员、工程师、顾问人员、注册会计师、兽医和其他同类专家，无论营业如何均需缴纳增值税，免税的起征点为 500000 迪拉姆。新《金融法》还取消了小费征税制度，受益人在没有雇主干预的情况下收到的小费免征所得税，新《金融法》还修改了许多有关具有卡萨布兰卡金融城地位的公司和工业加速区公司的税收制度。

① 伊斯兰教法规定的一种公证人员。

第三节　摩洛哥财税金融法律风险与防范

摩洛哥金融体系在北非地区较为发达，由中央银行、商业银行、投资银行及非银行金融机构组成。中央银行为马格里布银行。在英国的评估机构品牌金融发布的2022年全球银行品牌价值500强排行榜中，三家摩洛哥银行跻身全球最具价值和最强银行品牌500强之列，分别是人民银行（第288位）、阿提扎利瓦法银行（第299位）和非洲银行（第466位）。根据马格里布银行发布的《2021年银行监管年度报告》，截至2021年，摩洛哥共有银行及非银行金融机构89家，其中包括24家银行（其中5家是伊斯兰参与式银行）、28家金融公司、6家连银行、11家小额信贷协会、18家支付机构以及摩洛哥储蓄投资金融机构和国家担保和商业融资公司。

由于受到新冠肺炎疫情的持续影响，截至2021年底，摩洛哥银行业累计总资产比2020年增长4.9%，达到近15650亿迪拉姆，占GDP的122%，比2020年下降了7个百分点。2020年和2021年摩洛哥银行不良贷款利率持续上升，截至2021年，摩洛哥银行不良贷款余额为851亿迪拉姆，高于2020年底的798亿迪拉姆，不良贷款率从8.2%上升至8.5%（2017—2019年不良贷款率平均为7.6%）。摩洛哥的财税金融法律风险主要包括以下几个方面。（1）法律风险：摩洛哥的法律体系较为复杂，投资者在摩洛哥投资时需要遵守一系列法规和条例。在摩洛哥，《合同法》《公司法》《金融法》《税法》等都是影响投资者的重要法规。（2）财务风险：摩洛哥的金融市场相较于国内和世界上的一些发达国家较为不发达，缺乏透明度和规范性。投资者需要认真评估摩洛哥的宏观经济形势和市场环境，以便正确把握风险。（3）政治风险：根据2019年出具的政治风险地图，摩洛哥的撒哈拉各省面临着中等安全风险和较高政治风险，政策变化、政治动荡等都可能对投资者造成财务损失。

为防范上述风险，投资者可采取以下措施。（1）寻求专业建议：在投资摩洛哥前，投资者应当寻求摩洛哥本地的专业人士的建议，了解摩洛哥的法律、税收和金融环境，以便获得及时正确的投资建议。（2）做好尽职调查：

在进行投资前，投资者应当充分了解摩洛哥的市场环境、政策法规，在投资前进行较为全面的风险评估。（3）选择可靠的合作伙伴：在投资摩洛哥时，选择可靠的摩洛哥企业和个人作为合作伙伴，通过第三方机构对合作伙伴进行全面审查，合理利用当地资源更有助于投资者解决投资时产生的金融财税问题。摩洛哥大量使用阿拉伯语和法语，通过与当地合作伙伴的合作和委托更有助于投资者解决实际遇到的问题。

第四节　中摩税收协定

2002 年 8 月 27 日，中国政府与摩洛哥政府于摩洛哥首都拉巴特正式签署《中华人民共和国和摩洛哥王国政府关于对所得必避免双重征税和防止偷漏税的协定》（以下简称“协定”），全文共 29 条。第 1 第至第 26 条详细规定了该协定各名词的定义范围、适用范围、消除双重征税方法、无差别待遇、相互协商程序和情报交换等内容，其中对于不动产所得、营业利润、海运和空运、联属企业、利息、特许权使用费、财产收益、独立个人劳务、非独立个人劳务、董事费和高级管理人员报酬、艺术家和运动员的收益、退休政府服务、学生、企业学徒和实习生、教师和研究人员、其他所得在普遍规定的前提下进行了更详尽的规定和解释。第 28 条和第 29 条分别规定了该协定的生效和终止情况。2002 年 11 月 22 日国家税务总局下发《国家税务总局关于印发中国和摩洛哥王国避免双重征税协定文本并做好执行准备的通知》（国税函〔2002〕982 号）。该协定自 2006 年 8 月 16 日起生效，自 2007 年 1 月 1 日起执行。

第五节　摩洛哥的外汇管理

摩洛哥属于外汇管制国家，外汇管理局是有关外汇管理问题的主要负责部门。外汇管制主要涉及外汇交易和外汇流动的管控。摩洛哥流通的货币为摩洛哥迪拉姆（MAD），摩洛哥马格里布银行负责管理货币政策和外汇市场。根据摩洛哥外汇管理局的规定，商业银行被授权为外国法人和自然人、摩洛哥侨民，位于摩洛哥境内自贸区的企业、位于摩洛哥境内离岸金融中心的单位、驻摩洛哥外交单位、驻摩洛哥国际组织及其代表处等开立外部账户或者可转换迪拉姆账户。外币账户中的外汇入账后，即自动兑换成迪拉姆，提取外汇时，外国个人或企业需向摩洛哥银行购买外汇。摩洛哥企业或个人进口商品或服务，或支付其他国际杂费，需向银行申购外汇；摩洛哥国民个人出国旅行，包括出差、朝觐、留学、就医等，均可享受外汇制度，并可直接向银行申购外汇。

摩洛哥于1996年建立外汇买卖市场，只有银行可进行外汇自由买卖，其他机构或个人均不得直接从事外汇买卖。外国自然人或法人，以及在国外定居的摩洛哥人，在摩洛哥投资所取得的收益、分红、利息等收入，在缴纳现行法律规定的税赋后可以自由汇出，不受数额及时间的限制。根据摩洛哥出入境和外汇管理的相关规定，旅居摩洛哥的外国侨民（拥有摩洛哥长期居留权）出入境，每人每次携带的迪拉姆不得超过2万迪拉姆（约合2000美元），每个自然年不得超过4万迪拉姆。如果有未成年子女随行（其护照须标注亲属关系），每名子女享有2万迪拉姆额度。外国游客允许携带低于10万迪拉姆等额外币出入境（等于或高于该额度需向海关申报，并出具银行有关流水单。该申报仅一次有效，有效期不超过6个月，仅限本人使用）。出境时，携带的外汇价值超过10万迪拉姆的，需向海关出示其来源文件。

第七章　摩洛哥环境资源法律制度

第一节　摩洛哥环境资源法律概述

摩洛哥是非洲的重要经济体，其矿产资源丰富，例如磷矿、铜矿、铅矿等，其中磷酸盐是摩洛哥最主要的自然资源，已探明储量500亿吨，占世界储量的71%。油页岩储量超过1000亿吨，含原油60亿吨，占全球总量的3.5%。渔业资源极为丰富，是非洲第一大产鱼国。摩洛哥主要环保法律法规有《国家环境保护和可持续发展法》《森林保护开发法》《自然保护区法》《捕猎法》《远洋渔业法》《可再生能源法》《矿产开发法》《废物管理和销毁法》《反空气污染法》《水资源法》等。摩洛哥负责管理自然资源的政府部门是摩洛哥能源、矿产资源和环境部，该部门成立于2019年，由前能源、矿产资源和可持续发展部更名而来，主要负责规划和执行摩洛哥的能源、矿产资源和环境政策，确保自然资源的可持续化管理和保护。

第二节　摩洛哥《土地法》主要内容

摩洛哥暂无单一的、总括性的土地政策，也没有正式的、综合性的土地法律。摩洛哥有关管理土地的法律框架结合了当地习惯法、法国民法、摩洛哥政府法令及伊斯兰教法中有关土地的规定。其中，管辖土地权利的成文法主要以法国民法为基础，包括各种法律和法令，涉及土地的使用以及特定类型土地的管理等方面。摩洛哥的国家地产保护、地籍和图册署是负责管理土地产权的政府部门。所有外国自然人或法人，无论是否为摩洛哥常住居民，均可在摩洛哥购买除农业用地之外的地产，但这一政策自2021年7月14日颁布的62－19号土地改革法案有所改变，股份有限公司、股份合伙有限公司可有权购买用于农业目的的农业用地，即使这些土地由外国人持有，如果外国投资者计划在农业用地上实施非农业项目，需要从政府主管部门获得非农业用途证书。

第三节　摩洛哥《矿业法》主要内容

摩洛哥拥有不同类型的矿物，包括磷酸盐、铁矿石和铅等。根据统计，摩洛哥的磷酸盐储量占全球所有磷酸盐储量的近75%，摩洛哥在2015年被列为仅次于中国的第二大磷酸盐生产国。摩洛哥最重要的磷酸盐矿之一是Bou Craa，占该国2011年产量的10%。采矿业是摩洛哥的重要产业之一，占该国2011年出口的近35%，占摩洛哥GDP的5%。由于政府采取的多项措施，摩洛哥的矿业将继续增长。

摩洛哥政府制定了采矿业发展的国家战略，目标是到2025年将采矿业的营业额增加两倍，达到150亿摩洛哥迪拉姆以上。这将涉及增加对采矿勘探和研究的投资额10倍至近40亿摩洛哥迪拉姆，并将该部门创造的就业机会翻了一番，直接就业机会超过三万个。

为此，摩洛哥政府在2015年和2016年通过以下两部法律对适用于采矿活动的立法和监管框架进行了现代化改造：（1）与矿业相关的第33－13号法律（矿业法），自2016年5月23日在官方公报上发布的第2－15－807号法令起生效；（2）与Tafilalet和Figuig矿区有关的第74－15号法律，于2017年9月22日生效，其实施法令于2020年6月19日生效。

矿业法和矿业法令取代了可追溯至1950年代的旧立法，并使监管框架适应国际层面的新市场趋势。以上两部法律的改革带来的影响主要体现在以下几个方面：（1）将采矿立法的适用范围扩大到工业中使用的所有矿物，建筑和土木工程材料除外；（2）建立新的勘探授权采矿权，允许投资者在更广阔的区域开发勘探计划；（3）为计划用于浓缩和/或回收矿产品废料和残渣的尾矿和矿渣堆引入经营许可证；（4）有关用于地下储存液化或气态天然气和液态碳氢化合物或工业用化学品的天然或人工洞穴的规定；（5）引入与环境影响评估相关的明确规定以及实施处理后开发阶段的废弃计划的要求。

《矿业法》和《矿业法令》规定了有关矿产资源和矿业开发的监管机构。根据2020年7月3日颁布的第2－20－413号法令，建立能源、矿业和可持续发展部（MEM），以下简称矿业部，该部负责：（1）能源、采矿和地质部门政府政策的制定和实施；（2）妥善管理和开发地质、能源和矿业遗产；（3）实施国家土壤和底土资源地质研究和勘探指南；（4）采取必要的选择和措施来保证能源供应的安全，使农村和城市人口普遍获得商业能源服务，并确保人员以及能源和采矿设施的安全；（5）确保永久的战略和前瞻性愿景，特别是允许和谐的机构发展，能源、采矿和地质部门的持续适应和发展；（6）加强与能源和矿产领域发展有关的所有主管部门、组织和合作伙伴的交流与磋商；（7）通过建立能源和矿业观察和规划系统，建立准备经济和战略分析及影响研究所需的数据库和信息；（8）促进能源、采矿和地质领域的国家工程，以及培训所需的人力资源和准备必要的管理结构。

根据2016年12月9日第2360－16号命令，矿业部有权在授予价值低于2亿迪拉姆的项目的开发许可。

国家碳氢化合物和矿产办公室是一家公共机构，受2003年11月11日第1－03－203号法令和2004年12月29日第2－04－372号法令颁布的第33－01号法律监管，其主要职责包括：（1）在授权区域内进行所有研究、勘探活动，以发现碳氢化合物矿床或任何其他燃料、矿床或任何矿物质，但磷酸盐除外；（2）在授权区域内进行碳氢化合物或矿藏或矿物的开发和开采，并开展所有相关活动，特别是确保按照现行法规运输和升级碳氢化合物和矿产品；（3）促进任何可能有助于发展碳氢化合物、采矿和矿物产品勘探和开采的行动。

根据《矿业法》第3条，矿山属于国家公共领域的一部分，研究许可证和经营许可证为采矿经营者提供对从地下挖掘或在地面上可用的采矿产品的物权。这些对物权的授予期限有限，并且必须与矿山周围土地的所有权区分开来，这意味着采矿经营者必须独立于适用的采矿权获得适用的占用权。勘探授权。勘探授权的初始期限为 2 年，如果根据勘探结果和预期投资需要进行额外勘探，可续签一次，有效期为 1 年。勘探工作必须在授权签发之日起 3 个月内开始，并根据矿业部与投资者商定的工作计划定期进行。勘探授权为其持有人提供以下专有权：（1）探索授权中描述的区域；（2）授予勘探区域的研究许可，前提是在勘探授权仍然有效的情况下提交研究许可申请。

研究许可的初始期限为 3 年，可续签一次，有效期为 4 年。续期取决于适用的最低工作计划和相关支出的完成，并且必须在 3 年初始期限届满前至少 3 个月提出申请。研究许可证为其持有人提供在许可证所述区域内研究采矿产品的专有权。在研究区发现矿床后，许可证持有人有权在矿床范围内申请经营许可证，前提是在研究许可证仍然有效的情况下提交经营许可证申请。

经营许可证的有效期为 10 年，可以连续续期 10 年，直至可用储备耗尽。经营许可证授予持有人从矿床中提取和/或开发采矿产品以获得商业采矿产品的专有权。这包括此类产品的研究、准备工作、运营、浓缩和升级工作，以及此类工作所需的基础设施建设。

根据《矿业法》第 62 条，采矿权持有人应对第三方因其活动而遭受的损害承担责任。该规则与适用于摩洛哥的侵权责任的一般原则一致。此外，矿业权持有人必须立即采取一切必要措施，以在其活动发生事故时保护人身和环境（《矿业法》第 57 条）。矿业权持有人还必须购买强制性保险单以承担民事责任。

任何人在没有采矿权的情况下进行采矿产品的勘探、研究或开采，将被处以 6 个月至 2 年的监禁和 5 万至 50 万迪拉姆的罚款（《采矿法》第 104 条）。

如果违法者是法人，将被处以 10 万至 100 万迪拉姆的罚款。重复违规的处罚加倍。提取的采矿产品和机械设备也可能被没收。此外，如果提取的采矿产品已经商业化，违法者将不得不向国家或采矿权持有人支付采矿产品的价值。矿业法还禁止下列行为：在保留区勘探、研究或开采矿产品，采矿权有效期届满后勘查、研究或开采矿产品，非法破坏、移动或改变矿业权边界等。当局可以对不遵守《矿业法》规定的矿业权持有人实施行政处罚（《矿业法》第 97 条）。适用的行政制裁可包括暂停采矿活动或吊销营业执照。

第四节　摩洛哥环境资源法律风险与防范

根据《矿业法》的规定，经营许可证持有人必须在开始任何拟议的采矿活动之前准备环境影响评估。根据与环境影响评估有关的第 12－03 号法律，采矿活动需要根据以下两个方面获得事先授权：（1）项目发起人准备的环境影响研究报告，由国家或地区环境影响研究委员会审查；（2）环境可接受性决定由负责环境的政府机构授予。

矿业法还要求经营许可证持有人采取措施保护矿床，特别是准备废弃计划。废弃计划的必要内容将由即将出台的法令规定。摩洛哥环境法规规定了具体的进一步规则，有关废物管理受 2006 年 11 月 22 日关于废物管理和处置的第 28－00 号法律管制。有关污水的使用或排放受 2016 年 8 月 10 日第 1－16－113 号法令颁布的与水有关的第 36－15 号法律管制。

空气污染受 2003 年 5 月 12 日第 1－03－61 号法令颁布的与空气污染控制相关的第 13－03 号法律管制。摩洛哥的经济发展依赖于其环境资源，如水资源、农业和渔业资源等。然而随着人口增长、工业化和城市化等因素，摩洛哥的环境资源面临着严重的破坏，摩洛哥政府也实施了诸多法律法规来保护和管理其环境资源，主要集中在以下三个方面。

（1）水资源管理风险：摩洛哥的水资源短缺，主要集中于南部干旱地区。政府出台了一系列法规来保护水资源，包括《水资源法》等。然而这些法规的实施存在一定难度，主要是因为缺乏监管力度和执行力度。由于水资源的紧缺，国内存在非法采水和非法灌溉等行为，各投资者应当充分了解摩洛哥各地区有关水资源的相应法规和制度政策，避免陷入非必要纷争。

（2）土地污染风险：由于摩洛哥的土地面积较小，但经济活动密集，加剧了土地污染问题的严重性。摩洛哥政府依靠《矿业法》《土地污染管理法》

《废物管理和销毁法》等多部法律规制各投资者在摩洛哥生产时的污染问题。由于监管和执法力度的缺乏，一些企业和个人仍存在非法排放废物和污染土地的行为，各企业应当注意摩洛哥政府对于土地污染的监管力度变化，管理好废物排放的各项指标，及时发现和处理土地污染问题。

（3）气候变化风险：摩洛哥的各项生产经济活动中，渔业和农业对自然气候存在较大依赖，《国家环境保护和可持续发展法》《森林保护开发法》《自然保护区法》《捕猎法》《远洋渔业法》等多部法律均旨在保证自然环境和气候变化的框架内，提高生产效率，稳定经济增长。投资者应充分了解摩洛哥政府制定的应对气候变的措施和制度，在上述法律框架内合理安排产业结构。

第八章　摩洛哥其他法律制度

第一节　知识产权法律制度

摩洛哥是一个以农业和旅游业为主的发展中国家，其经济发展依赖自然资源和传统文化产业，近年来正不断加强对于知识产权保护的重视。摩洛哥工商产权局负责工商部门的专利和商标注册，工业、贸易、投资部和数字经济部负责监督摩洛哥工商产权局。摩洛哥版权局负责摩洛哥的文学和艺术作品（包括软件）的登记版权，该局由交通部负责监督。摩洛哥有关知识产权保护的法律包括《专利法》《工业产权保护法》《著作权和邻接权法》等多部法律。这些法律分别规定了商标、专利、著作权和工业设计的保护范围、注册和管理程序、侵权行为及后果等方面的内容。摩洛哥还签订了一系列国际条约，积极参与国际知识产权合作，提高知识产权保护的水平。摩洛哥作为《巴黎公约》和《伯尔尼公约》的成员国，作为世界知识产权组织的成员国，自 1995 年起成为多个有关知识产权保护条约的缔约国。

根据《专利法》中针对客体的规定，任何在所有技术领域属于专利性条件发明的都可以授予专利权，前提是所有的发明必须具备新颖性，具有创造性和工业实用性。《专利法》中明确规定制药过程和产品有资格获得专利保护，然而发现科学理论、数学理论、原则和智力方法、游戏、计算机程序、用于治疗人类或动物疾病的诊断和手术方法、美学创造和信息呈现不被视为发明，因此不可获得专利。

根据《工业产权保护法》中的规定，商标是指易于使用图形表示的标识，用于区分自然人或法人实体的产品和服务，商标包括商标名称、图形商标、混合商标、声音商标、气味商标及三维图形的商标，亦包括集体商标和证明商标，前提是这些图形和商标具有足够的显著性。注册商标的有效期为申请之日起10年内，可在到期前申请延续10年。工业品外观设计和实用新型设计、地理标志、集成电路设计均受到《工业产权保护法》的保护。

根据《著作权和邻接权法》中的规定，以书面形式表达的作品、计算机程序、演讲、宗教宣传和其他由文字或口头表达组合而成的作品、音乐、戏剧作品、哑剧和舞蹈作品、影视作品、美术作品、建筑作品、摄影作品、实用艺术作品、与地理、地形、建筑及其他相关学科有关的插图、地图、平面图、草图和三维扫描、民间文学艺术作品及其他形式的表达、服装行业的设计均属于版权的保护客体。民间文学艺术作品及其翻译、改变、音乐剧及其他形式的编排、百科全书、文学选集和数据库均视为作品受到版权保护，版权保护的期限一般至作者死后70年到期。

摩洛哥于1995年成为世界贸易组织成员后，在同年签署了TRIPS协议，是自世贸组织成立以来第一批签署该协议的成员国。该举动是为了加入世贸组织并获得更好的国际贸易机会，提高知识产权保护的标准，鼓励国内创新和技术转移，吸引更多的外国投资并推动摩洛哥经济的发展。在签署该协议时摩洛哥作出了一系列承诺，其中包括确保知识产权的有效保护和执行、通过透明、公正和有效的程序审批和保护知识产权、建立法律和行政程序，使知识产权的所有者能够有效地行使其权利、建立知识产权制度，保护新品种和农业生产的特殊品种权利等。在签署该协议后，摩洛哥开始了协议相关工作的实施。摩洛哥政府通过修改国内法律，将TRIPS协议中的规定纳入本国法律体系，并建立了知识产权保护的相关机构和程序。

第二节　争议解决法律制度

摩洛哥的民商事争议主要由两种途径得到解决，即司法程序和其他替代争议解决机制。在摩洛哥发生的民商事案件一般由民事法院审理，若案件涉及金额较高，或涉及重要的公共利益，该案件可能会被提交至上诉法院或最高法院审理。在审理案件时，法院遵循摩洛哥的民法典和商法典中有关案件的受理、证据收集、庭审程序和判决等相关规定。

除了司法程序外，摩洛哥还有其他替代争议解决机制例如调解、仲裁与和解等。摩洛哥在2007年的《民事诉讼法》中规定了有关仲裁制度的条例，该部法律替换了1974年《民事诉讼法》中有关仲裁的相关制度。2022年5月24日通过了2020年的95－17号法案，正式颁布《仲裁法》，新法中完善了仲裁制度，建立了完整的仲裁法典。新法中的规定迎合了信息化时代对于简易仲裁程序的需求，例如对于仲裁相关人员的签名和通知使用电子化形式。这一新立法旨在就国内和国际仲裁、仲裁协议的有效性条件或在行政事务中诉诸仲裁的条件提供一定的灵活性，新法适时地随着电子技术共同进步，尤其是在面对新冠疫情的大环境中，通过电子方式通知和仲裁，能够有效地避免疫情暴发。该法案制定的意义在于加强了仲裁作为一种独立的争议解决机制的地位，制定专门的法律来规范仲裁程序，界定了原有立法中的模糊概念，确定了有权干预仲裁的主管司法机关，规定仲裁庭有权裁定合同中仲裁条款的有效性、有权要求传唤证据，并规定了仲裁庭庭长有权在仲裁员之间出现不可调和的分歧时作出裁决。

在摩洛哥的仲裁机构包括国际商会在摩洛哥建立的摩洛哥仲裁院、卡萨布兰卡国际调解和仲裁中心（CIMAC）、国际海事航空仲裁院（CIAMA）、卡萨布兰卡－赛塔特工商会下设的卡萨布兰卡调解仲裁中心（CMAC）等。这些仲裁机构均在各自的官方网站公布了仲裁规则，其中的规定与大多数世界上其他国家的仲裁机构的仲裁规则相似，规定了仲裁规则的适用范围、通知与时效、仲裁庭的组成方式、费用等程序问题。

摩洛哥自1958年成为《纽约公约》的缔约国，承认并依照《纽约公约》中的规定执行缔约国境内作出的仲裁裁决。新出台的《仲裁法》中也规定在不违反国家和国际公共政策的前提下，应对外国仲裁裁决予以承认并执行。摩洛哥也是《华盛顿公约》的缔约国，外国投资者与政府间的投资争端可提交至国际投资争端解决中心寻求救济，通过其作出的仲裁裁决对争议双方具有约束力。

第三节 摩洛哥的优惠政策

摩洛哥政府鼓励国内外投资者在摩洛哥投资，通过一系列特定行业、特定项目的投资税收优惠政策、各工业区、金融城的鼓励政策吸引外资，还建立了一系列政府资助和支持计划。

位于摩洛哥工业加速区的企业享受优惠税收待遇，其中包括：（1）企业前5年免缴公司税，之后按15%征收；（2）免缴进口关税、进口环节增值税；（3）免缴生产和消费税、出口税；（4）免缴营业税15年；（5）免缴市政税15年；（6）企业建立、增资、扩大规模、购买土地，免缴注册税和印花税；（7）外国投资者的股份分红及类似收益免纳税。

工业加速区的企业不受外汇法规、外汇管制的监管，资金可自由流进和流出。需要注意的是，享受工业加速区上述优惠政策的企业，不得再享受摩洛哥其他投资鼓励政策。工业加速区的运营管理机构还可为入驻企业提供以下服务：（1）协助企业开展投资政策搜集、市场调研、实地考察等工作；（2）区内有海关常设机构，即时办理清关、报关、原产地证核发等；（3）提供"单一窗口"行政审批服务，指导并协助投资者高效、快捷办理实施项目所有的公司注册、建筑许可、开工证明等手续；（4）区内设立离岸银行，方便企业资金直接、自由进出，需要时可兑换当地货币支付管理费、水电费、雇员工资等；（5）实行全封闭式管理，提供24小时安保服务等。

2010年，摩洛哥政府颁布第44－10号法律，宣布在卡萨布兰卡设立金融区，该金融区被称为卡萨布兰卡金融城。卡萨布兰卡金融城是非洲第一个金融中心，目前持有卡萨布兰卡金融城身份的企业大约有200家，包括中国银行摩洛哥代表处、卡萨布兰卡华为科技公司，业务覆盖50余个非洲国家。卡萨布兰卡金融城管理局具体负责金融城的运营管理及制度建设。目前卡萨布兰卡金融城已经成为一个由众多金融企业、跨国区域总部、专业服务供应及控制公司成员组成的社区。持有卡萨布兰卡金融城身份的企业，可以享受金融城提供的税收、资金流动以及简易程序等鼓励政策。有意获得卡萨布兰卡金融城身份的企业，应当向金融城管理局提出申请，在申请函中表明希望获得卡萨布兰卡金融城身份的意向，介绍公司业务及拟在金融城设立公司的时间、业务范围、带给金融城的预期收益等。如申请身份时公司尚未成立，可通过金融城管理局按照创建法人实体的加速程序成立公司。在商业计划书中表明未来5年的资产负债表和损益表要点、雇员增加及地区夸张的与其数量。填写完成申请表，内容涉及企业信息、企业董事及高级职员信息、拟申请的金融城身份的类别、企业发展规划、企业董事及高级职员以及企业违法违规调查等。签署道德准则，缴纳申请费，金融城管理局审查企业提交的文件资料。审核通过后，授予企业金融城身份，企业在获得金融城身份后，每年需向金融城管理局提交年度报告，并缴纳年费。

在税收方面，自企业获得卡萨布兰卡金融城身份的第一个财政年度开始计算，在连续5个财政年度内，公司税全免。此后公司税按15%的税率征收。在同一财政年度中，企业在一定时间内开展了其业务而没有卡萨布兰卡金融城身份，剩余时间是有卡萨布兰卡金融城身份的，规定的公司税税收优惠将自卡萨布兰卡金融城身份授予之日起按已完成业务的比例享受。持有卡萨布兰卡金融城身份的企业，其支付给居民和非居民的股息和其他类似股息收入的预扣税，免予征收。与公司创立和增资有关的注册税，免予征收。卡萨布兰卡金融城企业的雇员的个人所得税，可按20%的特别税率征收，为期最多10年。征税起始日期从企业被授予金融城身份之日起计算（如果雇员在企业被授予金融城身份之前就已经受雇于企业），或雇员入职之日起计算（如果雇员是在企业被授予金融城身份之后受雇于企业）。

在资本流动方面，为所有交易开立单一货币账户，自由管理外汇保有额，集团内费用和技术援助的转移不受限制，商务旅行捐赠可以列入额外预算。

除此之外，还为卡萨布兰卡金融城企业设立了简易程序，其中包括48小时内万臣公司创立手续，企业可在金融城总部申请和领取外国雇佣合同，外国雇佣合同的签名服务可以核发外包，企业可在48小时内获得外国雇佣合同，在2周内获得居留许可。可在24内办理商务签证申请，在3个工作日内为企业雇佣的外国职员授予工作许可。

摩洛哥投资和出口发展署发布的2020年版《摩洛哥商务指南》显示，摩洛哥政府正在实施多项鼓励投资的政府资助和支持计划，涉及银行融资、私募股权、担保基金、中小企业扶持、出口支持以及政府基金补贴等。与摩洛哥政府签订投资协议或合同的投资者，如果符合摩洛哥政府要求的标准，可以通过工业发展和投资基金或者哈桑二世经济和社会发展基金获得直接补贴。工业发展和投资基金。工业发展和投资基金依据2015年《财政法》创立，截至2020年，基金的财政预算总计为200亿迪拉姆。工业发展和投资基金对工业生态系统建设项目进行补贴。此类项目有利于促进摩洛哥工业的发展，实现工业现代化和进口替代。项目类型涉及对产业链有重大影响的投资扩张项目、有重大经济影响的总承包商项目、新创项目、资源增值项目、本地融合项目、工程与研发中心项目等。项目的投资金额要求超过2000万迪拉姆（不含税），或创造至少50个稳定工作岗位。个别项目的投资金额要求超过5000万迪拉姆（不含税），或创造至少200个稳定工作岗位。工业发展和投资基金可对符合上述条件的投资项目进行补贴，覆盖土地、专业建筑和工业设备的购置或租赁成本，技术援助费用，研发费用以及有效启动业务后前3年的启动成本。此外，对投资项目所完成的额外出口、进口替代给予奖励，对投资者在摩洛哥设立办事处给予补贴。除上述的工业生态系统建设项目，符合以下条件之一的投资项目，也可申请工业发展和投资基金补贴：（1）投资总额至少1亿迪拉姆；（2）创造至少250个稳定工作岗位；（3）在1998年6月30日第2－98－520号法令所指定的地区投资；（4）确保技术转让；（5）为环境保护作出贡献。

工业发展和投资基金可对符合上述条件的投资项目的土地成本、外部基础设施费用以及培训费用进行补贴，但补贴金额不超过项目计划投资总额的5%（对于纺纱、织造或织物整理行业的投资项目，这一补贴比例可提高到10%）。哈桑二世经济和社会发展基金。总投资额超过2000万迪拉姆（不含税）且其中资本货物的投资额不少于500万迪拉姆（不含税）的新建或扩建项目，如果属于以下行业，可申请哈桑二世经济和社会发展基金补贴：（1）汽车、航空和电子行业（汽车和航空工业设备制造，为汽车工业和航空工业制造工具和模具，航空维修和飞机拆解，电子组件制造）；（2）化学工业

（化妆品生产和天然提取物生产，金属和塑料废物回收，磷酸盐的增值）；（3）制药业（寻找具有治疗潜力的创新药物以对抗严重疾病，生产在经济和治疗方面具有高附加值的创新药、仿制药或生物仿制药）；（4）与纳米技术、微电子和生物技术相关的制造活动。

哈桑二世经济和社会发展基金对符合上述条件的投资项目的厂房建筑和设备费用进行补贴，补贴比例不超过总投资额的15%，补贴金额最高为3000万迪拉姆。工业和发展投资基金、哈桑二世经济和社会发展基金均由摩洛哥工贸部负责管理。投资者可根据自己投资的具体行业，与摩洛哥贸工部分管行业的有关司局联系咨询。

赞比亚
法律环境报告

第一章　赞比亚基本概况

赞比亚共和国位于非洲中南部，为内陆国家。东部与马拉维、莫桑比克为邻，南部与津巴布韦、博茨瓦纳、纳米比亚接壤，西部与安哥拉交界，北临刚果（金）及坦桑尼亚。赞比亚国土面积共计 752610 平方公里，其中有 9220 平方公里是水域。赞比亚海拔较高，平均海拔 1138 米，整体呈东北高、西南低的地势走向。赞比亚属热带草原气候，温和凉爽，年平均气温在 18 ~ 20℃之间。截至 2022 年 9 月 8 日，赞比亚人口数量为 19610769 人。其中，卢萨卡省（Lusaka）人口最多，为 3079964 人。华人华侨多聚集在卢萨卡、恩多拉、基特韦、利文斯顿等规模较大的城市。赞比亚为多民族国家，全国共有奔巴族、通加族等 73 个部族。赞比亚官方语言为英语，全国共有 31 种部族语言，其中，娘加语在赞比亚应用较广。赞比亚宪法规定，赞比亚为基督教国家；亚洲移民多信奉印度教或伊斯兰教。

中国与赞比亚于 1964 年 10 月 29 日建交，赞比亚是南部非洲第一个与中国建交的国家。两国传统友谊深厚，双边友好合作关系不断发展。政治上，卡翁达总统任期内曾 4 次访华，他称中国为“可信赖的全天候朋友”。经济上，1967 年以来，中国承担了坦赞铁路、公路、玉米面厂、纺织厂、打井供水等共 70 余个项目；1986 年，两国成立经贸混委会；1996 年，两国签署相互促进和保护投资协定；2010 年，两国签署避免双重征税协定。目前，在赞中国企业超过 600 家，累计投资额超过 38 亿美元，涉及矿业、农业、建筑等多个领域。2007 年 2 月揭牌成立了中国在非洲的第一个经贸合作区——赞比亚中国经贸合作区。文化上，两国签有文化合作协定。迄今为止，中国与赞比亚共签订《中华人民共和国政府和坦桑尼亚联合共和国政府、赞比亚共和国政府关于修建坦桑尼亚－赞比亚铁路的协定》《中华人民共和国政府与赞比亚共和国政府关于共同推进丝绸之路经济带和21世纪海上丝绸之路建设的谅解备忘录》等多部双边条约。

第一节 赞比亚国家概况

赞比亚为多民族聚居之地。公元9世纪，赞比亚境内先后建立过卢巴、隆达、卡洛洛和巴罗兹等部族王国。16世纪前后，班图语系一些部族开始在这一地区定居。17世纪到19世纪达到高峰。16世纪到19世纪，赞比亚境内先后建立过隆达王国、卡洛洛王国和巴罗兹王国。19世纪中期，欧洲殖民者和传教士开始入侵此地。1888年英国殖民者罗德取得了开矿权。同年英国当局建立了南北罗德西亚（现赞比亚和津巴布韦）。1911年，英国殖民者将这一地区命名为“北罗得西亚保护地”，由“英国南非公司”管辖。1924年北罗德西亚成为由英国殖民官员统治的保护地，派驻总督进行直接统治。1959年，北罗得西亚联合民族独立党成立，发动群众通过“积极的非暴力行动”争取民族独立。

1964年1月，北罗得西亚实现内部自治；同年10月24日，赞比亚正式宣布独立，定国名为赞比亚共和国，仍留在英联邦内。联合民族独立党（简称“民独党”）领袖卡翁达任首任总统。在奇卢巴、姆瓦纳瓦萨、班达、萨塔埃德加·伦古等历任总统卸任后，2021年8月12日，赞比亚举行新一届总统、议会和地方政府“三合一”大选，国家发展联合党领袖哈凯恩德·希奇莱马当选总统，并于8月24日宣誓就职。

一、赞比亚的人文和地理环境

赞比亚地处非洲中南部内陆，无出海口，其面积排名世界第39位。赞比亚南部的赞比西河流域覆盖了其国内四分之三的地区，北部的刚果河流域覆盖了全国近四分之一的面积。赞比亚所属时区为东2时区，比北京晚6个小时，不采用夏令时。赞比亚全国下设包含中央省、铜带省、东方省、卢阿普拉省、卢萨卡省、北方省、西北省、南方省、西方省、姆钦嘎省在内的 10 个省，其中，姆钦嘎省是第五任总统萨塔当选后于 2011 年新设的省份。卢萨卡省的省会卢萨卡为赞比亚首都，位于赞比亚中部高原，平均海拔 1280 米，是国家政治、经济、文化和交通中心。每个省均由指定的副部长管理。每个省都被细分为 73 个区。新一届爱国阵线政府在上台后又设立了 8 个新区，因此赞比亚共有 81 个区。赞比亚矿产资源非常丰富，被誉为“铜矿之国”。钴作为铜的伴生矿物，其储量居世界第二。铅锌矿主要分布在卡布韦，是世界上铅锌品位和储量最丰富的地区之一。赞比亚铁矿储量较为丰富，主要分布在中央省和西方省。非金属矿产资源有石灰石、磷酸盐、钾（钠）长石、硅灰石、大理石、花岗岩和方钠石等。赞比亚还有多种宝石，包括祖母绿、紫水晶、钻石、孔雀石、石榴石、电气石等。其中，祖母绿产量占世界总产量的 20% 以上，且透明度高，品质良好。

赞比亚《宪法》规定，赞比亚为基督教国家，其他信仰包括天主教、印度教、伊斯兰教和原始宗教等。大约 80% 的人信奉基督教和天主教，农村居民大多信奉原始宗教，亚洲移民多信奉印度教或伊斯兰教。

二、赞比亚的政治和经济环境

赞比亚实行的是总统内阁制，为多党民主制国家。总统为国家元首、政府首脑兼武装部队总司令，由全民选举产生，任期 5 年，可连选连任一次。实行立法、司法和行政三权分立的政治制度。其中，国民议会是赞比亚国家最高权力机关和最高立法机关。赞比亚的司法机构主要由最高法院、高等法院、劳资关系法院、初级法院和地方法庭组成。赞比亚政府实行总统内阁制，本届内阁于 2021 年 9 月组成。除此之外，赞比亚目前合法注册政党逾 50 个，其中国家发展联合党为执政党，爱国阵线为最大在野党，多党民主运动、民主与发展论坛等亦为赞比亚较为有影响力的政党。

赞比亚经济结构较为单一，采矿业、零售业、建筑业和农业是主要经济支柱。赞比亚的经济主要包括农业、矿业和服务业，其中以铜开采和冶炼为主体的矿业占重要地位。独立后至 20 世纪 70 年代中期经济发展较快，此后由于国际市场铜价下跌，政府国有化政策失误等原因，经济陷入困境。1991

年多党民主运动上台执政，大力推行经济私有化和多元化，积极吸引外资，经济保持较快增长。2005 年达到重债务国完成点，获巨额债务减免，外债由 2005 年底的 55 亿美元降至 2006 年底的 6.35 亿美元。2008 年受国际金融危机影响，矿业遭受较大冲击，经济下滑。2009 年后经济明显复苏。2011 年，世界银行将赞比亚列入低水平中等收入国家。2014 年至 2016 年，赞比亚货币贬值、债务上升、粮食减产、电力短缺等发展困难和挑战增多，经济内生动力不足问题凸显。2017 年以来，赞比亚政府多措并举推进经济复苏，经济发展逐步向好，货币汇率趋稳，通胀持续回落。2017 年 6 月，时任总统伦古公布第七个国家发展规划，以推进经济多元化、创造就业、削减贫困、提高政府效能为重点，争取于 2030 年建设成为繁荣的中等收入国家。近年来，赞比亚面临干旱、电力短缺、农业歉收、外债高等不利因素。疫情加剧了赞比亚经济的脆弱性。2020 年，赞比亚外债总额攀升至 120 亿美元，成为新冠肺炎疫情发生以来非洲首个主权违约国家。2021 年 9 月，新一届内阁宣誓就职，致力于推动国家团结、经济增长、保障民生及社会平等。从数据上来看，世界银行统计数据显示，赞比亚 2021 年全年国内生产总值（GDP）约合 221.5 亿美元，相较于 2020 年的 181.1 亿美元，实际增长率为 4.6%。据全球综合数据资料库 Statista 统计，2021 年，农业在赞比亚国内生产总值中的份额为 3.39%，工业贡献约 42.5%，服务业贡献约 49.88%。

第二节　赞比亚法律概况

赞比亚原为英国殖民地，于 1964 年 10 月 24 日独立。赞比亚为普通法与习惯法混合法制国家，沿用英国法律法规，结合赞比亚国情作了适当的修改，法律渊源有宪法、制定法、普通法、司法先例、习惯法。赞比亚高等法院主要适用普通法，其有权审理刑事、民事案件以及下级法院的上诉。地方法院主要适用习惯法，特别是与婚姻、财产和继承有关的案件。赞比亚为多党民主制国家，实行立法、行政和司法三权分立。

一、赞比亚的立法体系

赞比亚国民议会是国家最高立法机关，国家法案由议会通过，议会实行一院制。特设宪法委员会对立法行为进行司法审查。赞比亚国民议会的愿景为“成为民主和善治的示范立法机构”，其主要职能为制定法律、监督行政部门执行公共计划和政策、批准国家预算和代表人民。赞比亚议会由总统和国民议会组成，实行一院制。总统有权宣布举行全国各级选举，对拟实施的法律有最终批准权，但在议会内无具体职务。国民议会是国家最高权力机关和最高立法机关，共有164个席位，其中156个席位由直选产生，总统可另任命8位议员，任期5年。议长由国会议员在符合直选议员条件的人选中选举产生。内阁部长均从议员中选任。本届议会于2021年8月选举产生，是独立后的第十三届国民议会。目前各党在议会中的席位分布为：国家发展联合党91席、爱国阵线59席、独立候选人13席、国家团结与进步党1席。

二、赞比亚的行政体系

赞比亚政府实行总统内阁制，任期5年，可以连任一次。本届内阁于2021年9月组成，由总统、副总统和25名部长组成。具体包括：财政与国家规划部、能源部、外交与国际合作部、水资源开发与用水卫生部、卫生部、社区发展与社会服务部、技术与科学部、交通与物流部、劳动与社会保障部、土地与自然资源部、国防部、教育部、内政与国内安全部、司法部、基础设施、住房与城市发展部、地方政府与乡村发展部、旅游部、中小企业部、信息与媒体部、绿色经济与环境部、渔业与畜牧业部、矿业与矿产发展部、农业部、商业、贸易与工业部、青年、体育与艺术部。内阁成员具体包括财政与国家规划部部长，信息与媒体部部长，外交与国际合作部部长，绿色经济与环境部部长，矿业与矿产发展部部长，商业、贸易与工业部部长，交通与物流部部长，农业部部长，教育部部长，卫生部部长，司法部部长，水资源开发与用水卫生部部长，青年、体育与艺术部部长，土地与自然资源部部长，国防部部长，劳动与社会保障部部长，旅游部部长，地方政府与乡村发展部部长，内政与国内安全部部长，渔业与畜牧业部部长，能源部部长，社区发展与社会服务部部长，基础设施、住房与城市发展部部长，技术与科学部部长，中小企业部部长。

三、赞比亚的司法体系

赞比亚司法系统具有较好的司法独立性。司法机构主要由最高法院、宪法法院、上诉法院、高等法院等高级法院，以及初级法院、小额索赔法院、地方法院等下级法院组成。最高法院和宪法法院地位相当。其中，最高法院是终审法院，负责对高等法院等上诉案件进行最终裁决及审理与大选相关的案件，由首席法官、副首席法官和11名最高法院法官组成，每名法官均可由研究员协助其进行审判；宪法法院根据2016年第2号《赞比亚宪法（修正案）法》第127条设立的，并于2016年5月开庭审理案件，任何人不得对宪法法院作出的任何判决提起上诉。宪法法院由13名法官组成，分别为法院院长、副院长和其余11名法官，目前赞比亚宪法法院仅有7名法官。上诉法院是级别仅次于最高法院和宪法法院的司法机构，其有权审理针对高等法院、准司法机构和其他法院提起的上诉。上诉法院理论上应由法院院长、副院长以及17名法官组成，但目前仅有院长、副院长及其余10名法官。高等法院设有劳资关系庭、商事庭、家事与儿童庭，有权审理民事案件和某些重大刑事案件，并裁决初级法院上诉的案件，对初级法院行使监管职能。劳资关系庭对集体纠纷、协议等相关的劳资关系事务具有专属管辖权；商事庭有权对商业、贸易、工业和任何商业性质的交易纠纷作出快速裁决，其常设于卢萨卡和基特韦；家事与儿童庭设立于2016年，目前仍处于起步阶段，其有权审理与离婚申请、子女抚养权纠纷、遗产和继承纠纷、领养相关的与家事和儿童相关的案件。

初级法院法官由司法服务委员会以共和国总统的名义任命。在赞比亚117个地区中，共设有64个初级法院。按级别和等级划分，法官主要分为首席驻地治安法官、主要驻地治安法官、高级驻地法官、驻地法官、一级治安法官、二级治安法官和三级治安法官。首席驻地治安法官可受理标的额低于100000克瓦查的民事案件，主要驻地治安法官为90000克瓦查，高级驻地法官为70000克瓦查，驻地法官为50000克瓦查，一级、二级和三级治安法官则分别为 30000、25000 和 20000 克瓦查。小额索赔法院有权审理标的额低于 20000 克瓦查的案件，其庭审由具有 5 年以上工作经验的律师专员主持，庭审通常为非正式和简便的，不得对小额索赔法院的判决或决定提起上诉。地方法院为赞比亚最低级别的法院和司法机构，负责审理与习惯法相关的案件，是对英国人在北罗得西亚设立的地方法院的沿袭，主要为非洲人提供司法服务。地方法院系统诞生于 1966 年 10 月 1 日，最初与英式治安法院系统平行存在。赞比亚地方法院目前分为 A 级和 B 级法院。截至 2018 年 12 月，赞比亚共有 184 个 A 级地方法院和 345 个 B 级地方法院。目前，赞比亚在卢萨卡省、姆钦嘎省、北方省、西北省、西方省、东方省、中央省、卢阿普拉省、南方省、铜带省分别设置了 2 到 4 名省级法律专员。

第二章　赞比亚投资法律制度

赞比亚是目前非洲国家中投资贸易环境较好的国家之一，自然资源丰富，政府积极推行经济多元化政策，鼓励农业、矿业、制造业和旅游业等行业共同发展，并取得积极成效。长期以来，赞比亚实行自由和以市场为导向的开放型经济，无贸易进出口配额，允许投资者进入所有经济领域，同时实施税收减免、劳工许可、土地转让、外汇自由等方面的优惠政策，大力吸引外资。为进一步改善投资环境，赞比亚于 2013 年启动“营商环境行动计划”，通过引入统一公司注册码、低风险项目环境影响评估费用减免及自动化程序机制等方式，便利投资程序，改善本地营商环境。

世界经济论坛《2020 年全球竞争力特别报告》显示，赞比亚在全球最具竞争力的 141 个国家和地区中，排第 118 位。世界银行发布的《2020 年营商环境报告》显示，赞比亚在全球 190 个经济体中营商环境便利度排名第 85 位。

第一节　赞比亚外资概况

2018 年联合国人类发展指数报告中，赞比亚的人类发展指数排名第 144 位，意味着赞比亚已发展成一个发展中国家。2021 年 4 月，惠誉国际评级将赞比亚长期本币发行人违约评级从“CC”上调至“CCC”，但仍将长期外币发行人违约评级维持在“RD（限制性违约）”。外币发行人违约评级的上调反映出，政府仍在继续偿还本币债务，并没有计划在任何潜在的债务重组中包含国内债务。这意味着最终重组外债可以改善总体公共财政状况，并支持本币债务的可持续性。不过，鉴于赞比亚公共财政疲弱和国内融资状况紧张，“CCC”评级仍反映了本币违约的可能性。外币发行人违约评级维持不变是因为赞政府未能完成2024年到期欧元债券的一笔利息支付，且政府还要继续偿还多边金融机构以外币计价的债务，以及一些对社会经济有直接影响的优先项目债务。

赞比亚经济产业结构较为单一，采矿业、农业和建筑业是国民经济主要的支柱产业。其中，采矿业的主体是铜矿和钴矿的开采和冶炼，农业的产值约占国内生产总值的20%，全国约三分之二人口从事农业，赞比亚耕地普遍缺乏灌溉系统，农作物抗灾能力较弱。制造业体系则相对薄弱，食品、饮料、烟草、纺织和皮革等行业产值约占整个制造业的75%。外汇管制方面，2013年2月，为加强外汇市场管理，赞比亚议会修改了赞比亚《银行法》，赋予赞比亚中央银行监管外汇流动的权力。2013年4月，政府颁布赞比亚《收支平衡监管法规》，明确中央银行对外汇监管的具体举措。2019年5月，赞比亚财长重申赞比亚为汇率自由浮动国家，不会因为近期汇率波动进行政府干预。

一、赞比亚国内经济现状

近年来，在宏观经济方面，赞比亚经济已经实现多年连续正增长，经济形势良好，主要表现为外汇储备增加、汇率稳定、通货膨胀率得到控制、货物贸易顺差大幅增加，人均GDP持续上升等。但是，赞比亚也面临干旱、电力短缺、农业歉收、外债高企等不利因素。新冠肺炎疫情加剧赞比亚经济脆弱性。2020年，赞比亚外债总额攀升至120亿美元，成为新冠肺炎疫情发生以来非洲首个主权违约国家。2021年9月，新一届内阁宣誓就职，致力于推动国家团结、经济增长、保障民生及社会平等。

由于赞比亚经济过度依赖矿业和农业，国际市场需求和价格波动等外部因素对其外汇收入、财政收支、汇率、宏观经济发展等方面有明显影响。近年来，赞比亚政府积极调整经济制度，推行经济多元化政策，力图摆脱单纯依赖铜矿资源为主要经济产业的状况，采取农业、矿业和旅游业等多行业共同发展带动经济增长的政策，塑造以市场经济为主导，相对自由、宽松的投资环境，以保障经济的健康、平稳发展。

二、赞比亚外资经济现状

联合国贸发会议发布的2021年《世界投资报告》显示，2020年，赞比亚吸收外资流量为2.34亿美元；截至2020年底，赞比亚吸收外资存量为193.68亿美元。2021年6月，赞比亚发展署公布数据，2020年326个注册投资项目的总投资额为58.41亿美元，而2019年350个注册投资项目的投资额为48.80亿美元。在58.41亿美元中，外国直接投资为31.7亿美元，国内直接投资为26.8亿美元。

赞比亚吸收外资主要集中在矿业、制造业、能源、建筑等领域。加拿大、中国、荷兰、南非、瑞士和英国是赞比亚主要的外资来源国。加拿大第一量子、瑞士嘉能可、印度韦丹塔集团等均在赞比亚投资大型矿产资源项目，此外，来自南非的投资集中在通信、贸易、旅游、零售等多个领域。目前在赞比亚开发矿产资源的外国投资公司主要有第一量子公司、嘉能可公司、韦丹塔公司、巴里克黄金公司、澳大利亚EMR基金公司和中国有色集团。

据中国商务部统计，2020年，中国对赞比亚直接投资持续增长，投资流量为2.14亿美元。截至2020年末，中国对赞比亚直接投资存量30.55亿美元。超过600家中资企业在赞比亚开展经营，主要集中在采矿业、制造业、建筑业、旅游业、农业和服务业等领域。中资企业重点投资项目主要包括中国有色集团、中国建材赞比亚工业园、赞比亚江西经济合作区、赞比亚农产品加工合作园区（中非棉业）、中阳生态农业产业园、赞比亚中垦产业农业综合开发项目等。

第二节　赞比亚投资法律体系及基本内容

2006年5月，赞比亚颁布《发展署法》（于2014年进行修订），对投资促进和投资保障有关内容进行了规定。2007年1月1日，赞比亚政府将出口局、出口加工区管委会、小企业发展局、投资中心和私有化署5个部门合并成立发展署，负责具体贸易投资促进及企业发展事宜。发展署为隶属于赞比亚商贸工部的半自治机构，为投资者提供“一站式”投资服务。为便利中国投资者，赞比亚发展署于2019年新增了中文网站，提供中文投资信息。

赞比亚投资领域法律法规主要包括《发展署法》《投资法》《公司法》《公私合营法》《关税和消费税法》《所得税法》《增值税法》《劳动法》《移民和驱逐法》等。

一、赞比亚投资政策及程序

外国人在赞比亚的投资均需向发展署申请投资许可证，根据申请人提交的投资计划，发展署董事会通常在30天内作出决定。发展署主要考虑以下因素：该项投资对赞比亚经济增长的促进作用、创造就业岗位情况、本地人员是否得到培训、投资与出口的关系、对环境的影响、技术转移情况等。如发展署董事会拒绝投资申请，申请人可向赞比亚财政部申请复议，若对复议决定仍不服，可向赞比亚高等法院起诉。在通信、银行、旅游、交通、采矿、卫生、教育、林业和航空等领域的投资，除申请投资许可证外，还需要得到相关行业国家主管部委的批准。

根据赞比亚《投资法》的规定，限制外资投资的行业包括两类，一类需要事前审批，另一类需要进一步申请专门的许可证。《投资法》规定的需要事前审批的行业主要包括：武器弹药及其他军用设备制造、有毒有害物质制造、货币和有价证券印制等行业。需要进一步申请专门许可证的行业包括：石油等能源矿物质开采和铀矿等放射性矿物质开采。

总体而言，赞比亚对外资十分友好，法律上未设置某个行业或某个地区的准入限制，仅个别行业存在具体限制规定。例如，《矿山和矿产发展法》规定，所有小型采矿权、手工开采权、淘金许可、矿产贸易许可只颁发给赞比亚人或赞比亚人拥有的公司，但工业矿产的采矿权不受此限。赞比亚的土地为国家所有，外国人投资无法获得土地所有权，只能拥有99年的租约。外资电信公司进入赞比亚国内市场之前，必须将10%的股权投放在卢萨卡股票交易中心。除服务行业外，其他行业大多数投资项目需获得赞比亚环境管理局的批准。根据赞比亚政府2011年颁布的《环境保护和污染控制法》的规定，项目实施之前，需要向赞比亚环境管理局提交一份环境项目摘要或环境影响报告，并取得该局签署的批准函。

赞比亚法律允许外资在赞比亚投资设立全资子公司，可以资金、技术和设备等方式进行投资。赞比亚发展署 2006 年第 11 项法案对设立多功能经济区进行了规定。赞比亚多功能经济区集合了自由贸易区、出口加工区和工业园区的概念，对赞比亚本地投资者和外国投资者实行无差别待遇。目前赞比亚依法设立的多功能经济区有 6 个，包括：谦比希、卢萨卡东、卢萨卡南、卢瓦那、恩多拉（撒哈拉以南非洲宝石交易所）和落马工业园区。2017 年赞比亚公布的第七个五年计划要求 10 个省至少各有一个多功能经济区，相关园区建设也在进行中。

目前，赞比亚正探索采用 BOT 方式开展基础建设项目，尚无成熟的运作模式以及管理规范。2008 年 12 月，赞比亚政府批准了在赞比亚实施 PPP 项目的政策框架。2009 年 8 月，赞比亚议会通过了 PPP 法，旨在推动和促进 PPP 项目的实施。赞比亚发展署网站上公布的 PPP 项目主要涵盖卫生、交通、农业、能源等领域，但目前尚无成熟的运作案例。

二、赞比亚产业发展目标及政策

2020 年 12 月 17 日，赞比亚总统伦古宣布启动 2020—2023 年“经济复苏计划”。该计划的主题是“通过宏观经济稳定性、经济多元化和债务可持续性，恢复经济增长和保障民生”。“经济复苏计划”着重从恢复宏观经济的稳定性、实现财政和债务的可持续性、恢复增长并实现经济多元化、清偿国内欠款和实施社会保障计划五个方面助力。“经济复苏计划”还将从商业促进改革、公民赋权计划、农民投入支持项目、公共投资管理、公共采购改革、公共财政管理、债务改革、赞比亚银行法修正案、承诺监控系统、燃料采购、电力改革、国有企业、电子政务系统等方面进行结构和法律改革。赞比亚内阁于 2022 年 4 月 5 日发布了《第八个国家发展五年计划》，定于 2022—2026 年实施。

三、外国投资者的待遇标准

赞比亚《发展署法》向投资者提供了广泛的鼓励政策，具体形式包括补贴、税收免除和特别优惠等。根据该法的规定，投资者须达到一定门槛才能享受财政性或非财政性的鼓励政策。赞比亚《发展署法》将投资者分为以下五类：

第一类是向某一特定行业或者产品投资不低于1000万美元的投资者。这类投资者除了可以享受赞比亚《发展署法》规定的鼓励政策外，还可与赞比亚政府商谈享受额外的鼓励政策。

第二类是向多功能经济区的优先行业以及向赞比亚《发展署法》规定的某个优先行业或者产品投资不低于50万美元的投资者。该类投资者除了享受一般鼓励政策外，还有权享受其他鼓励政策。

第三类是根据赞比亚《发展署法》被认定为微型或者小型企业的投资者。与第二类投资者类似，该类投资者除了享受一般鼓励政策外，有权享受其他鼓励政策。

第四类是向赞比亚《发展署法》规定的某个优先行业或者产品投资不到50万美元的投资者。该类投资者只能根据相应的法律规定享受一般鼓励政策。

第五类是向赞比亚《发展署法》规定的优先行业或者产品之外的任何行业或者产品投资任意投资额的投资者。该类投资者也只能根据相应的法律规定享受一般鼓励政策。

为缓解新冠肺炎疫情对赞比亚经济领域活动的冲击，赞比亚政府面向所有企业出台了支持政策。一是暂停对用于消毒剂和医疗领域用品的乙醇征收消费税。二是取消法规工具SI 90中有关进口零部件、润滑油和文具增值税申报的规定，减轻公司的负担。三是暂停对采矿行业的精矿产品征收进口关税，以纾缓该行业的压力。四是暂停对贵金属和鳄鱼皮征收出口关税。五是暂停征收医疗用品进口关税和增值税，包括测试设备、防护服、温度计、消毒剂、消毒用品和其他医疗设备等38个类别，完整清单近期将由赞税务局公布。六是豁免税务罚金及利息，免除企业因疫情造成的未偿税务责任的税收罚款和利息，资格标准、救济期限和其他相关要求近期将由赞税务局公布。七是建立一个有针对性的3至5年的再融资工具，面向合格的金融服务提供商，使其能够为符合条件的客户提供贷款重组及再融资服务，初始金额为100亿克瓦查，提供中期流动性。截至2021年5月底，该行已支付61亿克瓦查。八是扩大公开市场操作，按照较疫情前更灵活的条件，向商业银行提供短期流动性支持。同时，赞比亚财长还促请所有贷款机构给予宽限政策，在适当情况下考虑在规定期限内暂停偿还贷款，将利息偿还转为资本，甚至延长贷款偿还期限。九是提高个人数字交易限额，取消对150克瓦查以下的个人对个人转账的费用，要求商业银行在首3个月内取消从银行账户向电子钱包的转账费用，并降低商户贴现率。

第三节　赞比亚投资的法律风险与防范

结合赞比亚的相关政策、法律文本及案例可发现，赞比亚的投资风险主要集中在政治稳定性较弱、投资政策变动性强、通胀压力大等几个方面。

一、投资赞比亚的主要法律风险

（一）政治稳定性较弱，投资政策变动性强

自1990年12月恢复多党制以来，赞比亚逐步成为非洲民主政治较完善、稳定性较高的国家之一，在总统大选和议会选举中，虽然会存在关于政党候选人或执政政策的争议，但国家总体局势稳定，相关争议不会对国家安全和投资环境造成大的影响；同时，赞比亚政府长期致力于加强与中国的合作，希望通过拓宽双边合作伙伴关系，推动本国工业发展。因此，中国企业在赞比亚投资目前面临的国有化或征收的风险较小，但随着未来赞比亚政治和经济形势的变化，此类风险仍有可能发生。由于赞比亚政府每5年举行一次大选，政府的更迭很可能引起现有法律、政策的变动。同时，由于赞比亚政府财政收入主要依靠矿业企业的税收，且各政党在竞选中常会向矿区工作人员许诺提高其生活待遇，因此政府更迭前后，政府或各政党有关税收及矿业行业的政策也可能会发生变化。虽然前述政策最后不一定全部付诸实践，但仍可能会对投资者信心、员工心态产生直接影响，从而影响到投资运营的稳定性和预期收益回报。

与此同时，赞比亚境内矿产资源丰富，其自身又较为缺乏开发资源所必需的资金与技术，因此赞比亚政府支持外资开发本国境内资源。但是，根据赞比亚相关法律对投资准入的规定，外国人在赞比亚的投资除需到赞比亚发展署申请投资许可证外，在通信、银行、旅游、交通、采矿、卫生、教育、林业和航空等领域的投资，还需得到国家相关行业主管部门的批准，所以投资者在投资准入阶段，有可能面临无法获得投资许可证或主管部门批准的风险。迄今为止，赞比亚虽然尚未建立针对外资的国家安全审查制度，但在实际中为了保护本国自身经济和政治安全，政府会对一些关系国计民生的重大项目进行投资审批，对企业在外汇、进出口、土地使用、劳动雇用、环境保护等方面进行一定的限制。此外，对于需要签署特许协议的基础设施建设项目，如果不接受赞比亚政府提供的合同条款，投资者可能会损失部分投资机会。

（二）通胀压力大，融资风险大

受新冠肺炎疫情影响，国际货币基金组织预测，2020 年赞比亚经济增速将从此前预测的 3.6% 下降为 -2.6%。新冠肺炎疫情带来的经济调整将导致财政收入严重下降。据估计，预算收入将出现 148 亿克瓦查（约 8 亿美元）缺口，相当于核定 2020 年预算的 19.7%。税收则将按税种分类不同程度的减少。预计经济活动的缩减将涉及所有行业，导致所有税收和非税收入的减少。

2020 年 5 月，赞比亚中央银行预测 2020 年该国经济增长将收缩至 -2.6%，为过去 20 年来首次经济缩水。受新冠肺炎疫情影响最严重的经济部门为建筑、批发零售、旅游、制造业、电力及矿业等。因此，投资人需注意赞比亚通胀压力带来紧缩货币政策风险，日益增长的通胀压力带来了收紧货币政策的风险，这可能会进一步加大私营部门融资困难。截至 2021 年 8 月份，赞比亚年度通货膨胀率由 7 月的 24.6% 降低至 24.4%。

（三）市场规模小

赞比亚是一个小国，属于联合国确定的全球最不发达国家之一。这就决定了赞比亚的中产阶级稀少，本地消费能力有限。如果投资项目的目标客户为当地市场，则初期投资规模不宜过大，而应根据当地市场的占有率来逐渐扩大投资规模。如果投资项目的目标客户为国际市场，则可以根据原料供应量和自身经济实力等因素来确定合适的投资规模。

二、投资赞比亚法律风险的防范

第一，对赞比亚中央政府和各省市政府颁布的与投资相关的法律、法令、政策、规章和制度展开具体的研究和分析，并提出相应的具体指导性意见和操作方法。与此同时，积极向赞比亚政府提请有关投资的建议，充分落实投资相关法律、政策和管理规章，以确保投资项目的正常、稳定运行。仍可建立与赞比亚商工贸部、财政部、发展署、税务局等各部门之间，及赞比亚商人、律师间协调、沟通的长效机制，保证各方赋予具体投资项目的各项有利政策得到落实和执行。在赞比亚既有的法律框架下，根据赞比亚有关政府部门的授权，制定投资项目的政策和规章制度。

第二，在缓解通胀压力与应对融资风险上，应主要从严格控制开发成本、合理安排融资计划等方面入手。投资项目应严格按照制定的总体规划和控制性规划，合理控制投资项目整体的建设成本，避免资源浪费。在建设资金筹措方面，应高效利用包括项目融资、国际商业贷款等多种融资渠道和融资手段，减少对赞比亚当地银行贷款的使用和依赖，保障投资项目资金链的稳定性和可靠性。积极引入战略投资者投资项目建设，增加发展公司股东，稀释股权，降低中国投资者的融资压力，分摊项目资金风险。

第三，密切关注国际、中国国内的产业市场变化和波动，跟踪欧美发达国家、赞比亚经济贸易发展趋势，提前判断市场形势，以提前决策应对措施。同时，建立与赞比亚各级政府部门之间的市场信息交流渠道，及时获取相关市场信息资讯。与赞比亚工业和贸易行业组织建立密切的互动合作关系，即时掌握赞比亚国内商品贸易市场的相关信息，形成应对方略。加强与中国国内有关工业和贸易组织的联系，掌握中国企业开拓赞比亚市场的最新信息，为投资项目适时调整运营战略和招商引资政策提供依据。

第三章　赞比亚贸易法律制度

第一节　赞比亚贸易管理体制

一、赞比亚贸易主管部门

赞比亚主管进出口贸易的部门为商业、贸易和工业部。其主要职责是制定贸易政策，并对执行贸易政策的相关机构进行监管。此外，参与贸易管理的其他单位还有赞比亚发展署、赞比亚标准局、赞比亚税务局等。其中，赞比亚发展署是赞比亚首要的经济发展机构，承担着促进和推动赞比亚贸易、投资和企业发展的多方面任务。该机构还负责把控国家的投资状况，以增加资本流入、资本形成、创造就业和中小微企业数量的增长。赞比亚发展署于2007年开始运作，是赞比亚投资中心，赞比亚私有化署，赞比亚出口委员会、小型企业发展委员会和赞比亚出口加工区管理局的集合一站式服务机构。

二、赞比亚贸易管理的相关规定

赞比亚实行进出口贸易自由制度，大部分进出口货物的数量和数额没有限制，仅对玉米等主要农产品、原木、宝石、濒危野生动植物出口和石油、化肥等少数商品以及危害国家安全、违背社会道德、宗教信仰物品的进出口实施管制。如，赞比亚政府经常会禁止农副产品转基因食品的进出口；对野生濒危动植物的保护措施非常严格，禁止象牙、犀牛角等的非法交易；禁止进口色情、淫秽资料，以及全部或部分由监狱劳工生产的商品；药品进口和运输相关的法规非常严格。强烈建议入境旅客所带处方药及其他药品保留原始标签并配有医生处方，因为携带某些非处方药（包括某些感冒药）会面临被捕的风险。

三、赞比亚进出口商品检验检疫

进口产品需要获得相应机构或部门的事先认证：进口肉类需获得兽医部门的证明；进口植物、种子和果实需获得植物检疫证书；进口食品和药品需卫生部和赞比亚药品监管局认证；进口枪支弹药需赞比亚警察认证。进口食品必须带有英语标签，详细说明产品的成分和保质期。如果标签内容不详，产品可能会被没收并销毁。进口药品也必须带有英语标签，详细说明成分、推荐剂量、保质期和相关注意事项。

第二节　赞比亚贸易法律体系及基本内容

一、与贸易有关的主要法律

赞比亚与贸易相关的法规主要有《关税和消费税法》《增值税法》《竞争和公平交易法》《技术标准和管理标准法》《食品和药品法》《公司法》《知识产权专利法》《商标法》等。

赞比亚的贸易政策包含在一系列国家文件中，包括：2030 年远景规划（赞比亚政府，2006 年）、国家贸易政策（商贸工部，2018）、国家产业政策（商贸工部，2018）、国家出口战略（商贸工部，2018）和 2018—2022 年国家地方发展战略（商贸工部，2018）。这些文件旨在到 2030 年实现赞比亚经济的繁荣和多样化，使赞比亚发展成为一个多样化、工业化和货物和服务净出口国。

二、贸易相关法律的主要内容

在海关管理方面，为了使货物通过海关，进口商必须出示通常的商业单据，如提单、空运提单和商业发票。进口报关单只作统计用途，无须缴费。对于需要在边境进行清关的货物，进口商需向赞比亚税务局提交 CE20 表，即赞比亚出入境的标准表格。赞比亚使用海关数据和管理自动化系统（ASYCUDA）。通关可以在数小时内完成，但表格不完整等问题（例如缺乏证明文件）可能导致延误。

赞比亚对到岸价（成本、保险和运费）征收关税。关税是根据世界贸易组织关于海关估价的协定，以应纳税价值为基础计算的。大多数商品属于以下三个关税等级之一：0～5%（资本设备和原材料），15%（中间商品）或25%（制成品）。农业、水产养殖、太阳能和采矿用生产机械的关税为零。其他免税商品包括药品、兽医用品、医疗设备、计算机部件、散装化学品、肥料和种子。进口增值税由增值税部门收取，按应税价值的16%收取。碳排放附加费对所有进口的机动车以及来往和过境的机动车，根据发动机容量每年收取。

第三节　在赞比亚进行贸易的法律风险与防范

中国企业在赞比亚经商，必须熟悉并适应当地的贸易环境，应注意如下几个方面。

第一，信用证与保函风险。在中赞当事人之间的货物买卖合同中，信用证付款与电汇为主要的约定付款方式。为有效预防和规避拖欠货款的风险，应当了解利用信用证行骗的相关套路，日后在赞比亚遇到类似情况时能够见招拆招。除此之外，可以通过资信调查的方式，了解当地客户的基本信息、财务状况、经营状态、股权结构、过往纠纷等，出口企业还应当尽到“审慎义务”，严格审核信用证内容，防止特定的信用证“软条款”将出口企业陷于被动的局面，以便识破外贸骗局，规划交易流程，降低交易风险。

除此之外，作为企业贸易融资、工程承包、大型设备购置的重要金融工具，保函在企业赴赞比亚进行贸易合作的过程中越发凸显其重要作用。在贸易开展前期签订这些保函文件，建议通过银行担保的形式，从而为贸易双方的义务履行提供更多的保障，有效地确保债权人的追偿权实现，大幅降低与赞比亚进行贸易合作的中国企业融资、投资的难度及风险。其中，独立保函在保障债权、简化交易的同时，也难免滋生欺诈性索赔的风险。中国承包方或银行应注意从形式和内容上对格式保函进行修改完善。鉴于国际商事领域已有较为成熟的独立保函适用规则，如国际商会《见索即付保函统一规则》《联合国独立保证与备用信用证公约》等，考虑到商事交易的复杂性，一般建议中国承包方适用相关成熟的交易示范规则，如可能与保函内容存在不一致的，此时相关条款的优先级及解释顺序问题，也建议在保函中予以明确。

第二，运输风险。赞比亚海关规定所有进口到赞比亚的货物应该随附正本的形式或商业发票，海关不认可 PACS 系统中的扫描件，因此应确保所有货物发出随附正本发票。如果没有按照以上要求操作，将会导致清关延误并且可能受到罚款。

第三，合规风险。反腐败的合规一直都是全球关注的重点，企业在赞比亚经营过程中，要保持高度的警惕。赞比亚商业腐败较为严重，反腐败问题不仅要考虑赞比亚《反腐败法》的规定，还要考虑到全球性、区域性组织，其他国家及中国对腐败的监管。在与赞比亚的贸易合作中，中国企业应特别关注反腐败合规。一方面是因为，赞比亚仍处于初期发展阶段，司法系统透明与公正程度尚不高，容易滋生腐败。另一方面，赞比亚的法律法规仍存在不健全的现象，也缺少应有的监督机制。这两点直接纵容了赞比亚个别当地政府官员在正常程序之中寻求个人利益。面对《海外反腐败法》等境外法律宽泛的管辖权以及赞比亚本国政府的法规限制，在赞经营的中资企业需增强合规意识，以防范违反境外及赞比亚反腐败法律的风险。

第四章　赞比亚工程承包法律制度

据中国商务部统计，2020年，中国企业在赞比亚新签承包工程合同96份，新签合同额33.22亿美元，完成营业额20.22亿美元。累计派出各类劳务人员1848人，年末在赞比亚劳务人员4820人。较为有典型性的案例是，赞比亚当地时间2018年9月20日，中国建筑与赞比亚道路发展局签署赞比亚姆清噶省钦萨利至伊索卡103公里道路项目总承包合同，合同额7.85亿克瓦查，约合8333万美元。该项目起点钦萨利距离赞比亚首都卢萨卡约830公里，工程内容包括：全长103公里的现场清理及道路两侧排水沟、道路结构层和沥青混凝土面层、桥梁和涵洞、道路标识施工等。项目建成后将极大地改善当地交通运输状况，加强钦萨利至伊索卡人员和物流往来，促进沿线经济发展。

第一节　在赞比亚进行工程承包的业务流程

一、获取信息

大型政府机构或者国营、半国营公司的工程项目招标一般通过赞比亚国家招投标局组织招标，世界银行、非洲开发银行资助的工程项目，大多数情况下也是委托赞比亚国家招投标局组织招标工作。

招投标局一般通过公开媒体（通常为报纸）发布招标广告，若为国际公开招标有时亦发给各国驻赞比亚使馆。在某些特殊情况下，招投标局也会把招标信息直接发送给在该局有登记的承包商。招投标局根据以往承包商招投标以及项目管理记录，编制承包商黑名单，黑名单上的企业不能参与招投标。

二、招标投标

工程项目一般通过公开招标进行，少数重点项目采用有限招标或者议标的方式。招投标的方式与要求与国际通行的惯例基本一致。工程项目的公开招标程序为：资格预审、发行正式招标文件、现场考察、招标文件补充和答疑、提交投标文件、开标、评标、授标、签署协议等。

赞比亚在工程招投标的管理方面比较规范，评标委员会由几个部门的专业人员组成，较为透明。

三、政府采购

赞比亚政府采购通过电子政府采购（E－GP）系统，获取货物、工程和咨询服务。所有投标人必须注册才能参与竞标。

四、许可手续

在赞比亚承揽工程承包项目的许可手续比较简单，承包商在注册承包企业时，需要到赞比亚国家建筑委员会进行登记，申请得到相应的资质，该委员会委托建筑和工程承包商协会对企业申报的资质资料进行审核，审核过程类似招投标过程的资格预审。审核通过之后，企业即可在赞比亚承揽工程项目。

建筑和工程承包商协会是一个民间机构，拥有注册承包商数据库，列明承包商的营业范围以及资质等级，同时也有一份黑名单，黑名单上的企业不能参与招投标。

对于大型国际公开招标的项目，如电站、水库等，则无此限制。上述项目主要通过资格预审对承包商进行筛选。

第二节　在赞比亚进行工程承包的法律规定

一、许可制度

赞比亚不允许外国自然人在赞比亚承揽工程承包项目。赞比亚要求外国承包商在当地注册公司，对建筑承包企业分一类到六类不等的资质进行管理。其中，一类企业可投标的项目金额不受限制，二类企业可投标金额低于476万美元，三类企业可投标金额低于238万美元，四类企业可投标金额低于119万美元，五类企业可投标金额低于59.5万美元，六类企业可投标金额低于12万美元。

二、禁止领域

目前，赞比亚对外国承包商在当地开展承包工程业务没有限制，但根据赞比亚公路发展局2012年的最新规定，外国承包商获得赞比亚政府公路工程之后，需将20%的工程分包给当地承包商。

例如河南国际在曼萨—卢温古公路施工中，指定了39家分包商，在实地考察的基础上，根据其实际能力分配工作内容，河南国际与32家分包商签署了具体实施协议，分包商签约主合同额共计约3903万美元，约占合同额（不含暂定金）的20%，得到了赞比亚政府认可。河南国际安排分包商协调员对分包商进行分段管理，规范分包商合同管理，促使分包商按期保质完成分包任务。同时，对分包商现场施工和计划安排进行技术指导和培训，项目部工程技术部定期与分包商召开技术会议，安排专人指导和监督技术难度较高或质量要求敏感的工作内容。

三、招标方式

一般工程项目（尤其是由国际金融机构融资项目）都是通过公开招标进行，少数重点项目采取有限招标或者议标方式。

四、验收规定

赞比亚多数业主会委托工程师对在建项目进行管理，并委托工程师依据合同、规范进行工程验收。道路项目验收标准主要采用南部非洲路桥规范（SATCC）、世界银行小型项目采购简明合同，如公路局较多合同采用以上版本；地方政府部的道路合同较多采用 FIDIC1999 版标准合同，对质量标准、验收程序等有明确的规定；房建项目多参照 FIDIC，相关标准均以合同约定为主。

承包人完成阶段性分部分项工程后，向监理工程师提交验收申请，监理工程师将约请业主一起进行联合检查，现场联合检查通过后，监理会签字认可分部分项工程的质量验收。验收过程中，质量验收表格、现场签认表格等，都没有固定格式，在遵守基本流程的情况下一般根据监理工程师指示采用相应表格。

施工过程验收以现场监理工程师代表签字认可后即代表验收通过，监理工程师签字认可的文件由承包人和监理咨询单位各保存一份，业主审计部门可随时要求调阅监理工程师签认的验收文件，工程竣工验收完成后编入竣工文件中一并移交业主。监理工程师对签认的文件负责，对验收过程的真实性负责。承包人确保施工质量达到监理认可标准通过验收后，还应对施工成品负相应的保护责任；若因非承包人原因施工成品遭受破坏，承包人应书面致函监理工程师申请对事故进行确认，由监理工程师约请业主现场联合检查以免除承包人责任。责任的界定或索赔的申请若超出合同约定或规范标准的范围，一般由三方通过专题会议友好协商解决，若不能协商解决则可申请仲裁。

采取 DBB（设计－招标－施工）模式施工总承包合同中对标准有明确规定，中国标准不适用；对于大型 EPC 项目，业主采取较审慎的态度，可在设计阶段向业主方提出适用标准变更，部分中国标准要求高于南非路桥规范的，经业主批准后可用来参考。

第三节　赞比亚工程承包的法律风险与防范

中国企业在赞比亚开展承包工程业务时，需注意以下几点。

（1）善于利用合同条款。在施工中，应严格按照合同要求组织施工，并善于利用合同条款，合理地提出变更、索赔等要求。加大追收拖欠款项进度。如项目欠款已产生，企业应积极采取措施追收拖欠款，了解跟踪赞方财政收入情况，及时提出相关要求。密切追踪赞比亚政府相关立场动态，做好风险预案。

（2）注意价格和汇率风险。由于当地货币汇率变化较大，承包商宜在合同中写明价格调整条款，减少价格变动带来的风险和压力。

（3）警惕赞比亚政府债务问题。承包商在承建项目时，应充分考虑到赞比亚政府的债务水平，评估其资金状况和偿付能力，根据付款状况及时调整工程进度，防范工程款项拖欠等潜在风险。未来工作重点应放在正在实施的项目，特别是有经济效益的大型项目。已经签署商业合同但融资没有保障的项目，放弃跟踪和投标，以避免造成新的债务或拖欠。并根据项目情况排列优先顺序，对于赞方提供的新项目，谨慎评估其风险。

（4）努力与当地企业合作，处理好与当地竞争对手和政府部门的关系。赞比亚政府极为关注当地企业与居民能否享受经济发展的成果，与当地企业加强合作，有利于中国投资者在赞比亚扎根。尤其是要注重人文沟通，形成文化共识，同时注重提高当地居民技能，传播技术和经验。根据赞比亚公路发展局 2012 年的规定，外国承包商获得赞比亚政府工程之后，需将 20% 的工程分包给当地承包商。赞比亚总统及政府高层均高度关注该政策实施效果，多次呼吁所有外国承包商严格实施该政策。

（5）加强与各方协调，搞好公共关系，善尽企业社会责任。应与项目涉及的业主、监理、政府部门等多沟通，相互尊重，相互理解。加强与当地媒体的联络和沟通，创造良好的舆论氛围。

（6）转型升级，积极从 EPC 向 BOT 等投建营一体化模式发展。目前，赞比亚市场 EPC + F 的模式在当前情况下难以为继，PPP/BOT 为代表的投建营一体化是各方均积极提倡的转型升级模式，已有部分企业在践行。

（7）通过保险、外包等方式转移自然环境风险。相关案例显示，中国企业在赞比亚开展的项目受多雨天气和不良地质条件影响较大。如赞比亚西方省的芒古—卡拉博公路项目，因其所处地区为洪泛沼泽，雨季结束后很长一段时间施工现场均被洪水淹没，从而给施工造成了很大的阻碍，导致施工期明显增长。加之该地区地质条件较差，施工主要材料严重匮乏，因此需要远程获取原材料，从而极大增加了工程成本。因此，建议中国企业在项目开发阶段，可以通过向专业机构进行咨询，查询历史数据和案例，向有经验的公司进行咨询的方式，合理评估自然环境风险，并巧用保险、外包等方式转移风险。

第五章　赞比亚劳工法律制度

赞比亚关于劳工权益保护的法律法规较完善，但对当地劳工权益保护不足的现象仍然存在。

第一节　赞比亚劳动法及基本内容

2019 年初，赞比亚公布 2019 年第 3 号法律《劳动法》，自 2019 年 5 月 10 日开始实施，与此同时，赞比亚此前颁布并执行的《雇佣法》《雇佣（特别条款）法》《少年儿童雇佣法》《最低工资和雇佣条件法》废止。

一、雇员种类

赞比亚的雇员分为参加雇员和临时雇员两类，“雇员”指为了获取工资或佣金而签订雇用合同的人员，包括临时雇员，以及根据《学徒法》签订学徒合同的人员，但是不包括独立承包商或者受雇从事计件工作的人员；“临时雇员”指受雇从事临时工作的员工，在受雇期限内按照小时工资来支付报酬，包括额外酬金，在每天结束时支付报酬，每次受雇期限不超过 24 小时；新《劳动法》的大多数规定只适用于正式雇员，而不适用于临时雇员；《劳动法》禁止把长期工作临时化，而区别临时工作和长期工作的分界线就是该项工作能不能在 6 个月之内完成。新《劳动法》把受雇从事计件工作的人员排除在“雇员”之外，如果某些工作任务可以计件，例如搬运物资，最好跟有关人员签订承包合同，以便贯彻“多劳多得”的原则。《劳动法》规定全职工作的最低年龄为15岁；雇主不得雇佣16岁以下的儿童，除非得到劳工官员的授权，或儿童签有学徒合同。雇主必须对18岁以下的青年工作者进行登记。

二、劳动关系的终止

雇佣合同被有意终止的雇员有权获得一段时间的提前通知，或者用补偿金额来代替通知，除非该雇员出现行为不端，使得要求雇主继续维持雇佣关系变得不合理。当雇用合同没有规定通知期限时，雇主应遵守下列规定：（1）对于（有效期限）不超过1个月的雇用合同，提前24小时进行通知；（2）对于（有效期限）超过1个月但不超过3个月的雇用合同，提前14天进行通知；（3）对于（有效期限）超过3个月的雇用合同，提前30天进行通知，其中（有效期限）超过6个月的雇用合同，关于终止雇用合同的通知必须采取书面形式。雇用合同自动到期或依法到期应支付退职金。如果是合同自动到期，而且雇员尚未达到退休年龄，那么雇主必须按照每年3个月基本工资的标准来发放其退职金；如果合同尚未到期，但雇员已经达到退休年龄，那么由社会保障机构支付退休福利金。

雇主要采取裁员措施，必须遵守新《劳动法》的有关规定，首先，在终止雇用合同的不少于60天之前，雇主要向劳动官员提交关于即将实施的裁员措施的书面报告；其次，在终止雇佣合同的不少于30天之前，雇主要向相关雇员或者雇员代表（如果计划裁减的雇员不止一个）通知裁员的数量和实施时间；再次，雇主要与相关雇员或者雇员代表坐下来协商如何减少裁员带来的不利影响的解决方案，包括雇员自愿减薪、减少上班时间等。

三、工作时间与薪酬

办公室工作人员每周工作时间不超过40小时，商业行业雇员每周工作不超过45小时，工厂工人每周工作不超过48小时。看门人每周工作60小时。加班工资按其小时工资的1.5倍支付，周末和公共假日的加班工资按雇员本人小时工资的2倍计算。

最低工资根据不同工作岗位而有所区别。据2012年最低工资标准调整规定，雇员最低工资标准按工种不同分五档，分别为 700～1587 克瓦查不等。除工资外，雇员还享有每月 102.4 克瓦查的交通补贴，120 克瓦查午餐补助，210 克瓦查住房补贴，劳保服装，丧葬补助等津贴和福利。2018 年 9 月，赞比亚修订家庭佣人、商超员工、接待员及警卫等工人的最低工资和就业条件，家庭佣人的工资从 522.4 克瓦查增加到 993.60 克瓦查，其中包括交通补贴；商超员工修订的最低工资从 1132 克瓦查升至 1698.60 克瓦查，其中包括交通、午餐和住房补贴，具体工资将根据员工的等级变化，而此类别中最高等级的最低工资标准为 3558.9 克瓦查；在诸如接待员和警卫在内的一般工人类别中，普通级别工人的最低工资为 1698.60 克瓦查，而高级工人的最低薪资为 3151.61 克瓦查。

四、保险、福利、医疗与产假

雇员为雇主工作不少于 10 年、达到 55 岁的，每年享有 3 个月基本工资的退休金。大多数企业为本企业雇员和雇主，按收入 5% 的比例向“赞比亚国家养老基金会”缴纳养老金，也有企业建立了自己的养老基金会，在此种情况下毋需另外支付退休金。

企业为员工支付卫生医疗费用，少数企业拥有自己的医院或诊所。雇员因病或事故不能正常工作的，可凭注册医师或雇主指定医疗机构的医疗证明，领取 3 个月全额病假工资，从第四个月起可领取 3 个月的半额工资。如果雇员自生病或受伤之日起 6 个月内未能痊愈的，雇主可凭注册医师或雇主指定医疗机构的建议解雇雇员，同时取消休病假的权益。

为同一个雇主连续工作时间达到 24 个月（起算日期为该雇员的入职之日或者上一次产假结束之日，截止日期为该雇员要求休产假的前一天）的女职工有权休 14 周产假，并领取全额假期工资，多胞胎延长 4 周，生育早产婴儿的女性员工有权获得延长的产假，其延长期限由执业医生提供建议。当女性雇员从事了多份兼职工作，则每个雇主应分摊产假福利金。

五、住房与交通

雇主必须向所有雇员提供某种形式的住房补助，这是一项法定要求。雇主可以在雇员购买或建设住房时提供贷款或者预付款，可以向雇员的抵押贷款或者住房贷款提供担保，也可以在雇员的基本工资之外提供住房补贴，其标准为基本工资的30%。

雇员工作地点离居所超过3公里的，应向雇员提供每月102克瓦查的交通补贴，雇主提供车辆的除外。

六、公共假期及休假

雇员连续工作满6个月后，可享有每年12天的带薪休假，每月享有2天全额带薪假期。带薪休假时，雇员住家路程超过280公里，且其累积的假期达到60天的，每280公里应补加一天乘车时间。休假期间应得的所有薪酬，包括休假补贴（相当于一个月基本工资），均应在休假前立即支付。雇员在日历年度里有权享受至少12天的发放全额工资的探亲假。此外，已经工作了6个月或以上的雇员，应获得每个日历年度不超过7天的带薪假期，以便使雇员照顾患病的配偶、子女或被抚养人，但是在批准假期之前，雇主可以要求雇员提供执业医生出具的诊断书来证明其配偶、子女或被抚养人患上疾病，并且需要特别照顾。雇员有权获得每年3天的带薪假期，以便履行对于子女、配偶或被抚养人的关怀、医疗和教育方面的责任。女性雇员有权享受每月1天的母亲假。

七、雇员离职和死亡处理

雇员因病、裁员或退休，雇主应将雇员及其家人送回至录用地点，或支付遣返费，其数额应足够遣送雇员、家属以及其个人物品。

雇员死亡时，雇佣单位需要向雇员配偶及婚生子女支付丧葬补助：棺材、350克瓦查、50公斤玉米面、往返本地墓地的车辆或提供租车费用。

第二节　外国人在赞比亚工作的规定

法律规定在赞比亚投资不少于25万美元的投资者，有权获得一个自雇许可证和最多 5 名外籍员工的工作许可。工作许可应在入境前办妥。投资超过 1000 万美元的投资者，外籍员工数量可和政府协商。

赞比亚失业率较高，为优先保证当地人就业，赞比亚移民局规定，雇主若能证明该岗位无适当经验和技能的赞比亚人可胜任，才可申请雇用外籍员工。因此，在办理工作许可时只鼓励工程师、专家等高级管理人员在赞比亚就业。新《劳动法》规定，只有被列入关键技能清单的工作岗位才能允许雇主聘用外国人。而在该清单之外的任何岗位，只能聘用赞比亚公民来担任。雇主不得因为聘用了一个外国人而解雇任何数量的赞比亚公民。雇主不得强迫外国人从事其不同意从事的工作岗位。违反本条款的规定的雇主构成了违法行为，一旦被定罪，必须接受不超过 30 万个罚金单位（相当于 9 万克瓦查）的罚金，或者入狱服刑不超过 3 年，或者并处罚。此外，在可行的条件下，雇主要给外国人配备一个学徒，制定培训方案和接班计划，然后向劳动部门提交年度报告，而劳动部门也可以随时核查进展情况。

劳动部门将登记在赞比亚工作的所有外国人的雇主名称、外国人的姓名、性别、国籍、资格证书、工作岗位等信息。外国人登记簿应由劳动专员进行保管，并且在正常办公时间供社会公众进行公开检查。

根据新《劳动法》的授权，赞比亚政府将成立两个专门委员会，分别为技能咨询委员会和劳动咨询委员会。技能咨询委员会的职能是通过向劳动部长建议采取必要措施来确保下列目的：赞比亚公民获得雇佣机会的优先权；根据 2006 年《公民经济赋权法》的规定，在雇佣和劳动关系中采取有利于赞比亚公民的积极行动；对于相同价值的工作，赞比亚公民获得与外国人相同的工资；在雇佣和劳动关系中促进赞比亚公民的福利。劳动咨询委员会将成为三方协商劳动协会所属的特别委员会，其职能包括：调查任何岗位或行业的工资和雇用条件，以便提出关于最低工资和雇用条件的建议；对于任何团体的员工，至少每两年评估其最低工资和雇用条件，然后向劳动部长提出相关建议。

第三节　与赞比亚进行劳务合作的法律风险与防范

一、与赞比亚进行劳务合作的主要法律风险

赞比亚中国企业与当地劳工之间发生劳资纠纷，从企业自身来看，企业内当地劳工管理制度不完善，中国企业忽视对当地劳工权益的保护；从赞比亚政府来看，其政府为了经济发展袒护中国企业，缺乏合理解决赞比亚中国企业与当地劳工之间劳资纠纷的机制。

中国与赞比亚已建交50余年，由于中国企业在赞比亚的投资领域逐渐扩大，中国企业与当地劳工的劳资纠纷也越来越多，赞比亚人民认为中国企业忽视当地劳工权益的保护，对中国企业的态度由热烈欢迎转变为抱怨。所以，赞比亚中国企业在赞比亚经营要实现可持续发展目标，依据国际劳工标准和当地劳工权益保护法律法规来保护当地劳工的权益是十分必要的。

（一）劳工工作权法律保护缺位风险

中国企业在赞比亚投资时间越长，管理当地劳工的经验越丰富，也逐渐认识到与当地劳工签订劳动合同利大于弊，并且开始重视与当地劳工签订劳动合同的问题。但是由于赞比亚劳工与中国人文化观念的不同，在具体工作过程中必然会或多或少地存在一些问题，如赞比亚劳工通常都不能按照劳动合同中规定的时间到工厂上班，当地劳工的劳动报酬要周结，而且不少当地劳工在消费完所有劳动报酬之后才回公司上班等。所以赞比亚中国企业与当地劳工签订劳动合同时，一般会约定一个月的试用期，但最后能通过试用被录取的当地劳工极少，这严重影响工厂的生产效益。而且也存在即使签订了劳动合同，当地劳工也不会遵守的现象，所以使得不签劳动合同现象依然大量存在。

与此同时，多家赞比亚中国企业遇到过工人罢工的情况，其中最严重的一次是赞比亚有色矿业集团的当地员工罢工事件，导致劳工伤亡并且造成企

业损失严重，损害了中国企业的整体形象。部分赞比亚中国小企业还没有认识到工会的重要作用，用惯常思维主观地认为赞比亚劳工就业机会难得，国家贫穷，政府腐败，工会组织不过是个形式，从而忽略了当地劳工的工会权，以至于在发生劳资纠纷时不能及时解决。

（二）劳工职业健康与安全权法律保护缺位风险

赞比亚政府部门指出，赞比亚中国企业应该改善工作条件，注重劳工的职业健康与安全，提供符合赞比亚劳工标准和国际劳工标准的工作条件和配套的设备。赞比亚政府非常重视职工的职业健康与安全，设立职业健康与安全部，并安排一个总督察监督职业健康与安全部。该部负责检查机械、电气、压力容器，职业卫生区，建设与土木工程区，其核心功能是检查安全生产执法、测试压力对工厂和建筑工地的影响、调查职业事故和危险事件，并在工作场所提供有关危险操作的指导意见。部分赞比亚中资企业投资规模小，生产设备不健全，为了降低生产成本，提高企业利润便没有按照国际劳工标准和赞比亚法律的规定保障当地劳工的健康与安全。

（三）劳工劳动报酬权法律保护缺位风险

赞比亚法律规定员工连续工作 1 年可以奖励 2 个月的基本工资，如果自己辞职就视为自动放弃 2 个月基本工资的奖金。但是赞比亚劳工的价值观念导致其崇尚自由，不愿意签订固定合同，或者签订长期劳动合同却不能遵守合同的约定。所以赞比亚劳动力市场临时工比较活跃，企业不能为当地劳工提供合理的劳动报酬就会导致当地劳工对企业不满。

部分赞比亚中国企业本身投资成本不丰厚，加上聘用的赞比亚劳工生产技能不高，导致生产的效益达不到预期目标，唯有靠加班实现生产计划。赞比亚劳工的工作时间观念非常强，不愿意加班，企业只能调整生产计划。如此，赞比亚中国企业没有生产出产品就无法获利，企业没有盈利就只能拖欠工资。但是拖欠劳工工资及其他劳动所得的行为，容易激化当地劳工对赞比亚中国企业的不满，当地劳工因为赞比亚中国企业拖欠工资导致的伤亡事件已有数例，不仅损害中国企业的形象，还给国家带来消极影响。

（四）劳工休假权法律保护缺位风险

赞比亚劳工的工作观念严格遵循国际劳工标准，对于加班非常抵制。赞比亚《每日邮报》曾报道过赞比亚中国企业对劳工休假限制得太严格，赞比亚当地劳工无法理解中国人为什么不遵守国际劳工标准规定的工作时间，认为赞比亚中国企业规定的工作时间违反法律法规。赞比亚中资企业的管理员大部分是中国人，骨子里有着中国人民勤劳节俭的优良传统美德，到赞比亚管理当地劳工时认识到赞比亚法律规定工人有权在纪念性节日和宗教节日带薪休假，而赞比亚的假期非常多，国家规定的节假日有12个，加上当地劳工不仅技术不高而且工作时间意识非常强，以上种种使得企业想要按计划完成工作量非常困难。

虽然赞比亚中国企业对当地劳工的休假权已经越来越重视，但部分赞比亚中国企业仍然存在对当地劳工休假权保护不足的情况。其实根据赞比亚的国情，这是企业在发展阶段无法避免的现象，赞比亚私营小企业受资本规模限制，外加严苛的劳工法律法规和政策，会让它创造的利润和支出成不成比例，甚至支出大于收入，不能为赞比亚中国企业的经营创造利润。这种情况下中小型民营中国企业就面临两种境况：一种是企业内出现财政赤字，无法继续在赞比亚投资经营；另一种是及时改变企业内的管理制度，依据赞比亚法律法规制定适合赞比亚当地劳工的管理制度，为企业的长远发展做好充分准备。当地劳工有较强的维权意识，所以仍存在对当地劳工休假权保护不足的情况。

二、与赞比亚进行劳务合作的防范措施

（一）加强内部协商

在赞比亚投资的一些发达国家的大中企业在企业内部设立劳资纠纷处理机制，若劳工加入了企业工会，当该劳工与用人单位发生劳资纠纷时，可以由劳工本人或企业工会代表与用人单位的代表进行协商，若工会认为该纠纷涉及的问题是企业普遍存在的，会将其反映给用人单位的管理人员，管理人

员经过调查，了解清楚情况，组织劳资双方调解解决，解决不了的，将调解不成的结果告知劳工本人或企业工会代表，该劳工可以向上一级主管人员申诉。

赞比亚部分中国企业现在也开始学习在赞比亚投资的西方国家企业的做法，在企业内部设立企业工会，用来预防和解决企业与当地劳工之间的经济利益冲突。但是，因为赞比亚中国企业近年来才意识到工会的重要性，在中国国内虽然有些企业设立了工会，中国劳工的维权意识不是很强，因此在机构设置和人员安排上还有所欠缺。赞比亚中国企业与当地劳工应该定期交流沟通，及时发现问题，排解双方的消极情绪，调整企业内部工会的机构设置和人员安排。随着实践经验的积累，以及赞比亚中国企业领导层的努力，相信工会机构的管理一定会越来越完善，一定能更好地发挥企业工会的重要作用。

（二）积极承担社会责任

赞比亚中国企业依靠赞比亚廉价的劳动力发展制造业、建筑业、采矿业等容易产生环境污染的劳动密集型产业，从事这些行业的当地劳工的生命健康与安全受到的威胁更大。相比西方国家设立的服务产业和技术产业，中国的企业应该更加注重打造自己的企业品牌，树立良好的企业形象，保护好当地劳工的合法权益，实现中国企业与赞比亚劳工的共同发展。

当前，中国企业在赞比亚的社会责任问题日益凸出，在赞比亚的中国企业履行社会责任与否成为国际社会和赞比亚政府关注的热点。在赞比亚的中国企业应该保证经营活动的阳光度，坚持可持续发展的基本原则，完善社会责任承担机制，积极承担社会责任，保护好赞比亚的环境，保护好当地劳工的合法权益，加强对当地劳工的职前培训教育，利用媒体和新技术向全世界展示中资企业的企业文化和综合竞争力。

（三）依法完善管理制度

赞比亚的法律法规具体明确，作为投资者的中国企业不仅要遵守赞比亚与投资相关的法律法规，还要依据赞比亚劳工权益保护相关法律法规和政策制定合适的管理制度，在企业内部设立工会，设立公关部门，完善海外经营管理体制，注重企业文化与当地文化的融合，以便及时与当地劳工沟通，不让矛盾积累沉淀至爆发劳资纠纷，实现企业的长远发展。

赞比亚中国企业可以借鉴赞比亚劳动管理局发布的劳动纪律条例，大致分为：口头警告、书面警告、停职停薪、立即开除。对企业管理而言，劳动纪律是一份很重要的文件，是除劳动法以外，能最直接、最有效约束工人的文件，企业管理者应该高度重视。如果企业出具双方合意约定的有效处罚文件，劳工部门也不能插手。用好停职停薪这个处罚方法有利于赞比亚中国企业管理好当地劳工。赞比亚中国企业的管理员应该学习当地语言以减少由于说“stop”导致的不利后果，当地劳工认为“stop”就是立即开除，会瞬间激化矛盾，当地劳工会向劳工组织请求维权，赞比亚中国企业需要给当地劳工各种补偿金，甚至会收到赞比亚劳工部或法院的通知书。所以当地劳工消极怠工时，一线管理者应该依据管理条例出一份处罚文件，让当地劳工签字后离职，当地劳工几天后会向企业管理者请求上班或者主动辞职。企业管理者对当地劳工实施书面警告、立即开除等管理行为时都要出具书面文件，并且要保存好书面文件，在发生劳资纠纷时有充分的证据证明中资企业的行为是合法的，从而维护企业的合法利益。

赞比亚中国企业在管理当地劳工时可以借鉴英国绩效考核制度。绩效考核制度是企业组织以既定标准为依据，对企业内劳工的行为表现和工作结果方面的情况进行收集、分析评价和反馈的制度。在企业内有效实施绩效考核既能提高企业的生产效率，又能提高当地劳工的工作积极性。所以企业制定绩效考核标准时既要准确定性，还要明确考核的内容进行定量考核。

（四）增强法律意识

赞比亚政府鼓励中国企业进入赞比亚投资建厂，解决了部分赞比亚劳工的就业问题。最初赞比亚当地劳工都非常欢迎中国投资者，但是随着中国企业在赞比亚拖欠工资以及不注重对当地劳工其他权益的保护等现象的出现，导致当地劳工对赞比亚中国企业不满，最终产生劳资纠纷，损害中国企业和中国的形象。中国企业在招聘中国籍管理人员时，要注重管理人员的综合素养和人际交往能力，从而降低管理人员与当地劳工之间的矛盾，甚至能及时化解矛盾。

赞比亚中国企业要增强法律意识，在签订劳动合同时咨询相关法律专家，或者在企业内设立法务部，注重资料的搜集与保管，加强证据保管意识。积极加入赞比亚雇主协会，利用雇主协会提供的咨询机制，加强对赞比亚相关法律法规的深入学习，充分认识赞比亚劳动法。除了了解前文列举的主要劳动法相关法律以外，还需要了解很多劳动与社会保障部部长颁布的法令。

（五）妥善处理罢工事件

赞比亚当地劳工罢工时，既可能采取积极抵制行为，也可能采取消极怠工行为。协商处理的事项涉及劳资双方的小事，法律条文或者劳动合同中不可能详细规定，或者不能启动正式的劳资纠纷处理程序，此时只有根据具体情况来处理。在赞比亚，合法罢工是法律赋予劳工的一种权利，当赞比亚中国企业不能顺利协商和调解企业与劳工的纠纷时，劳工为了维护自己的权益而采取的比较激烈的手段是众多涉案劳工集体进行的示威行动。多数情况下，赞比亚劳工罢工会导致劳资纠纷更加激烈，损害赞比亚中国企业的财产，也会影响生产进程。

赞比亚法律虽然规定劳工有罢工权，但是劳工在发生纠纷时通常会失去理智，并非依法理智的罢工，最终导致双方的损失更严重。赞比亚中国企业可以借鉴美国、日本的苦情处理制度。苦情处理制度是针对个别劳工偶然或突发的情况而请求用人单位给予一定的特殊照顾。在国外立法中，普遍将它看作一种利益争议处理制度。因为苦情处理制度所处理的劳资争议一般都是法律没有规定且劳动合同中没有记载的，加之适用权利争议处理方式缺乏相应的依据，这种情况下便只能基于利益衡量来处理。

（六）与双方政府或相关部门斡旋

随着中国综合国力的逐步提高，中国政府也大力提倡中国企业到赞比亚投资建厂，为赞比亚基础设施建设做贡献，为赞比亚提供成千上万的工作岗位。赞比亚政府为了吸引外国投资者，改善本国就业条件，为本国人民提供更多就业机会，在赞比亚中国企业与当地劳工发生劳资纠纷时，通常也会积极配合中国驻赞比亚大使馆与当地劳工进行协商或调解。中国驻赞比亚大使馆、中国驻赞比亚商务参赞处以及赞比亚当地政府都是国家的权威部门，通常都能快速解决劳资纠纷，一般由赞比亚中国企业给予当地劳工一笔赔偿费。

中国政府以和为贵的优良传统使得中国企业与当地劳工发生劳资纠纷时总是采取协商、调解的办法来解决纠纷。短期而言对维护两国外交关系，实现双赢局面利大于弊。而中国政府若要实现可持续发展战略，应该积极学习西方发达国家，最大限度地了解赞比亚法律法规，做好宣传工作，对赞比亚中国企业保护当地劳工合法权益的情况进行监督。

（七）重视企业工会的作用

赞比亚国家虽然没有颁布调解法、工会法，不过由于英国殖民统治末期，工会组织如雨后春笋般出现，赞比亚当地劳工便习惯于通过工会维护自己的合法权益。赞比亚已有较完备的争议处理体系，主要由劳资双方自行协商解决、调解仲裁和诉讼，在赞比亚《产业与劳工关系法》和《雇佣法案》中对劳资双方权利救济作了规定。面对赞比亚的高失业率，赞比亚政府认识到罢工并非最有效的维权方式，通过工会协商谈判来解决劳资纠纷相对来说是最和平的方式。工会应该更加积极主动地参加企业事务的管理，以建立相对稳定和谐的劳资关系，保证就业率和国家的稳定。

赞比亚工会大会是该国影响力最大、组织体系最大的全国性工会组织。其他非政府组织有赞比亚商会和行业协会、赞比亚银行业协会、赞比亚清关和运输代理协会、赞比亚制造商协会、赞比亚出口种植者协会以及赞比亚保险经纪人协会等。

赞比亚中国企业应该重视工会的作用，积极加入当地工会协会。向协会咨询相关法律法规和政策，依据法律规定的程序办事，在工会协会树立良好的企业形象。与协会内其他成员加强交流与沟通，借鉴其管理模式，从而减少中国企业与当地劳工之间的矛盾。

（八）完善劳动争议处理制度

赞比亚中国企业要通过仲裁或诉讼的方式解决劳资纠纷，需要熟悉赞比亚的仲裁程序和诉讼程序，平时要注重搜集和保存证据。中国相关部门应该及时翻译赞比亚更新的法律法规，为有意向到赞比亚投资的投资者提供实时的法律信息，同时能让中国企业依法高效维护当地劳工的合法权益，减少劳资纠纷。

第六章　赞比亚财税金融法律制度

第一节　赞比亚财政金融情况

一、赞比亚金融环境

（一）当地货币

2013 年 1 月 1 日，赞比亚启用新货币。新货币与旧货币的面值比率为 1:1000，仍称为克瓦查。赞比亚货币兑换相对自由，一般情况下可随时兑换美元、英镑、欧元、南非兰特等货币。人民币与克瓦查在中国银行赞比亚分行可以直接兑换，其他银行尚未开通人民币兑换业务。

2018 年下半年开始，受债务负担沉重、政府财政困难等因素影响，赞比亚克瓦查一路贬值。截至 2021 年 5 月，克瓦查兑美元汇率已从 2018 年 6 月的 10:1 左右贬至 22:1 左右。2021 年 3 月 31 日，克瓦查兑美元汇率为 22. 06:1，克瓦查兑欧元汇率为 25. 99:1，克瓦查兑人民币汇率为 3. 33:1。

（二）外汇管理

1993 年 1 月，赞比亚政府取消了外汇管制，资本项目和现金项目下的货币都可自由兑换，汇率完全由市场供求关系决定。2012 年 6 月，赞比亚政府颁布了禁止使用外币交易（SI33），规定国内交易中禁止使用外币报价和结算。2013 年 2 月，为加强外汇市场管理，赞比亚议会修改赞比亚《银行法》，赋予赞比亚中央银行监管外汇流动的权力。同年 4 月，政府颁布赞比亚《收支平衡监管法规》，明确中央银行监管具体举措。6 月，政府颁布外汇监管法案（SI55，取代原赞比亚《收支平衡监管法规》），加强对所有国内外外汇交易的监管。2014 年 3 月 21 日，赞比亚政府宣布取消 SI33 和 SI55 两项法案，外汇管制得以放松。2019 年 5 月，赞比亚财长重申赞比亚为汇率自由浮动国家，不会因为近期汇率波动进行政府干预。

根据赞比亚相关法律规定，企业利润汇出需缴纳 10% 的资本利得预提税。如果与赞比亚签署了双边税收协定，则根据协定执行。根据赞政府现行规定：（1）所有跨境业务都须在银行端申报。（2）外汇现金交易有额度限制。每日取款限 5000 美元。每日存款个人客户限 20000 美元，公司客户限 100000 美元。（3）禁止携带超过价值 5000 美元的现金出入境。

（三）银行与保险公司

赞比亚中央银行，是国家金融最高管理机构，成立于 1964 年。银行职能包括货币发行，维持货币稳定；制定金融政策，保证健全的金融体系；充当银行业经营者和金融顾问；管理和监督各类商业银行。

目前，赞比亚有 17 家商业银行（包括外资银行和本土银行）。英国渣打银行、南非标准银行、美国花旗银行等均在赞比亚设立了分支机构。

赞比亚中国银行成立于 1997 年，主要为当地中国企业提供账户管理和项目融资等服务。中国银行在卢萨卡和基特韦设立营业网点。

（四）融资渠道

为加强对市场利率的指导，赞比亚央行自 2012 年 4 月起，每月公布货币政策利率。2020 年 8 月，赞货币政策利率为 8.0%，商业银行平均贷款利率为 25.8%。2021 年 2 月 17 日，赞货币政策利率上调 50 个基点至 8.5%。

赞比亚当地金融机构对外资和当地企业提供相同条件的融资服务，综合考虑公司经营和财务情况、项目情况、抵押情况来确定融资条款，条件较严，贷款利率较高。

中国企业在赞比亚申请开具保函或转开保函的要求和程序可咨询赞比亚中国银行。

（五）信用卡使用

赞比亚信用卡业务不甚发达，但世界通行的 Visa、Master 信用卡均可以在赞比亚大型酒店和商场使用。

（六）证券市场

根据 1993 年《证券法》第 38 条，赞比亚政府成立了卢萨卡证券交易委员会，监管证券交易市场。卢萨卡证券交易所于 1994 年 2 月 21 日正式挂牌营业，现有上市公司 25 家。

为鼓励公司上市，促进证券市场发展，赞比亚规定在证交所上市的公司第一年享受减免 2% 公司税，若公司股票超过 1/3 属于赞比亚人，则享受 7% 的减免。

2012 年 6 月，赞比亚第二家证券交易所——赞比亚债券和金融衍生品交易所成立，主要经营方向为债券及金融衍生品。

第二节　赞比亚税收法律及基本内容

一、赞比亚税收体系和制度

赞比亚财政部负责制定国家税收政策，并根据宏观经济发展的需要，每年对税制进行一定调整。赞比亚税务局是政府管理和征收各类税收的主管机构。税务局的执行机构为董事会，下设所得税委员会、关税和消费税委员会、增值税和直接税委员会等，对各种税收进行管理。主要税种包括企业所得税、个人所得税、矿产资源税、关税、消费税和增值税等。

根据所得税法规定，纳税人在收到应纳税收入 30 天内，必须以书面形式向税务局申报，违者课以罚款。所有企业，无论是国营还是私营公司，本地公司还是外国公司的子公司或分公司，均执行同一税收规章制度。

自 2011 年以来，赞比亚开始推动税收电子化。2015 年赞比亚启用在线税收系统。2018 年赞比亚税收便利指数全球排名第 17 位。

赞比亚与税收制度相关的法律主要包括《所得税法》《关税及消费税法》《财产转移税法》《增值税法》等。主要的税种包括企业所得税、个人所得税、红利和利息等直接税、关税、增值税、财产转移税和矿区使用税等。

赞比亚国家税务局的执行机构为董事会，下设所得税委员会、关税货物税委员会、增值税和直接税委员会等委员会，对各种税收进行管理，以确保税务执法工作的顺利开展。根据赞比亚《国家税务局法》第 11 项规定，税务机关税收征管必须通过综合、高效、低成本和透明度的系统来优化和维持以及进行专业的管理。另外，赞比亚国家税务局要求纳税人需依法履行纳税义务，比如必须进行纳税登记、按时申报、及时缴税等；对于故意瞒报收入、不按时申报等纳税行为予以税收处罚，从而提高纳税人的税法遵从度。

根据经济合作与发展组织 2017 年 3 月公布的“税基侵蚀和利润转移”框架参与者名单，赞比亚已成为该框架结构中的一员。但是截至 2021 年 9 月，赞比亚并未参与其应要求情报交换以及 AEOI 自动情报交换。截至 2021 年 9 月，赞比亚虽然作为“税基侵蚀和利润转移”框架成员国之一，并未就该框架行动计划进行立法，也未激活国别报告交换网络，但是 2018 年 4 月赞比亚根据经合组织转让定价指南在 2018 年第 24 号政府公报上颁布了《赞比亚转让定价（修订）条例》。

为了促进赞比亚纳税收入增长，赞比亚税务局制定了“企业战略计划”（CSP）。该计划概述了一些具体的战略举措，将有助于实现这一目标，其中包括：鼓励纳税人更多地使用电子支付；引入 IT 解决方案（电子收款机），用于管理现金交易者的增值税纳税行为；加强专门的审计能力从而打击转让定价和基础侵蚀等举措。

为缓解新冠肺炎疫情对赞比亚经济领域活动的冲击，赞比亚政府面向所有企业出台了以下支持政策。在税收方面，一是暂停对用于消毒剂和医疗领域用品的乙醇征收消费税。二是取消法规工具 SI90 中有关进口零部件、润滑油和文具增值税申报的规定，减轻公司的负担。三是暂停对采矿行业的精矿产品征收进口关税，以舒缓该行业的压力。四是暂停对贵金属和鳄鱼皮征收出口关税。五是暂停征收医疗用品进口关税和增值税，包括测试设备、防护服、温度计、消毒剂、消毒用品和其他医疗设备等38个类别，在2021年9月30日之后供应或进口的所列物品将不再为零税率。

二、主要税赋

（1）公司税：赞比亚公司税实行“属地兼属人税制”，居民就国内收入来源和某些类型的外国收入征税，非居民通常对来自赞比亚的收入征税。赞比亚适用不同行业的公司税税率。其中，农业税率为10%，采矿业为30% +（15% ~0.12/c）（c为应税收入与营业总额之比），制造业为35%（肥料生产企业为15%），银行业和移动电话公司为35%（超出25万克瓦查的部分为40%），非传统商品出口和慈善机构为15%，信托、继承或破产资产为35%，乡镇企业前5年税收减免1/7，营业额不足80万克瓦查的为营业额的3%。

（2）个人所得税：赞比亚采用累进税制计算个人所得税，并实行工资所得税预扣制度（PAYE），即雇主须从有纳税义务的雇员薪酬中扣除应缴的税收，统一上缴赞比亚税务局。此外，雇主应在每个征税年度末，使用赞比亚税务局的法定表格提交年度工资税申报表。应注意，在赞比亚受雇的外籍雇员的薪酬也应缴纳个人所得税，并执行工资所得税预扣制度。

（3）增值税：根据1995年《增值税法》及2013年税收调整规定，从事货物或服务经营的应税营业额超过80万克瓦查的经销商或供应商，必须进行增值税注册。注册的经销商或供应商须按月提交增值税报告，延迟或疏忽申报（含零税额申报）将受到处罚。

赞比亚现行增值税税率为16%，医疗、教育以及殡葬服务可享受增值税减免。对基本食品、农业生产资料、出口商品、国外捐赠及医疗器械、设备和药品、锤式粉碎机、用杀虫剂处理过的窗帘、导游服务及团组旅游实行增值税零税率；教育和医疗保健业、自来水行业、书籍报刊、公共交通业、出售土地和不动产等免交增值税。

注册的经销商或供应商必须在法定会计期间结束后的21日内按月提交增值税报告，进项增值税可在税收发票或其他证明文件出具之日起的3年内申请返还。赞比亚曾计划取消增值税，改为销售税，但因阻力过大最终未能实施。

2021 年起，赞比亚政府对所有拖拉机实行零增值税；对消毒设备实施为期 1 年的零增值税，以应对新冠肺炎疫情。

（4）关税和消费税：赞比亚实行以到岸价（CIF）为基础的关税，税率在 0～30%之间。赞比亚的简单平均进口关税约为 14%。进口汽车根据年限税率为 10%～30%不等。进口酒水关税为 60%。烟草按每千支征收特别关税 240 克瓦查。

赞比亚消费税税率一般在 3%～20%不等，征税对象包括矿泉水、蔗糖和甜菜糖及其制品、饮料、烟草、电以及石油。

2021 年，赞比亚政府对关于关税和消费税的政策调整如下几个方面：

（1）促进非传统出口的措施：暂停生物制剂的进口税；取消温室塑料的进口税；降低植物幼苗进口税；降低修剪设备进口税；取消农用剪刀的进口税；取消鳄鱼皮的出口税。

（2）刺激其他部门经济活动的措施：取消铜矿和精矿的进口税；暂停冷藏卡车的进口税；降低纺织业设备的进口税；降低电动汽车的进口税。

（3）支持本地化生产的措施：提高肉类的进口税；对复原乳加征消费税和进口税；提高香烟的消费税；对部分酒类征收附加税；对塑料袋征收消费税；调整棉花和纺织物的进口税。

（4）促进旅游业的措施：降低旅馆业的企业所得税；暂停旅游车辆的进口税；暂停旅馆业续期许可费；暂停旅游业企业滞留费；暂停酒店经理注册费。

（5）预提税：一般为 15%。矿业公司免征预提税。对于居民出租房屋的，需提交房租价格 20%的预提税。

（6）财产转移税：财产转移税是对动产、不动产交易、买卖、赠与和继承等征收的税，税率为 3%。

（7）矿权使用税：2019 年，赞比亚调整权税。对应不同铜价范围所收取的矿产资源税率在原有基础上调 1.5%。即每吨 1 美元至 4499 美元，5.5%；4500 美元至 5999 美元，6.5%；6000 美元至 7499 美元，7.5%。铜价超过每吨7500美元时，适用10%的矿产资源税。同时该税收不能从企业所得税中扣除。

（8）碳税：2010年新增税种，根据发动机排量不同对进口机动车辆征收50～200克瓦查不等的碳税。

三、税收征收和管理制度

赞比亚财政部负责制定国家的税收政策，根据宏观经济发展的需要，每年对税率标准进行一定的调整。财政部下属的赞比亚国家税务局是国家管理和负责征收各类税收的机构，总部在首都卢萨卡，全国各地设有分支机构和办理网点。

赞比亚国家税务局的执行机构为董事会，下设所得税委员会、关税和消费税委员会、增值税和直接税委员会等，对各种税收进行管理。主要税种包括企业所得税、个人所得税、矿产资源税、关税、消费税和增值税等。

2018年1月7日，赞比亚税务局为方便纳税人使用EFD（电子财务设备），设立专业办公室处理相关信息与技术问题，比如设立EFD办公室处理纳税人电话咨询等。

四、中赞税收协定

中赞税收协定是中华人民共和国政府与赞比亚共和国政府为了避免双重征税和防止偷漏税而达成的协议，包括17种应税情况以及两国政府间消除双重征税的方法、非歧视待遇、两国政府相互协商程序、情报交换等内容。中国政府和赞比亚政府已于2010年7月26日在卢萨卡正式签署《中华人民共和国政府和赞比亚共和国政府对所得避免双重征税和防止偷漏税的协定》（以下简称《中赞税收协定》），根据第26条的规定，该协定自2011年6月30日起生效，自2012年1月1日起执行。

中赞税收协定适用于缔约国一方或者同时为双方居民的人。就税种范围而言，中赞税收协定适用于由缔约国一方或其地方当局对所得征收的所有税收，不论其征收方式如何。对全部所得或某项所得征收的税收，包括对来自转让动产或不动产的收益征收的税收以及对资本增值征收的税收，应视为对所得征收的税收。

中赞税收协定特别适用的现行税种是：（1）在中国是个人所得税和企业所得税；（2）在赞比亚是所得税。

第三节　在赞比亚投资的财税风险与防范

第一，信息报告风险。首先，赞比亚当地公司主要包括私营有限公司和公共有限公司。外国公司是指在赞比亚境外注册的公司，在赞比亚境内注册其分支机构。外国公司必须始终拥有至少 1 名且不超过 9 名当地董事，授权和批准他们在赞比亚开展和管理公司的所有事务、财产、商务活动和其他业务。至少有 1 名当地董事是赞比亚居民，若有 2 名以上的当地董事，则一半以上应该是赞比亚居民。注册企业申请人需填写 3～4 个备选公司名称，呈交给赞比亚商标和公司注册局，该局将对公司名称进行审核，之后需要提交两套一般申请表，投资者也可向发展署下属投资促进局申请投资许可证。企业成立之初，需在税务局注册并取得税号（TPIN），并且登记应缴纳的税种等，号码中包括了纳税人的所有税收信息，以便纳税人在进行税务申报、信息变更、信息交换等相关事项时使用。赞比亚税务机关强制要求在《银行和金融服务法》下的金融机构要求其所有的银行账户持有者必须获得纳税登记号，该规定自 2017 年 1 月 1 日起开始实施。这项措施目的是支持税收行政与重点经济部门的整合工作，大大提高税收合规性和扩大了税基，标志着赞比亚税务机关注重与其他政府部门紧密合作，纳税人应注意税务机关与金融机构联合工作带来的税务风险。其次，个人所得税、增值税、交易税等各个税种均有专门的表格，报税截止时间之前，企业、个人或者委托的会计师应在赞比亚税务局下属的各个地方分支机构领取相应的表格，要根据实际情况如实填写并附上明细项目；公司所得税则需附加财务审计报告等材料，填写妥当后在截止日之前提交表格并缴纳税款。

第二，纳税申报风险。如果意图在赞比亚设立子公司，赞比亚《公司法》允许境外企业在赞比亚投资设立全资子公司，可以通过资金、技术和设备等方式进行投资，并规定子公司应作为独立法人享有权利和履行义务。另外，赞比亚不适用团体税，所有集团内的公司实体均应作为单独实体单独纳税。因此，投资者应该事先与赞比亚当局协商，明确子公司纳税申报问题。如果意图在赞比亚设立分公司或代表处，赞比亚《公司法》并未明确规定母公司和分公司是否应该合并纳税。

根据中国与赞比亚签订的税收协定，缔约国一方企业的利润应仅在该缔约国征税，但该企业通过设在缔约国另一方的常设机构在缔约国另一方进行营业的除外。如果该企业通过设在缔约国另一方的常设机构在缔约国另一方进行营业，则其利润可以在缔约国另一方征税，但应仅以归属于该常设机构的利润为限。除适用《中赞税收协定》第 7 条第 3 款的规定以外，缔约国一方企业通过设在缔约国另一方的常设机构在缔约国另一方进行营业，应将该常设机构视同在相同或类似情况下从事相同或类似活动的独立分设企业，并同该常设机构所隶属的企业完全独立处理，该常设机构可能得到的利润在缔约国各方应归属于该常设机构。在确定常设机构的利润时，应当允许扣除为常设机构所发生的各项费用，包括行政和一般管理费用，不论其发生于该常设机构所在国还是其他地方。如果缔约国一方习惯于以企业总利润按一定比例分配给所属各单位的方法来确定常设机构的利润，则《中赞税收协定》第 7 条第 2 款规定并不妨碍该缔约国一方按这种习惯分配方法确定其应税利润。但是，采用的分配方法所得到的结果，应与《中赞税收协定》第 7 条第 4 款所规定的原则一致。不应仅由于常设机构为本企业采购货物或商品，而将利润归属于该常设机构。因此，在赞比亚取得与常设机构无关的所得应区分该所得的性质，如果是上述特许权使用费或相关业务收入，则有在常设机构地申报纳税风险或者双重征税风险。

除此之外，据赞比亚每日邮报消息。赞比亚政府 2020 年国家预算强制要求交易者使用电子财政设备，以更便捷地征收增值税和其他税种。赞税务机关负责人昌达表示，这些设备将帮助增加国内税收，对于拒绝使用该设备的商家将处以 9 万克瓦查的罚款。

第三，调查认定风险。根据《企业所得税法》第 58 项以及《增值税法》第 37 项，赞比亚税务局专员有权力决定何时、何地对纳税人进行税务检查，纳税人接到税务局的通知后，需按照赞比亚所得税法规定提供相关信息。赞比亚税务机关尤其关注存在非正常营业亏损、常年亏损以及利润大幅下降的企业。另外，对于采矿行业而言还需注意资本弱化的问题，对于债资比超出三分之一的企业将受到相关调查。目前，赞比亚税务局正对赞比亚境内所有的煤矿公司进行综合审计，以确保这些煤矿公司都依法纳税。

第四，享受税收协定待遇风险。虽然赞比亚税务机关有较广泛的税收协定网络，但是赞比亚目前并未制定预约定价程序相关制度，因此，没有与他国税务机关成功达成预约定价协议的先例。且虽然中国与赞比亚签订了税收协定，但能否正确享受该协定的待遇，仍然存在诸多不确定因素。赞比亚国内政治经济环境较为复杂，政府财政紧张、职能部门间缺乏有效协调，对于相关税收协定和优惠政策的落实难以到位，现有税收协定和优惠经常得不到有效执行，从而导致企业双重征税、未能享受利息或特许权使用费的低税率、未享受抵免等。

第五，其他风险。赞比亚税务局越来越重视税务数据的电子化和一体化。一方面，赞比亚税务局拟实现税收服务的数字化、电子化，强化对收费和罚款的管理。另一方面，强化税务局与其他政府部门之间的管理，以便实现最大限度地使用纳税人数据。税务数据的一体化与电子化的实现将使得赞比亚税局办案效率大大提高，增强纳税人的纳税合规性。因此，纳税人应增强税务合规化的意识，提高纳税遵从度，避免因税务数据电子化与一体化带来的纳税风险。

第七章　赞比亚环境资源法律制度

第一节　赞比亚土地法律制度

一、主要内容

根据赞比亚1995年第29号法律颁布的新《土地法》，土地在行政管理上分为国有地（6%）、信用地（37%）和保留地（57%），其中后两种土地属于世袭土地。国有土地由当地政府根据其管辖权划分为居住、商业或工业用途；世袭土地由传统地区的酋长进行管辖，通过签发同意书进行分配，政府在2017年曾多次警告酋长谨慎出售土地。世袭土地可以转化为国有土地后进行私有化。

国有土地只能以租用形式获得使用权，一次租用年限为99年，并可续租99年，承租方可在租赁期结束前转租他人。所租赁的土地必须在一定时间内（一般为5年）进行开发，否则赞比亚政府有权收回土地。私人拥有的土地可以买卖，并由土地专员颁发土地证。在任何情况下，土地出售者都必须获得《国家同意函》后才能把土地证转让给土地购买者。在政府或者企业拆迁补偿过程中，对土地征用的补偿标准并不相同。一般来说国有土地征收费用更高。政府土地部有专门评估部门会同农业部等给出一定建议，拆迁方与政府、酋长、实际使用人等多方协商后确定标准价格。

2018年3月，赞比亚政府计划出台《土地法》，禁止外国人拥有土地。

土地所有者应该仅是政府和传统酋长，非赞比亚籍公民只能转租或租赁土地。该政策如获通过，将是赞比亚独立以来的第一个综合性土地政策，旨在促进赞比亚居民平等获得国有土地和酋长土地。土地部长卡帕塔表示，赞比亚国家土地政策将规范非赞比亚居民获得土地的权利。政府正在审查现有的长期租约，未经政府协商和批准，所有土地不得处置、出售或交换。

政策草案内容主要包括：一是赞比亚居民土地租赁期限为99年。赞比亚将对赞比亚居民在符合相关条件下将所有14年或者30年内的租赁协议转换为99年。二是外国投资项目土地租赁期不得超过25年。投资项目的土地租赁期限与项目的优惠期、许可证期限等相关，租赁期满后可依据许可证期限、优惠期限和租赁协议条款延期。三是控制土地在居民与非居民之间流转。严格限制赞比亚居民和非赞比亚居民之间的土地使用权限变更，以遏制未完工项目，囤积土地投机、处置土地牟利等行为。四是设置单一外国投资者可租用的土地数量上限。

此外，政策草案还明确了酋长在传统土地管理，以及行政机关在向非赞比亚公民分配土地和登记土地产权时所发挥的作用。草案规定，酋长有权根据综合发展规划向个人、家族和投资者分配土地，并确保将性别平等的政策落实到土地权益上。目前，一些酋长对新的土地政策草案持质疑态度，土地仍在确权阶段。

二、外资企业获得土地的规定

非赞比亚人或外资公司满足以下条件即可获取国有土地：（1）赞比亚的永久居民；（2）赞比亚《发展署法》或者与投资促进有关的任何其他法律所定义的投资者；（3）在极为特殊的情况下要获得总统书面批准；（4）在赞比亚注册的由赞比亚人持有不少于75%股份的公司，将获得土地证；（5）不超过5年的短期租赁；（6）按照《国家公园和野生动物法》获得了特许权。

土地在买卖前须向土地专员申请颁发的《国家同意函》。如果申请提交之后的45天内未获颁发，该申请可被视为已经获准。如果同意函被拒绝，则土地专员应在30天内向申请人提供拒绝的理由。

对于传统土地，投资者需要取得酋长的书面同意函和土地所在地政府的批准函，如果该土地位于野生动物管理区，还要取得野生动物管理负责人的批准函。获得这些批准函后，投资者应上报给有关地区政府，然后再由该政府上报有关文件给土地专员，由该专员将向申请人出具一份正式的报价单。

如新《土地法》通过，外国投资项目土地租赁期不得超过25年。

第二节　赞比亚矿业法律制度

赞比亚现行矿业法规主要是2015年7月1日颁布实施的《矿业与矿产开发法》，随后于2016年6月6日又修订补充实施了《矿业与矿产开发法（修正案）》。

一、矿业权申请主体及主要类型

根据2015年《矿业与矿产开发法》第14条规定，赞比亚除以下禁止的民事主体外，都可以成为赞比亚矿产开采的主体。

（一）法人团体

下列法人团体不能成为赞比亚矿产开采的主体。

1. 处于清算阶段，或除清算外作为公司重建计划或与另一公司合并的；
2. 不符合《公司法》注册成立的；
3. 没有在赞比亚注册和建立办事处的；
4. 在其董事或股东中持有公司已发行股本10%以上的人；（1）在任何书面法律规定下，是或将成为一个破产的，或与债权人进入协议和解的，或进入债务人救济法律程序的；（2）在过去5年内，被判犯欺诈或不诚实行为罪行的，或根据本法或赞比亚国内以及国外任何法律，被判处无罚款监禁的。

（二）个人

下列自然人不能从事赞比亚矿产开采。

1. 不满18周岁的个人；

2. 已被判决或以其他方式宣告破产或者债权人有债务协议而未解除破产的破产人；

3. 在过去5年内，被判犯欺诈或不诚实行为罪行的，或根据本法或赞比亚国内以及国外任何法律，被判处无罚款监禁的个人。

与中国《矿产资源法》相比，赞比亚扩大了矿业权的主体，除上述被禁止的民事主体外，任何法人团体和个人都可以成为赞比亚矿产开采的主体。

根据赞比亚2015年的《矿业与矿产开发法》第13条，赞比亚的矿权许可证包括探矿权证、采矿权证、矿物加工许可证、矿物交易执照、矿物进口执照、矿物出口执照、淘金证书共七种许可证照。该法案对各类矿权的申请条件、申请流程、所需材料、时间期限、健康安全、环境保护、地质勘查工作和分析测试以及矿业税收等方面内容作了详细说明。

二、矿业权的取得方式及程序

赞比亚矿业权证的取得方式有两种：一是招标；二是行政审批。现主要介绍行政审批的取得。

（一）探矿权证的取得

赞比亚与其他大多数国家不同，并不区分 Prosptecting 和 Exploration。探矿权证将给予持证权利人在指定的区块范围内从事地质矿产勘查活动的排他性权利（勘探标的不包括宝石）。赞比亚探矿权证以矿山和矿产规模来划分为两类：大规模探矿权证和小规模探矿权证。为保证地质工作的有效开展，赞比亚政府在2008年《矿山与矿产发展法》中为申请人设立了标准。政府充当的是裁决者而不是当事人的角色，为市场进入把好第一道关口，在一定程度上限制了开发者的权利，当市场出现问题时，政府可以即时弥补市场的不足。

大规模探矿权最大面积不超过100000公顷，取得流程：申请人向矿业权登记管理机构提交：申请登记书和申请的区块范围图、坐标、所探矿种；勘查工作计划书；勘查实施方案及附件；勘查项目资金来源证明；环境保护计划书；大规模探矿权证同时提交对赞比亚当地人员用工计划书，小规模探矿权证则无此要求；申请人的公司注册文件或个人证明文件；税务登记文件。登记管理机关自收到申请后，按照申请在先的原则作出准予登记或者不予登记的决定，并通知矿业权申请人。准予登记的，申请人应当自收到通知之日30日内，依照规定缴纳矿业权证费用1800克瓦查，办理登记手续。

小规模探矿权证最大面积不超过10000公顷，取得流程与大规模探矿权基本一致，小规模探矿权证费用为540克瓦查。

（二）采矿权证的取得

探矿权证持有人可以在其勘查许可区域内申请大规模采矿证。

大规模采矿权证最大面积不超过25000公顷，大规模采矿权证取得流程：探矿权证持有人向矿山和矿产开发部提交大规模采矿权证申请并交纳矿业权申请费用28800克瓦查，申请人还需要聘请专业环境评估机构对预定采矿计划制作一份环境影响评估报告并报赞比亚环境委员会审核通过后，呈交给矿山和矿产开发部。矿山与矿产开发部部长审核上述申请材料过程中，有权利对其认为有必要的申请人进行问询并展开相关调查，符合申请要求的，矿山与矿产开发部部长应在收到申请后的60日内，授予大规模采矿权证。但有以下情形之一的，不得授予：（1）依据赞比亚《矿山与矿产发展法》第7条规定，不具备申请主体资格的；（2）申请人在持有其他矿业许可证期间，出现了违反其所持权证的规定或违反法律规定的情形。

小规模采矿权证的取得流程与大规模采矿权证基本一致，但是有所区别：（1）小规模采矿权证由地质调查局局长审核；（2）小规模采矿权证面积不超过400公顷；（3）大规模采矿权证审核时间为60日，而小规模采矿权证为30日。

从赞比亚相关矿业法律可以看出，采矿权证的取得要比探矿权证的取得严格和复杂很多，对矿山企业进入矿业开发领域设置了一定高度的门槛，其主要是为了矿山企业能够按要来进行开发，不至于危害和威胁社会相关联人的利益。

第三节　赞比亚环境法律制度

赞比亚的法律制度以英国法为蓝本，也借鉴了我国香港地区的法律制度。赞比亚的《宪法》及其2016年修正案规定了广泛的公民基本权利，既包括了保护自然资源与环境保护的权利和义务，要求政府注重可持续发展并发展可再生能源，由此促进一个洁净和安全的环境。同时第十九篇专门规定了土地、环境与自然资源的利用、保护和管理的纲领，明确了污染者付费、污染控制、公众参与等基本原则，以及对于农业土地、可持续使用、用水权等自然资源的利用与保护制度。

2011年《赞比亚环境管理法》是该国的环保基本法。第一，该法规定了环境保护的责任和环境的原则，以建立一个清洁、安全和健康的环境为目标；第二，该法设置了赞比亚环境管理局和环境理事会，并任命了环境总干事、检察长、检查员等职务；第三，通过环境报告、行动计划、管理与评估战略，以及一系列生物多样性的保护和环境影响评价的制度，形成了赞比亚综合环境管理的具体举措；第四，制定了详尽的环境保护和污染控制举措，对水、大气、污水、噪声、电离辐射、农药和有毒物、自然资源共七大领域进行了法律规定；第五，明确了环境保护的国际事务、环境信息分析与公开、公众参与原则和环境基金制度；第六，采取了严格执行环境法律的规定，建立了环境的审查与申诉制度、环境犯罪与处罚制度等。

赞比亚还颁布了内容繁杂的环境保护法律法规，在不同领域规制投资者的项目实施与运行。例如，2015年赞比亚《野生动植物法》明确了国家土地所有权，禁止采矿活动对保护区、国家公园、濒危物种、野生植物等产生影响，并对狩猎的工具、方式、授权许可、费用，以及由此引发的生物多样性危机，野生动物产品等内容进行规制。2015年《森林法》强调水土保持、荒漠治理、土壤改良、本土传统知识，通过对森林和生态系统进行有效的管理与保护，结合以各种手段，实现可持续性发展与利用，并积极应对全球气候变化；《矿山和矿产开发法》包括了环境影响评价、矿业对土壤治理及其污染、土壤保护及其改良的影响，还对采矿、勘探、土壤修复、淡水质量与污染等内容进行了严格规范。

此外，需要投资者高度关注的赞比亚主要环保法律还有《水资源管理法》《环境影响评价法》《渔业法》《能源管理法》《土地法》等。

一、赞比亚的环保机构

按照行政机构设置清单，土地与自然资源部是赞比亚主要的环境保护行政主管部门。但根据2011年赞比亚《环境管理法》的规定，作为团体法人的赞比亚环境管理局可采取一切必要措施，确保自然资源的可持续管理和环境保护，以及防止和控制污染。因此，环境管理局才是实质上的环境主管部门。它由原赞比亚环境委员会更名而来，主要致力于综合环境管理和自然资源的可持续保护：制定国家环境报告，为环境管理和可持续发展提供环境管理战略及计划；指导环境评估战略政策的制定，针对环境管理可能产生的影响制定计划；预防和控制环境污染与环境退化；为公众参与环境决策和获取环境信息提供服务；建立环境基金；进行环境审计和监控；促进赞比亚所加入国际环境协定和公约的执行；并规定与上述内容有关的事项，或附带的事项。同时，它废除并取代了1990年《环境保护与污染控制法》及其设置的相关机构与职能。

除了国家管理局之外，与赴赞比亚投资相关的环境管理行政机构还有土地、自然资源和环境保护部，其下设有林业部门和气候变化与自然资源管理部门；水开发、卫生和环境保护部，其下设水资源发展部门和环境管理部门；以及农业部、能源与水开发部、农业与家畜部和水资源管理局等。值得注意的是，赞比亚注重通过非洲习惯法和本土居民传统来保护其生物多样性，同时狩猎区和公园等开发活动要以可持续性利用为原则，强调对当地居民和社区拥有土地的保护，并向基层地区的分享利益，相关法律由酋长与传统事务部执行与监管。

二、赞比亚的环境许可证与环境影响评价制度

环境保护法规要求投资者在赞比亚境内投资前，向赞比亚环境管理局提

交投资项目简介或投资项目对环境影响的评估报告，并取得赞比亚环境管理局的许可。投资者在申请投资许可证之前，需要制定《项目环境管理计划》，申领“三废”排放许可证。环保局根据投资项目对环境影响的大小，核发不同级别的许可证（一般分为三等）。目前收费标准为每个许可证200至600美元/年。但是，赞比亚的环境许可手续相对复杂，不同领域有各自不同的申请程序和要求。例如，在木材加工业中有两种类型许可证，即商业木材特许证和锯木许可证，均须向土地、自然资源与环境保护部下属林业局的首席林业管理官提出申请，并提交申请运营的区域和区域地图、每月或每年生产多少立方米、将使用的设备类型、树种、公司证明复印件。又如，在采矿业中矿业和矿产资源部负责发放矿产勘探或开采许可证，在提交申请行业许可时，除了一般申请投资许可所需的文件外，还需提供所投资区域的地形图、公司运营计划和成本估算、所投资矿区的金属储量评估文件等。再如，在能源业中能源和水利发展部下属的能源规则委员会（ERB）负责颁发该行业的经营执照，申请者需附上五年业务计划和近期经审计的财务状况。另外，在旅游业中赞比亚国家旅游局负责颁发旅游企业许可证，并规范旅游行业相关活动。除一般申请投资许可所需文件外，还须向旅游部提交五年业务计划，建设计划、资信证明等文件。若该项目位于野生动物旅游管理区或国家公园内，还需获得地区委员会和当地酋长的同意以及获得赞比亚野生动物保护局（ZAWA）的许可。酒店许可证由旅游部下属酒店管理委员会颁发，投资者需附上卫生许可和防火安全证明以及获得地方委员会的经营酒类许可证。家具、设备和建筑必须由该委员会最终检查通过。

项目开发者必须为环评做好相关内容准备，并在其受到调查范围内，依照环境管理局下设议事会的要求，准备环境影响报告并为之支付相关费用。其后，项目开发者要向环境管理局议事会提交12份环境影响报告，上述环境影响报告书主要包括项目的描述和相关替代性选择，被推荐的选址及拒绝其他供选地址的原因，项目现场以及其周边环境的简要介绍，项目使用的原材料及其潜在环境影响的描述，将使用的技术和工艺，项目的产品和副产品，项目产生的直接、间接、累积、长短期等环境影响，项目产生的社会经济影响以及人员安置，阻止和减少环境不利影响以及增加有力影响的具体管理方案，项目是否会影响到相邻州的环境等内容。项目完成或开始运营后（以二者中较早时间为起算点），在不少于12个月且不超过30个月的期间内，应接受项目的环境审查。

第四节　赞比亚环境资源法律风险与防范

赞比亚政府明确要求境外企业积极履行保护当地环境资源的社会责任。鉴于中国企业在赞比亚投资多集中于建筑工程、自然资源开发、制造业等领域这一产业特征，合理规避环境资源法律风险尤为重要。

第一，对环境法律法规认知不足的风险。中资企业在赞比亚开展贸易时，一定要遵守赞比亚相关法律法规，事先了解赞比亚法律对进出口方面的规定和限制，以免造成损失。例如，赞比亚法律规定禁止原木出口，通过加工制造后的木材才允许出口。

第二，违规排污排水风险。赞比亚环境管理局可向个人发放排放许可证，允许其按规定标准排放污染物，但对环境产生不利影响的则不允许颁发许可证或授权。部长可设定相关标准和程序，批准、变更、转让或吊销许可证。对于企业而言，未经授权或取得许可证，不得排放污染物，造成不利影响，不得违反排放标准而经营交通运输工具，也不得进口排放未达标的机械设备，违者将被处以70万以下的罚款或最高7年的有期徒刑，或二者并处。同时，对于污染环境的判决，赞比亚最高法院还可以要求企业清理受污染的环境，消除污染直至到清洁程度；消除污染并支付清洁环境的全部费用；要求污染者向受损第三方支付适当的补偿和赔偿。此外，由于污染物非法排放而造成不利影响的企业或个人，可被处以30万元以下的罚款或最高3年的有期徒刑，或二者并处。

与此同时，任何人不得违反环境管理局及相关机关建立的水污染控制标准，而使用恶性的、有毒的、生物毒性或危害物质等污染物，并将其排放到水环境中。工业业主或经营者必须得到当地主管环境局或监督排水系统的书面许可，才能排放污水。违反规定将污水排放到当地政府运营或监管的污水排水系统中，可被判处 50 万以下罚金或最高 5 年的有期徒刑，或者两者并处。

第三，环评程序违规风险。赞比亚的环境许可证与环境影响评价制度较为严格复杂，不同领域有各自不同的申请程序和要求。中国投资者应依据规定的程序，厘清需申请的许可证类型。如，在木材加工业中有两种类型许可证，即商业木材特许证和锯木许可证，均须向土地、自然资源与环境保护部下属林业局的首席林业管理官提出申请；又如，在采矿业中矿业和矿产资源部负责发放矿产勘探或开采许可证，在提交申请行业许可时，除了一般申请投资许可所需的文件外，还需提供所投资区域的地形图、公司运营计划和成本估算、所投资矿区的金属储量评估文件等。再如，在能源业中能源和水利发展部下属的能源规则委员会（ERB）负责颁发该行业的经营执照，申请者需附上 5 年业务计划和近期经审计的财务状况。

此外，需要注意的是，在完成项目简介并通过环评后，投资者可取得了授权执照或批准许可，但 3 年内未开工则需要向授权机构重新申请注册。若需改变则要告知授权机构由其通知议事会，并在 10 日内签署决定书。对于故意违反规定不进行环境影响评估、提交虚假的环评报告，以及未按规定提交项目简介和环评报告的，可处 70 万以下罚款或 7 年以下有期徒刑，或二者并处。

第八章　赞比亚其他法律制度

第一节　赞比亚知识产权法律制度

一、赞比亚知识产权保护与管理机构

赞比亚商业、贸易和工业部（MCTI）下属的专利和公司注册局（PARCA）负责受理专利申请。企业在申请专利时，需要提交专利申请书、实物样本以及免责声明。同时需要交纳相应的申请费用。

二、当地有关知识产权保护的法律法规

赞比亚的知识产权保护法律包括《专利法》《商标法》《注册登记设计法》《著作权和表演权法》。

赞比亚商业、贸易和工业部下属的专利和公司注册局负责办理商标注册。赞比亚商标注册基于使用在先原则，可以申请注册的商标有商品商标、联合商标、证明商标、防御商标，目前还不能申请服务商标。

赞比亚商标注册采用的类别近似于国际商品分类，商标只能在特定的商品或特定类别的商品上申请注册。申请人需提供以下材料：申请人中英文名称及地址；商品或服务类别及具体项目；商标图样；申请人身份证明复印件。申请程序为：填写商标申请书，提供实物样本，签署免责声明，交纳相应费用。

审查官收到注册申请后将对近似商标进行查询，如有反对意见，将书面通知申请人。申请人可以在2个月内予以答复或申请听证，否则，将视为放弃申请。审查官可以有条件地接受申请也可以要求申请人放弃专用权。商标注册申请要在政府公报上予以公告，审查官对其附加的条件或限制应一并公告。任何人可以在公告之日起2个月内以书面形式提出异议。申请人在收到审查官送交的异议理由书副本之日起2个月内可以提交答辩书。证据提交后举行最后听审并由审查官作出裁定。对审查官的裁定不服的，可以向法院提出上诉。对审查官的任何要求或决定都可以向法院上诉，对法院判决还可以上诉到高级法院。上诉期限为3个月或者为法院或高级法院允许的其他更长的期限。

商标保护期限为自注册日期起7年，续展期限也是7年。

三、知识产权侵权的相关处罚规定

在知识产权受到侵犯时，赞比亚相关处罚规定如下。

（1）侵犯专利权，将被处以15000美元以下罚款或3年以下有期徒刑。

（2）一般性侵犯商标权，将被处以1500美元以下罚款或6个月以下有期徒刑；特别严重的侵犯商标权，将被处以15000美元以下罚款或3年以下有期徒刑。

（3）初次侵犯版权，将被处以5万美元以下罚款或每件侵权产品10美元的罚款；多次侵犯版权，将被处以10万美元以下罚款或每件侵权产品20美元的罚款。对于需要判处入狱的，最多不超过10年。

后　记

2020年，在第二届中非经贸博览会筹备期间，湖南省商务厅指示我们编写该届六个主宾国的法律环境报告。完稿后，以《非洲六国法律环境报告》之名由湘潭大学出版社于2021年出版。该书在第二届中非经贸博览会召开之际推出后，得到社会的广泛好评。为了迎接第三届中非经贸博览会的召开，我们又组织编写了这本《第三届中非经贸博览会主宾国法律环境报告》奉献给大家，希望得到读者的批评指正。并且，我们拟为以后历届的中非经贸博览会撰写该届主宾国的法律环境报告。

需要说明的是，最终参会的主宾国的具体国家可能与我们编写的不完全相同。由于时间关系，我们只能以湖南省商务厅第一次公布的主宾国的国家名称编写，对于以后发生变化，我们难以在当届博览会修订，只能在编写下一届中非经贸博览会主宾国法律环境报告时加以调整。例如，最初宣布的第二届中非经贸博览会主宾国是阿尔及利亚、埃塞俄比亚、肯尼亚、卢旺达、塞内加尔和加纳。但最终参加的主宾国没有加纳，而是南非。第一届中非经贸博览会的六个主宾国乌干达、埃及、坦桑尼亚、塞内加尔、安哥拉、科特迪瓦等，我们将适时以适当方式补写。例如作为首届中非经贸博览会的主宾国赛内加尔又是第二届的主宾国，我们业已补写其法律环境报告。

2022年12月，湖南省商务厅公布的第三届中非经贸博览会主宾国为马达加斯加、尼日利亚、莫桑比克、刚果（金）、摩洛哥和赞比亚六国。我们组织力量编写了这六国的法律环境报告。考虑到最终参加第二届中非经贸博览会的南非当时没有编写，这次就把南非补写进来。在本书稿定稿之际，我们尽管得知主宾国可能增加到八国。但因时间关系，并考虑到最终参加主宾国的可能变化，我们只能按原计划进行编写。对于最终参加的主宾国如果本书没有涉及，我们将在第四届中非经贸博览会主宾国中补写。特此说明，敬请读者谅解。

本书七个主宾国的具体国家和编写人员如下：

马达加斯加法律环境报告，郭炯、张小虎、林涛、陆智艺；

尼日利亚法律环境报告，刘功奇、朱璇、欧文杰；

刚果（金）法律环境报告，陆智艺、洪流；

南非法律环境报告，张小虎、易可欣；

摩洛哥法律环境报告，高明东、尚青霖；

莫桑比克法律环境报告，林涛、李心如；

赞比亚法律环境报告，龙婷。

最后，由洪永红统稿定稿。本书作者除洪流系中国人民解放军军事科学院研究人员外，其他均为湘潭大学中非经贸法律研究院的研究人员。如有不妥之处，请批评指正。

在本书编写过程中，十分感谢湖南省商务厅郭宁、杨易，湖南省中非经贸合作促进研究会徐湘平，以及湖南大学肖皓的指导和帮助，湘潭大学章育良、申永丰和刘文情给予很多专业建议和认真审稿，在此一并致谢。

洪永红于湘潭大学永雄楼

2023年3月13日

图书在版编目（CIP）数据

第三届中非经贸博览会非洲主宾国法律环境报告 / 洪永红主编. -- 湘潭 : 湘潭大学出版社, 2023.5
ISBN 978-7-5687-1096-1

Ⅰ. ①第… Ⅱ. ①洪… Ⅲ. ①法律一研究报告一非洲 Ⅳ. ①D94

中国国家版本馆 CIP 数据核字（2023）第 086569 号

第三届中非经贸博览会非洲主宾国法律环境报告
DISANJIE ZHONGFEI JINGMAO BOLANHUI FEIZHOU ZHUBINGUO FALÜ HUANJING BAOGAO
洪永红 主编

责任编辑：刘文情
封面设计：张 波
出版发行：湘潭大学出版社
社 址：湖南省湘潭大学工程训练大楼
电 话：0731-58298960 0731-58298966（传真）
邮 编：411105
网 址：http://press.xtu.edu.cn/
印 刷：长沙鸿和印务有限公司
经 销：湖南省新华书店
开 本：710 mm×1000 mm 1/16
印 张：25.25
字 数：414 千字
版 次：2023 年 5 月第 1 版
印 次：2023 年 5 月第 1 次印刷
书 号：ISBN 978-7-5687-1096-1
定 价：76.00 元